ニュースレター・
DMも
つくれる！

当たる「手書きチラシ」のルール

船井総合研究所
今野良香

同文舘出版

はじめに

「チラシはお客様へのラブレター」

数年前、とある著名な社長から、この言葉を聞いたときに、とても共感したことを今でもはっきりと覚えています。そして、そのとき同時に思ったことが、

「ラブレターは、心を込めて手書きをするはず。だったらチラシも……」

という想いでした。パソコンで作成したチラシが悪いわけではありません。商品の特徴や店の想い、従業員の心など、上手に伝えることができればどのようなチラシでもかまわないと思います。けれども、同じ内容でも手書きのほうが「ラブレター」により近づくのではないか、そう思うのです。

「手書きチラシ」にも長所と短所があります。

手書きにすることで、チラシから温かみを感じる人は多くなるでしょう。その反面、「安っぽさ」や「店の小ささ」を感じてしまう人もいるはずです。ですから、本書に共感してくださった方が、手書きチラシに挑戦してくだされればそれがいいと思っています。

「当たるチラシ」には、当たるための「ちょっとしたコツ」があります。

本書では、手書きチラシの作成方法はもちろんのこと、パソコンで作成する際にも活用できる、いくつかのルールも掲載しています。手書きでもパソコンでもかまいませんので、まずは「当たるチラシのルール」

を学んでいただき、活かしていただければ幸いです。

チラシは無料ではありません。紙を使用しているということは、貴重な地球資源も費やしています。できる限り無駄なチラシはやめ、店のため、お客様のためになるチラシをつくりたいものです。

チラシを作成・配布するならば、商品を安売りするだけではなく、店のよさや商品を通じて伝えたい店の想いも効果的に伝えてください。

みな様のチラシから個性が溢れ、お客様に共感され、愛される店になりますように！

この想いを込め、本書では、手書きチラシ作成に必要な事項と、当たるチラシのポイントをまとめました。

この場を借りて、本書執筆にあたり、お世話になった方々へのお礼を述べさせていただきます。同文舘出版株式会社のみな様、特に、前著『売れる「手書きＰＯＰ」のルール』でも全面協力してくださった津川雅代さんには、本書の企画から編集、校正や販売のあらゆるプロセスにおいて大変お世話になりました。

実際に作成したチラシを本書に掲載する旨を、多くの企業様が快諾してくださいましたことも、本当に感謝しております。

これを書いている今、私のお腹の中では新しい命がその小さな小さな心臓を一所懸命に動かしています。将来、「これはあなたと一緒に頑張って書いた本だよ」と伝えてあげたいと思います。

最後に、私をいつも支えてくれている、弊社コンサルタントでもある主人に心より感謝します。

２０１２年３月　　大阪の自宅にて　　今野良香

当たる「手書きチラシ」のルール

3章 当たる手書きチラシ10のテーマ

4章 当たるチラシの書き方ステップ

5章 誰でも書けるチラシのレイアウト

6章 読ませて買わせるキャッチコピーのルール

7章 手書きイラストのルール

8章 サービス業の当たる手書きチラシ5つのルール

9章 チラシ活用術① ニュースレターで店のファンをつくろう

10章 チラシ活用術② 手書きDMで特別扱いしよう

11章 チラシの配布方法の選び方と効果測定

12章 もっと手書き力をアップしよう！

カバーデザイン　新田由起子（ムーブ）
本文デザイン・DTP　内堀明美（月・姫）
本文イラスト　内山良治

1 ● 「販促」とは何か
2 ● なぜチラシやDMが必要なのか
3 ● 今、「手書き」にする理由①
4 ● 今、「手書き」にする理由②
5 ● 時代と共に変わる販促手法

1章

知っておきたい販促の基本

1 「販促」とは何か

販促で伝える重要なポイント

毎日のように新聞に折り込まれているカラフルなチラシ、誕生日に届くダイレクトメール（DM）、買い物時に貯まるポイントカード、店頭での試食販売会。これら**「より販売・宣伝するための行動」を「販売促進」、略して「販促」**といいます。また、チラシやDM、POP、ポイントカード、ホームページなど、**販売促進する上で使用する媒体を「販促物」**といいます。販促の手法は、何十種類もありますが、その中から自分の店・客層に合った手法を見つけ、実行していくことが必要になります。

ここで必ず出てくる疑問があります。それは**「商品力がよければ販促はいらないのでは？」**というものです。

確かに、どこよりもおいしいケーキを売っている店にはお客様はリピートしますし、クチコミも発生するので新しいお客様も集まってくるでしょう。しかし、リピートもクチコミも徐々に起こるもの。それだけで集客や固定客化を図るにはかなり時間がかかるのです。

さらに近年、市場が広がり、同じような商品を販売する店があちらこちらに存在する時代になりました。他店との差別ポイントを店側から発信しなければ、お客様に伝わりにくくなっているのです。つまり、お客様に対して自店のことをアピールするために販促が必要であるということです。

販促で伝える重要な基本ポイントは大きく5点です。

①このような店です
②このような商品がいくらで買えます
③こういうメンバーで運営しています
④いつ、どこで、何があります
⑤また来てくれたらこんなよいことがあります

これらが不明確な場合には、チラシやDMなどを用いた販促を行なってもお客様からの反応が薄くなってしまいます。販促を行なう際には費用がかかりますから、できる限り反響のよい手法を考える必要があります。

このように、商品力や技術力だけで売るのではなく、効率のよい販促を行なっていくことが、店を経営する上で必要なのです。

販促をして、お客様を呼ぼう！

私たちの店は「パスタ」が「だいたい1000円」で食べられるイタリアンの店ですよ！
○月○日に、お子様ランチの特別サービスがあります！
ポイントカードを貯めると、次回500円引きです！ またお越しください！
これら店の伝えたいことを「見える形」にしたものが「販促」なのです！

2 なぜチラシやDMが必要なのか

新規客と固定客

店の経営を円滑に行なうには、前項で説明したように販促が必要です。しかし、ひと口に「販促」といっても手法はさまざまです。どのようなタイミングでどのような販促をすべきか、計画を立てる必要があります。

販促計画は2つの視点で考えます。

①新規客を集客するための販促
②固定客をより固定化するための販促

過去の来店回数や来店頻度、購買金額などからお客様を分類すると、5つの階層に分かれますが、大きく考えれば「新規客」と「固定客」の2通りしかいません。

新規客とは、まだ来店のないお客様（潜在客）や、何らかの理由でリピートしていないお客様のことをいいます。固定客とは、これまでに何回も来店し購買してくださっているお客様をいいます。どのような業種・業態の店でも新規客と固定客が売上を支えているのです。

しかし、どちらかに偏り過ぎてもいけません。販促が新規客に偏った店は売上がなかなか安定しません。反対に、固定客ばかりに目を向けていては先細りする可能性があります。いくら上得意客でも他店に目移りすることはありますし、引越しなどで顧客数が減ることもしばしばです。

つまり、**「新規客の集客」と「固定客の固定化」の販促をバランスよく行なうことが必要**になるのです。

あなたの店でこれまでに行なったことのある販促を思い返し、このバランスを見直してみてください。チラシは月に1度配布しているのにDMは送ったことがない、もしくは、誕生日のDMは送っているのにチラシで集客したことがない……。これらはバランスが偏っているケースです。私の見てきた中では、新規客向け販促に偏りがちな業種は、食品小売店・家電量販店・土産店などで、固定客向け販促に偏りがちな業種は、理容美容店・服飾店・医院（広告規制あり）などがあげられます。本書では、新規客向けのチラシを中心に、固定客向けのニュースレター・DMにも触れています。ぜひバランスよく実行してください。

固定客と新規客への販促の違い

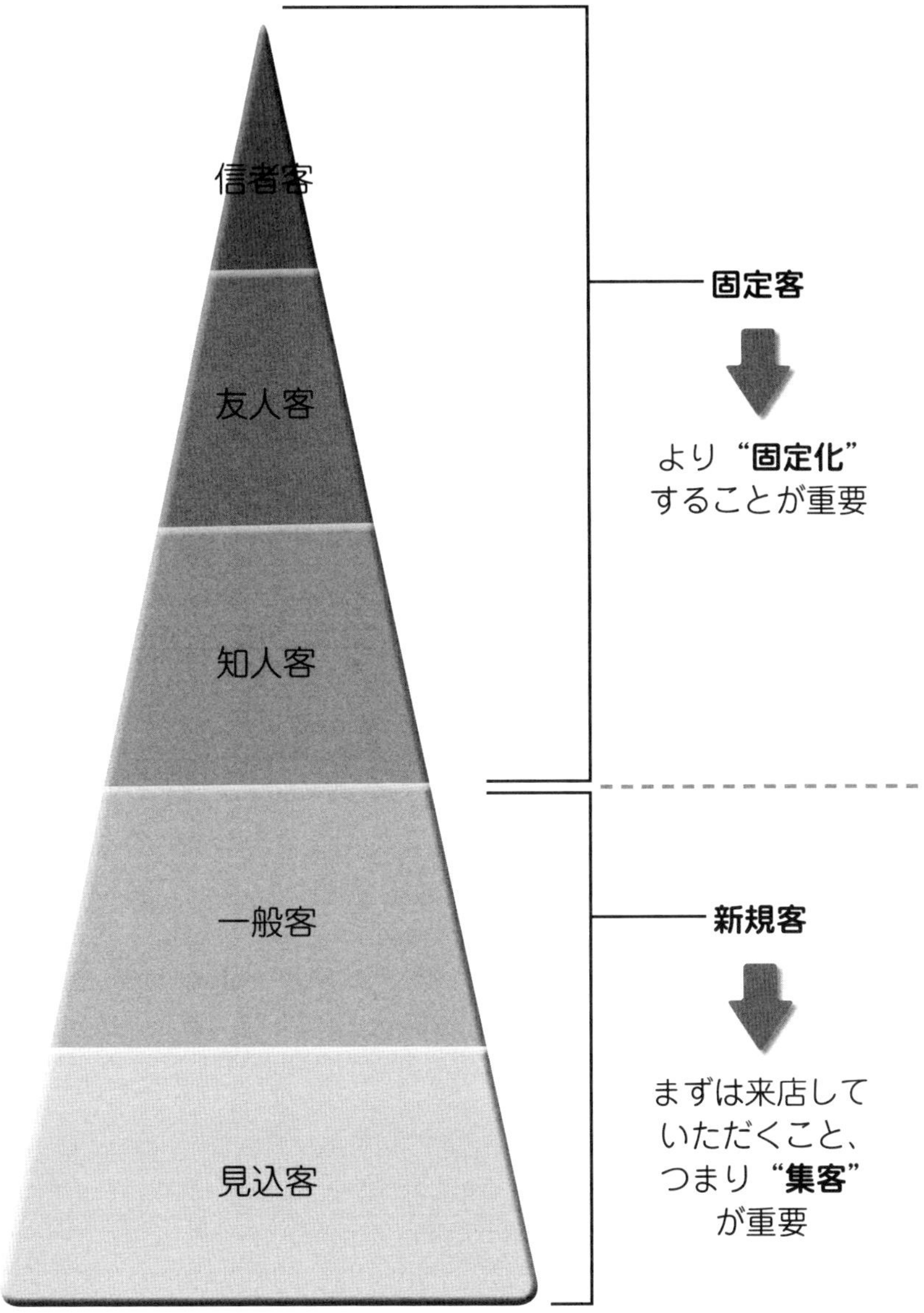
信者客
友人客
知人客
一般客
見込客
固定客
より"固定化"
することが重要
新規客
まずは来店して
いただくこと、
つまり"集客"
が重要

3 今、「手書き」にする理由①

「手書き」で伝わる店の想い

私の前著書『売れる「手書きＰＯＰ」のルール』（同文舘出版）の他、最近は「手書き」をテーマにした販促関係の本を書店で多く見かけるようになりました。今、各方面で「手書き」が注目されています。

パソコンが広く普及してから、業種を問わずチラシやＤＭ、店内ＰＯＰなどの販促物がパソコンでつくられることが多くなりました。字や絵が苦手でも誰でも同じようにつくれるという利点がある反面、どれを見ても同じように見えてしまうため、訴求力が弱いという難点があるようです。

そんな中、私がコンサルティングの仕事をさせていただいている店舗では、チラシやＤＭ、ＰＯＰなど、あらゆる販促物を手書きでつくっています。消費者であるお客様の意見を直接聞いてみると、

- **手書きに温かみを感じる**
- **手書きが珍しいから目をひく**
- **活字と違って隅々まで読みたくなる**

などの声をよく聞きます。電子化された今だからこそ、昔ながらの手書きが活きてきているようです。

例えば、週末の朝刊に折り込まれているチラシの束を見てみてください。住宅不動産関連、パチンコ店、食品スーパー、家電量販店のチラシがほとんどかと思います。何十枚とあるチラシの中に、すべて手書きで書かれたチラシは何枚ありますか？　そして、その手書きチラシはすぐ目に留まりませんでしたか？

おそらく、手書きのチラシは多くて２～３枚ではないでしょうか。それだけ他の店は取り組んでいないのです。**写真と活字が並ぶチラシが多い中、手書きのチラシはイメージがまったく異なるために目をひくのです。**

さらに、**手書きは１文字１文字に心がこもっているように感じられます。**「温かみを感じる」という声が多いのも納得ですし、心がこもっているから隅々まで読みたくなるのもうなずけます。自店の想いをお客様により伝えたいならば、チラシやＤＭを手書きに変えるだけでいいのです。

「手書き」で伝わる温かみ

もうすぐ春がやってくる!!
長沼生まれの和菓子・洋菓子 森下松風庵
チラシ期間 9日間
3/16(金)~24(土)
各日朝9時より
お菓子を愉《たのしむ》しむ9日間
チラシ期間中、税別1,500円以上お買い上げで もれなく 300円金券 進呈いたします
3/25(日)以降に当店にて使用可能な金券をプレゼント!!
森下松風庵のお菓子をこの機会にお試しくださいませ!
最大 半額!! ご自宅用和洋菓子 得カレンダー
3/16(金)・17(土) 2日間限り
焼きドーナツ
人気です
人気上昇中!! しっとり食感のヘルシードーナツです
半額!!
通常1個160円→80円
おひとり10個まで
3/18(日)・19(月) 2日間限り
春の香りが漂います
さくらもち
この季節限定の和生菓子です
50パック限定!!
おひとり2パックまで
3コ入り 240円
通常3個300円→
(1パック)
20% OFF
3/20(祝) 限り
毎朝焼き上げています!
シュークリーム
カスタードクリームたっぷり!!
通常1個100円
6個600円のところ
6個セットで500円!
3/21(水)・22(木) 限り
北海道産のじゃがいもを使用した長沼銘菓
メークィン
おひとり10個までとさせていただきます
通常1個 100円→50円 半額!
3/23(金)・24(土) 限り
ふわふわブッセ
石狩大平野
チーズとブルーベリーの2種類 甘すぎない洋菓子です
通常1個 150円→75円 半額!
※半額の商品は、箱詰めにはできませんのでご了承くださいませ。
春のお彼岸
3/17 彼岸入り 3/20 お中日 3/23 彼岸明け
なぜお彼岸におはぎを食べる?
江戸時代から始まった風習と言われます。小豆の赤色には災難から身を守る効果があると信じられていて、邪気を払うという信仰が先祖の供養と結びついたと言われています。風習を大切に…
おはぎ
(つぶあん、こしあん)
北海道産の小豆を炊いた自家製餡で作っている、昔ながらの手づくりおはぎです。お供えとしても、おやつとしてもおすすめです。
つぶあん、こしあん選べます
3個入り 330円
春の美味しさをお届けします!
いつも森下松風庵をご愛顧くださいまして、本当にありがとうございます。
店主 森下伸
昨年は辛いこと、悲しいことが多い1年でしたが、私たちはどんな時でも、お菓子の力で多くの人を笑顔にすることが使命であると思っています。もうすぐ北海道にも春がやってきます。春の香りをお届けします! ご来店をお待ちしております! 森下伸
春のお彼岸、おすすめの贈り物
お引越のご挨拶、進入学・卒業のお祝いに…
石狩大平野×2、どら焼、バタどら栗もなか、…×2、メークィン×2、百年太鼓×2、最中×2、高木記念館×2、花の街×2 計17個入
人気ギフト 2,560円
2月から発売の洋生菓子をお試し価格でご奉仕!
20%OFF
森下松風庵のパティシエがつくる洋生菓子もどうぞ!
バナナをたっぷりのクリームで包んでいます!
フルーツバナナオムレット
チョコバナナオムレット
通常300円→240円
パリッ!とした食感
ブリュレロール
各種20%OFF!!
各商品は多数ご用意いたしますが、万が一売り切れになった場合にはご容赦くださいませ。
おかげさまで創業61周年
和菓子・洋菓子・贈答品
菓子匠 森下松風庵
もりしたしょうふうあん
〒069-1333
北海道夕張郡長沼町本町北1丁目1番6号
営業時間 9:00~19:00 (日曜は17:00)
定休日 元旦のみ
TEL 0123-88-0051

普段このようなチラシを見かけることは少ないと思います。だからこそ、多くのチラシが入る土曜・日曜でも目立つのです！

4 今、「手書き」にする理由②

書けば書くほど上達する

「手書き」の利点は、前項で述べたようなお客様に対することだけではありません。作成する店側にとっても、よい点があるのです。それは、次の3点です。

①コストがほとんどかからない
②コツをつかめば手軽に書ける
③書けるようになるにつれ、楽しくなる

何といっても①のローコストが最大の特徴です。チラシやDMの原稿、POPなど、**手書きの場合は紙とペンがあればつくれる**のです。印刷コストはかかるとしても、広告代理店に依頼していた版代（デザイン費）が浮くだけでも数万円の差になります。

手書きの利点、2つ目は手軽さです。「コツをつかめば」というのは、字や絵が上手になることではなく、チラシやDM、POPをつくる上で最も重要になる**「レイアウト」**をしっかりとおさえておくことです。販促物を見るお客様の目は、ある一定のルールで動きます。また、紙面の中で目に留まりやすい場所とそうでない場所も決まっています。どこに何を書くかを、ルールに従って決めればよいのです（詳しくは5章「誰でも書ける当たるチラシのレイアウト」を参照）。

そして、利点の3つ目、「書けるようになるにつれ、楽しくなる」は仕事をする上で最も重要です。

誰でも、書く練習を重ねれば必ず上達します。手書きの場合は**上達度合いが目に見えやすいので、上手になれば書くことに自信がつき、楽しくなる**ものなのです。

さらに、自分が手書きした販促物についてお客様から何らかの反応があったときには、そのうれしさは倍増します。つまり、作成スタッフのモチベーションアップにつながるのです。楽しい仕事、うれしい仕事は自ら進んで行ないますから、積極的に仕事に取り組むスタッフが増えることになるのです。

本書を最大限に活用していただき、「手書き仲間」を増やしてください。そして、各々が書いたチラシやDMを積極的に採用し、スタッフ同士で褒め合ってください。これが上達への近道になるのです。

反響の大きい「手書きチラシ」研修会

「手書き」を学ぶ場合、仲間づくりがとても重要です！「誰かに褒められる」経験をすればするほど、どんどん書く気力がわいてくるものです！

5 時代と共に変わる販促手法

今、自店に合った販促を考える

パソコンや携帯電話の普及と共に、販促手法にも変化が出ています。これまで新規客の集客はチラシや看板広告が主流だった専門小売店は、チラシの頻度を抑え、ホームページや地域情報誌などに注力するようになりました。また、固定客化のためのポイントカードは、手押しのスタンプから電子ポイントになった他、ハガキで送られてきていたDMは携帯電話にメールで送られてくる時代になりました。

今後もこのような変化は続くと思われますが、本書のテーマである「手書き」のチラシ・DM・ニュースレターはまだまだ有効的な販促手法といえます。なぜなら、パソコンや携帯電話などと対極にある販促手法のため、他店の販促と差別化を図りやすいからです。

チラシやDMにも時流がある

業種や店ごとのライフサイクルによって、当たるチラシの要素は変わってきます。**導入期**の業種では、お客様に店を知ってもらう「認知」が必要なときですから、チラシの内容はもちろん配布する頻度が重要になります。できる限りお客様の目に留まる回数を増やすのです。

成長期になると、同じような店舗規模、品揃えの店が増えてきます。そのため、チラシでは「どこよりも品揃えが多く、かつ、安く見える」訴求が必要です。このチラシを「品揃え型」と呼びますが、紙面にできる限り多くの商品を掲載し、他店よりも紙面の大きいチラシを投入する店舗が増えてきます。このような「品揃え型」のチラシを作成する場合は、パソコンがおすすめです。掲載する商品が多くなるため、手書きでは手間と時間がかかるだけでなく、お客様も見づらくなってしまうのです。

しかし、**成熟期**以降には手書きのチラシが大活躍します。成熟期には「他店と価格は同じだが価値が高い」ことを訴求し、差別化を図ることが必要なため、製造方法や素材の価値、店の想いを伝えます。この「想い」や価値が伝わるのが、「手書きチラシ」のよさなのです。

自店が、ライフサイクル上のどこにあるかを認識し、時流に合った販促手法を選んでいくことが大切なのです。

チラシと自店のライフサイクル

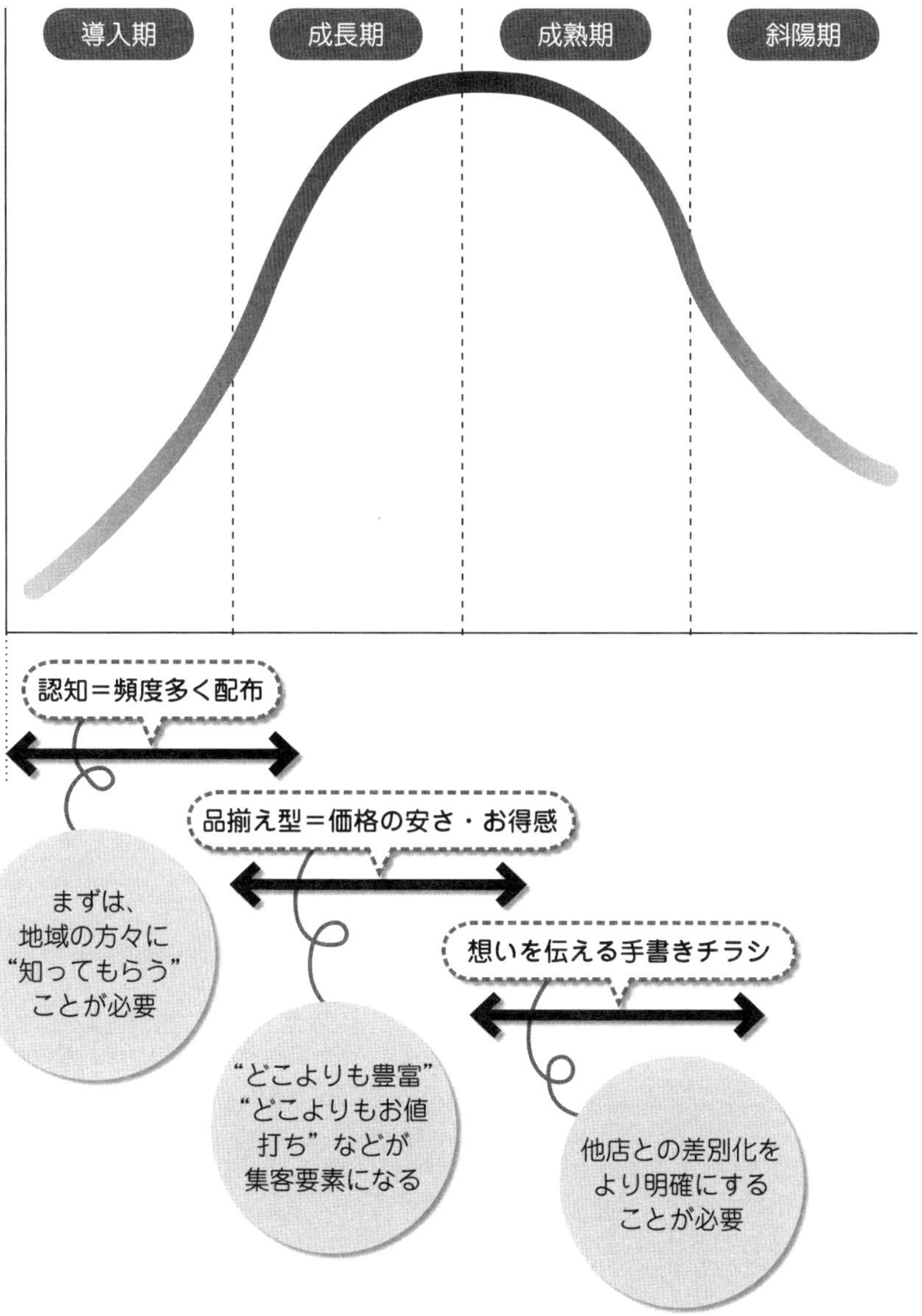
導入期
成長期
成熟期
斜陽期
認知＝頻度多く配布
品揃え型＝価格の安さ・お得感
想いを伝える手書きチラシ
まずは、地域の方々に“知ってもらう”ことが必要
“どこよりも豊富”“どこよりもお値打ち”などが集客要素になる
他店との差別化をより明確にすることが必要

1 ● お客様の階層と販促の関係
2 ● 新規客を「集客」する販促
3 ● 既存客を「リピート」させる販促
4 ● 上得意客を「ファン」にさせる販促
5 ● 接客に勝る販促はない！

2章

販促の種類と役割

1 お客様の階層と販促の関係

自店のお客様を5段階に分けてみよう

過去の購買金額・来店回数・来店頻度などでお客様の階層は左図のように5種類になるといわれています。

最下層部**「見込客」**は、まだ自店を利用したことがない潜在客を指します。また、次の層**「一般客」**は、1度や2度来店歴はあるもののリピートしていないお客様を指します。これらのお客様には、店の存在やよさ、品揃えを知らせ、来店を促すことが需要になります。**キーワードは「集客」**といえるでしょう。チラシ広告やテレビCM、地域情報誌、HPなどがその販促手法の代表例です。

それに対し、上部3層はすでにリピート来店している**「固定客」**になるため、**キーワードはさらに来店頻度・回数・購入金額を高めるための「固定客化」**になります。

そのうち、**「知人客」**は店や一部の商品を支持しリピートし始めたお客様を指します。この段階ではさほど来店回数が多くないために名簿化はされていませんから、ポイントカードやクーポン券、ニュースレターなど店内でできる販促で再来店を促すことが必要になります。

次の**「友人客」**は、お客様の顔や名前、お住まいの地域がおおよそわかり、世間話ができる程度まで顔馴染みになっているお客様を、最上部の**「信者客」**は、「○○を買うならこの店にしか行かない」というお客様を指します。この2層は「上得意客」のため、住所や名前が把握できていればDM送付や電話など、ダイレクトに販促することが可能です。

お客様を階層別に考えた場合、効果を発揮する販促は階層によって異なることがわかると思います。

本書で取り上げる「手書きチラシ」は、見込客や一般客の集客に効果を発揮します。店内で来店したお客様に配布する「手書きニュースレター」は、名前や住所がわからない知人客に効果を発揮します。さらに、「手書きDM」は、名前や住所がわかる友人客・信者客に効果を発揮するのです。同じ手書きのツールでも、手法が異なればすべての層のお客様に対して販促を行なうことができるため、基本をおさえておくことは重要なのです。

お客様の階層に合わせた販促物

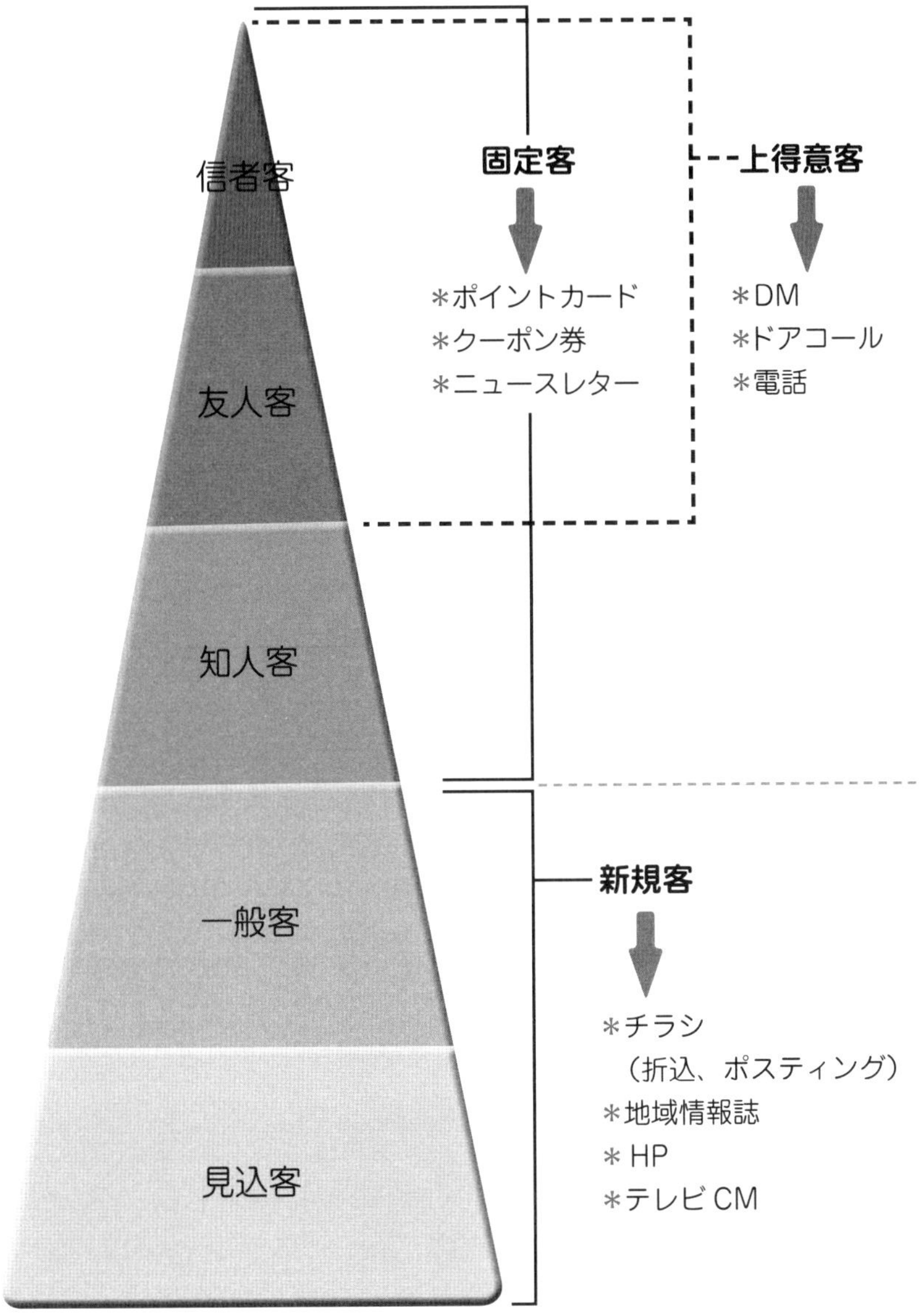

信者客
友人客
知人客
一般客
見込客
固定客
＊ポイントカード
＊クーポン券
＊ニュースレター
上得意客
＊DM
＊ドアコール
＊電話
新規客
＊チラシ
（折込、ポスティング）
＊地域情報誌
＊ HP
＊テレビ CM

2 新規客を「集客」する販促

集客方法の選び方

「うちは長いこと営業しているから、この地域では知られている」という理由で、新規客の集客をまったく行なわない店がよくあります。しかし、転居転入や出生、死亡などで地域住民は定期的に入れ替わっていますから、固定客が100%リピートしない限り集客数は減ることになります。そのため、定期的に集客を行なうことが必要です。

広い範囲からお客様を集める場合は、不特定多数の住民に対して店の告知をする「マス媒体」を利用する必要があります。手法として、新聞の折込チラシ、地域情報誌、テレビやラジオの広告、看板などがあります。

これらの手法にはそれぞれメリットとデメリットがあります。**業種はもちろん、立地や客層、店舗数によって変える必要があります。**

例えば、地域情報誌の広告掲載を検討する場合、掲載料が20万円だとしましょう。地域情報誌は新聞折込広告と違って配布部数が決まっていますから、基本的にはコストは一定です。1店舗のみの告知に使用した場合のコストは20万円ですが、地域内に5店舗あった場合には1店舗あたりのコストは4万円になります。これに対して、折込チラシの場合は地域を広げるほど、つまり折り込む部数を増やすほど、コストも増大します。また、広告紙面を広告代理店に作成してもらう場合にはデザイン費用などもかかります。同じ広告を行なうにも、配布枚数や配布地域によって費用が大きく変わるのです。

そこで、**新規客集客を手軽に行ないたい場合におすすめなのが「手書きチラシ」**です。手書きチラシのメリットは、代理店に依頼しない分デザイン費が不要なこと、校正にかかる時間を短縮できること、ロットを気にせず少ない枚数で印刷し配布できることなどがあげられます。また、前述したように、全面手書きチラシを行なう店が少ないために、お客様の目をひく可能性が高く、隅々まで読んでもらえるのも特徴です。

予算や目的によって集客手法を選ぶことが大切です。

「手書きチラシ」が新規客の目をひく

新規客集客の基本的な販促はチラシです。品揃え感を演出したチラシやイベント開催のチラシなど、さまざまな手法を利用してみましょう。

3 既存客を「リピート」させる販促

再来店の頻度が「リピート化」につながる

ＤＭ、ポイントカード、クーポン券、携帯会員メールなど、これらは再来店を促すための販促手法です。

商品力や技術力が高ければお客様はリピートするのですが、その**「店に行く習慣」がつくまでには短期間に3回以上の来店が必要**とされ、この段階にいるお客様は**「安定客」**とも呼ばれます。期間の目安はおおよそ客単価で決まります。客単価が、

・１０００円未満の場合：１ヶ月
・３０００円程度の場合：３ヶ月
・５０００円程度の場合：６ヶ月
・１００００円以上の場合：12ヶ月

この期間内に3回来店を促すように販促するのです。

例えば、期間内に3回以上来店するともれなくプレゼントがもらえる、期間内に使える3回分のクーポン券を進呈するなど、まずは金額にかかわらず来店していただくことを重視します。3回程度来店したお客様には、店の存在が強く印象に残るため、「〇〇を買うならあの店に行こう」という意識が働きやすくなるのです。

さらに、「安定客」から**「固定客」に育てるためには、短期間に10回以上の来店経験が必要**といわれているため、定期的な固定化販促が必要になるのです。

本書では、既存客に送付するための手書きＤＭについても触れていきます。ハガキＤＭ、特大ハガキ（Ａ４サイズ）ＤＭ、チラシ封入ＤＭなど、送付方法と媒体によっていろいろな種類があります。いずれの場合でも、限られた紙面に多くの情報を載せることになりますが、その情報の一つひとつがＰＯＰで、ＤＭ自体は「ＰＯＰの集合体」と考えると作成しやすくなります。

お客様のお名前と住所がわかっている場合は、大衆的なチラシやＨＰなどの情報よりも、**「今だけ、これだけ、あなただけ」**の情報を、特別感をもって伝えると効果的です。また、個別に送る手紙と同様、手書きにすればお客様の心をつかみやすくなります。定期的にお客様情報を名簿化し、年に1～2回程度、個別販促をすることをおすすめします。

DMで「今だけ」の情報を伝える

圧着ハガキ外面

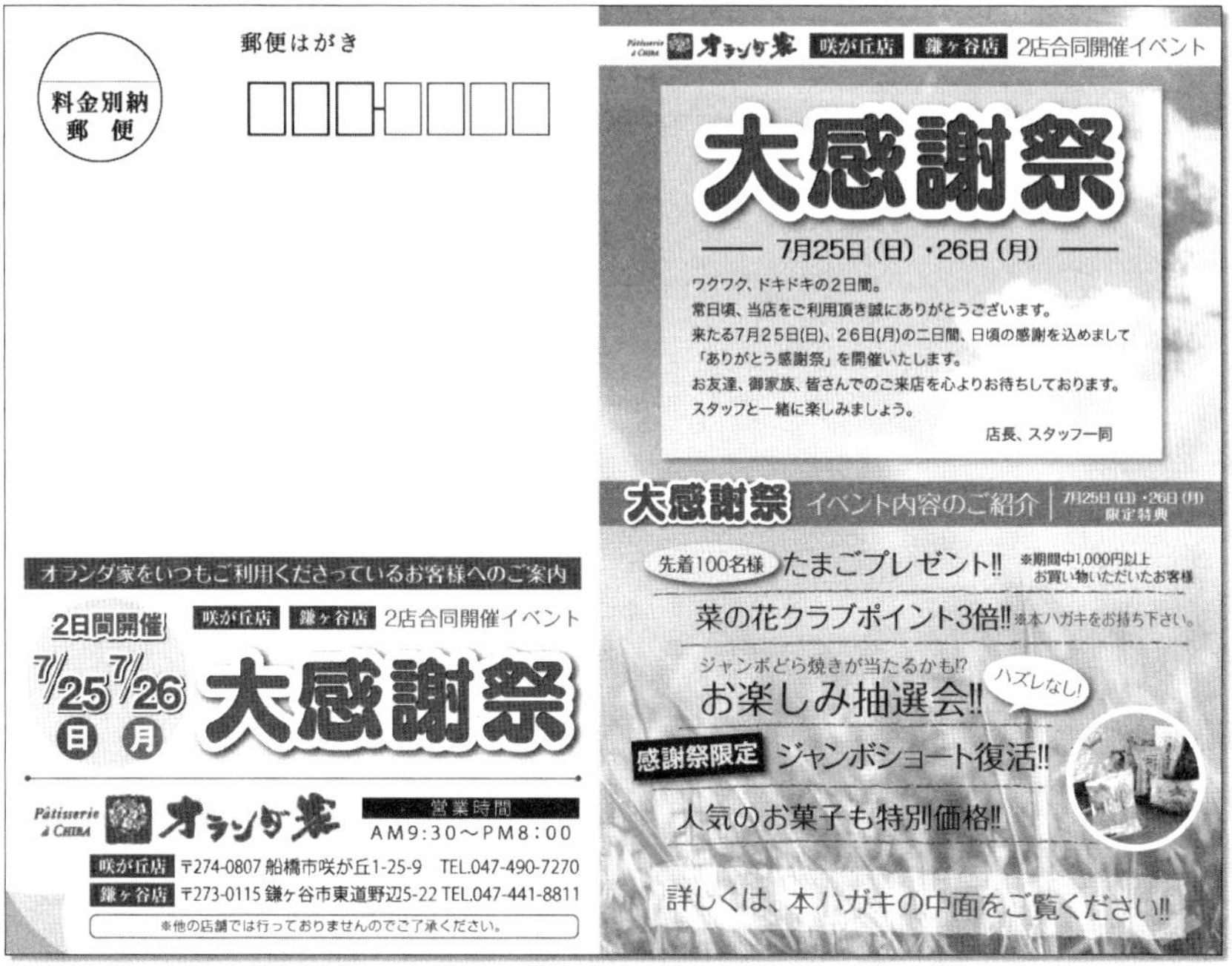
料金別納
郵便
郵便はがき
Pâtisserie à CHIBA オランダ家 咲が丘店 鎌ヶ谷店 2店合同開催イベント
大感謝祭
7月25日（日）・26日（月）
ワクワク、ドキドキの2日間。
常日頃、当店をご利用頂き誠にありがとうございます。
来たる7月25日(日)、26日(月)の二日間、日頃の感謝を込めまして
「ありがとう感謝祭」を開催いたします。
お友達、御家族、皆さんでのご来店を心よりお待ちしております。
スタッフと一緒に楽しみましょう。
店長、スタッフ一同
大感謝祭 イベント内容のご紹介 7月25日(日)・26日(月) 限定特典
先着100名様 たまごプレゼント!! ※期間中1,000円以上お買い物いただいたお客様
菜の花クラブポイント3倍!! ※本ハガキをお持ち下さい。
ジャンボどら焼きが当たるかも!?
お楽しみ抽選会!!
ハズレなし!
感謝祭限定 ジャンボショート復活!!
人気のお菓子も特別価格!!
詳しくは、本ハガキの中面をご覧ください!!
オランダ家をいつもご利用くださっているお客様へのご案内
2日間開催
7/25 7/26 日 月
咲が丘店 鎌ヶ谷店 2店合同開催イベント
大感謝祭
Pâtisserie à CHIBA オランダ家
営業時間
AM9:30～PM8:00
咲が丘店 〒274-0807 船橋市咲が丘1-25-9 TEL.047-490-7270
鎌ヶ谷店 〒273-0115 鎌ヶ谷市東道野辺5-22 TEL.047-441-8811
※他の店舗では行っておりませんのでご了承ください。

お名前とご住所がわかるお客様に送付した「圧着ハガキDM」の例。宛名だけは手書きにしたいですね。

圧着ハガキ中面

オランダ家 お得意様だけにご案内させていただいております!
いつもありがとうございます
2日間開催
7/25 7/26 日 月
大感謝祭 開催いたします
うれしい特典もりだくさん!!
特典1 先着100名様
たまご1パック(6個入り) プレゼント!
特典2
菜の花クラブポイント3倍!!
特典3 ジャンボどら焼きが当たる!? ハズレなし!
お楽しみ抽選会
ジャンボショート 限定200個
380円
大感謝祭 限定価格
楽菓ちゃん's 500円
店内にて同時募集!
世界でたったひとつのケーキ
お菓子の夢大募集!!
POST CARD

4 上得意客を「ファン」にさせる販促

続ける販促で「ファン」を増やす

どのような業種、どのような店でも、売上の大半を支えているのは新規客ではなく固定客です。「2：8の法則」をご存じでしょうか。来店回数・来店頻度・購買金額の多い上位2割のお客様によって、売上の8割が支えられているといわれています。店の売上を安定させるには固定客の再来店を促すことが絶対に必要です。

既存のお客様により多く来店していただくためには、**商品はもちろんのこと、店自体やスタッフのことを多く知ってもらい、好きになってもらう**努力をします。店内でポリシーを掲げる、スタッフの紹介ボードを設置する、会社の歴史を店内で紹介する、これらはすべて固定客をファン化させる仕掛けのひとつといえるでしょう。

また、近年急速に広まった「**携帯メール販促**」は、お客様の名前や住所が登録できていなくても、携帯メールアドレスだけあれば、お得な情報を配信したり新商品の案内ができるため、固定客化には欠かせないツールのひとつとなっています。費用も月々1万円未満で手軽に実行できることもあり、今後も需要度の高い販促になると思われます。

ファン化のための手書き販促として本書で紹介するのは「ニュースレター」です。これは、来店客に手渡しするチラシのようなものをいいます。新商品のお知らせやスタッフの紹介、チラシなどでは公開しないお得な情報など、1ヶ月に1回程度定期的に発行します。商品はもちろんのこと、自店のこと、スタッフのことをお客様に知っていただき、共感していただける点を増やすための活動です。

このニュースレターは**お客様との距離を縮めるためのツール**にもなるため、親しみやすい手書きが最もおすすめです。

しかし、ニュースレターは書くこと自体よりも、「**続ける」ことが重要**です。内容が多少薄かったとしても、3〜4ヶ月続けると、お客様が発行を楽しみにしてくれるようになります。このような地道な店内販促でもお客様はリピートするのです。

ニュースレターでもっと店を知ってもらう

Bakery Sakaguchi
2009 June
Sakaguchi《サカグチ》 Times《タイムズ》 vol.1
営業時間 6:00～18:00 木曜休
のパンは北海道産小麦を使っています。
では、ほんの一部のパンを除き、北海道産の小麦粉を使って焼きあげています。手づくりで、しかも安心して食べられる食材にこだわり、パンを焼き続けています。
いつも、をご愛顧くださいまして、誠にありがとうございます。
今月より、のおすすめパンのご紹介や、お得な情報をお届けします！
サカグチ人気の食パン 角食／もちっこ／ホテルパン／パンドミ
天然酵母もありますよ
お得でうれしい！平日だけの
Happy Sale!!《ハッピーセール》
人気のパンがお買い得に!!
月よう日 クイニーアマン 約40%OFF 通常130円のところ→80円
フランスのブルターニュ地方に伝わる伝統のお菓子。パリパリ、サクサク！
火よう日 メロンパン 約35%OFF 通常120円のところ→80円
外はサクサク、中はふんわり食感の昔ながらのメロンパン。大人気商品。
水よう日 フランクロール 約30%OFF 通常140円のところ→100円
お子様にも大人気のウインナーパンです。
金よう日 シナモン 約30%OFF 通常140円のところ→100円
食べやすい甘さのシナモンロール。コーヒーとどうぞ。
卵不使用、牛乳不使用！
天然酵母のパンたち
アレルゲンについてご相談ください
卵アレルギーや、乳製品アレルギーで、好きなパンがなかなか食べられない。という方のために。また、天然酵母の風味がお好きな方のために…。
★天然酵母のクリームチーズ 130円
★天然酵母のライ麦ロール 90円
★クランベリーのパン 130円
★いちじくのパン 130円
★粒あんぱん 130円
★クランベリーとくるみのブレッド 280円
★ライ麦ブレッド 360円
★天然酵母の食パン 200円
Staff's Memo
近頃、夜は涼しい日が続いていますね。梅雨が過ぎると急に暑くなり、パンを食べるお客様が減ってはいそうなことがとても心配です。だからこそ、本当に美味しくて安心安全なパンをつくり続けているのですっ!!

来店客に手渡しする「ニュースレター」の例。次回の来店を促すため、商品情報などは必ず載せます。

5 接客に勝る販促はない！

スタッフで選ばれる会社

新規客を集客するための販促、既存客をより固定化するための販促について紹介しましたが、最も効果的な販促は「スタッフの接客」です。特に固定化に関しては、どんな販促手法にも勝っていると考えていいでしょう。

私は仕事柄、飛行機や新幹線をよく利用します。飛行機に関しては年間150回程度乗るのですが、スタッフが丁寧で印象がいい航空会社を選んで乗るようにしています。

以前、こんな経験をしたことがあります、A社の飛行機に乗ると、地上係員・整備士・客室乗務員などすべてのスタッフさんに「ご搭乗ありがとうございます」や「いつもありがとうございます。今野様」といわれるのですが、B社ではまったく何もいわれないのです。その頃は、A社にもB社にも満遍なく乗っていましたから、両社にとって同じように得意客だったはずなのです。しかし、お客様をどれだけ大切にするか、という会社の方針の違いなのでしょうか……スタッフさんの行動が大きく異なるのです。

同じ料金を払って同じ時間を過ごすのであれば、心地よいほうを選ぶのは当然のことだと思います。また、スタッフさんの心遣いが行き届いていると、運航の安全性も高いように感じます。接客レベルの相違だけで、上得意客は簡単に離れてしまうこともあるのです。

販促は接客サービスの補助手段

店舗経営をする上で、集客や固定客化のための販促は必要です。しかし、接客の補助的役割でしかないことを今一度ご理解いただきたいのです。

例えば、集客用のチラシは、スタッフの呼び込みに代わる集客手段であり、**最終的にはお客様への声かけが必要**です。固定客化のためのクーポン券は、お客様にとっては再来店の大きな動機になりますが、それよりも**来店時に会話をすることのほうが大切**なのです。

あくまでも販促は、接客サービスの補助手段です。守備固めをしっかり行なった後、最終的にお客様の心をつかむのは人間力なのです。

接客が一番大切な販促活動

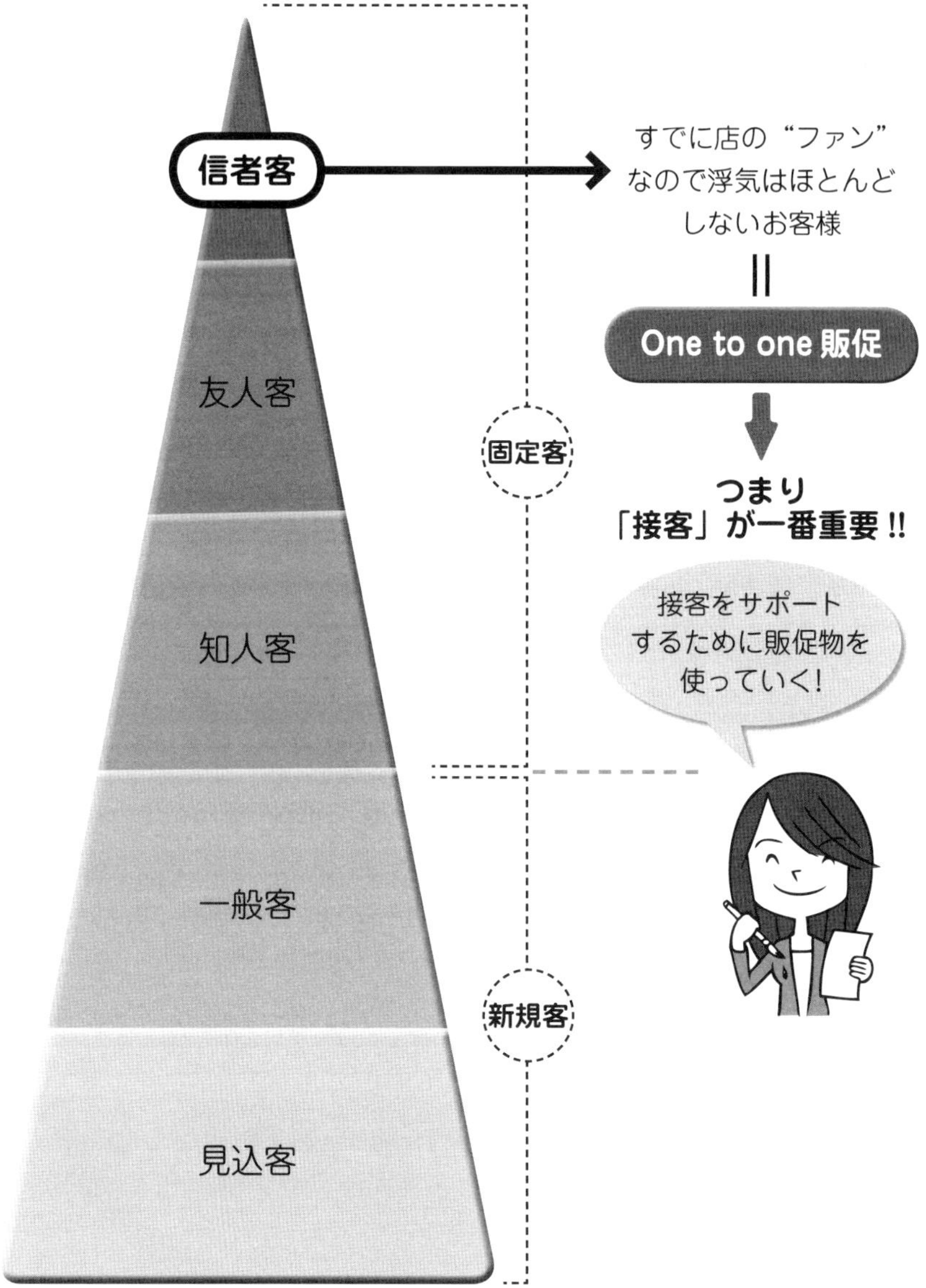
信者客
友人客
知人客
一般客
見込客
固定客
新規客
すでに店の"ファン"なので浮気はほとんどしないお客様
||
One to one 販促
つまり
「接客」が一番重要!!
接客をサポートするために販促物を使っていく!

1 ● 主婦の「チラシ仕分け」に勝ち残るには？
2 ● テーマ1：
行列必至！「創業記念イベントチラシ」
3 ● テーマ2：
自慢の品を紹介する「一品入魂チラシ」
4 ● テーマ3：
じっくり読みたい「商品情報満載チラシ」
5 ● テーマ4：
楽しさ重視！「なんでもない日のお祭りチラシ」
6 ● テーマ5：
サービス力を伝える「所信表明・宣誓チラシ」
7 ● テーマ6：
「記事風チラシ」で価値の高さを訴求しよう
8 ● テーマ7：
信頼・安心感が伝わる「お客様登場チラシ」
9 ● テーマ8：
地域密着を目指すなら「特別招待会チラシ」
10 ● テーマ9：
「日替わり商品チラシ」でワクワク感アップ！
11 ● テーマ10：
女性の心をつかむ「カラフル手書きチラシ」

3章

当たる手書きチラシ10のテーマ

1 主婦の「チラシ仕分け」に勝ち残るには？

チラシを見てもらうための3ポイント

新聞を購読している方ならご存じかと思いますが、毎日たくさんのチラシが折り込まれています。ですから、チラシを折り込んだならば、この束の中から自社のチラシを探してもらう必要があるということです。では、自社のチラシに目を留めていただくために必要な次の3点をおさえましょう。

①チラシのタイトル
②目玉商品および企画の内容
③見た目に目立つ紙面の構成

まずタイトルは、チラシの内容をお客様に明確に伝える際に重要なポイントです。「新規オープン」の告知なのか、「創業祭」なのか、「季節メニューの案内」なのかが瞬時にわかるよう記すことにより、**お客様は「これは自分に必要な情報だ」と認識できる**のです。ここに連動するのが②の目玉商品や目玉企画です。このチラシを見て何をすれば何が買えるのか、どの程度お得なのかといった内容が、**お客様の来店動機に直接つながる**のです。

チラシのレイアウト（5章）でも述べるとおり、チラシのタイトルと目玉商品で紙面の4分の1以上を占めるようにするだけで、反響率は大きく変わってきます。

見た目に目立つことも重要です。パソコンでつくられたチラシが大半を占めている中で、やはり手書きのチラシは目立ちます。私は多くのクライアント先で、手書きチラシを採用していただいています。これは、消費者からの「思わず手に取ってしまった」「とても目立つ」「手書きだと隅々まで読んでしまう」など、好評をいただいているためなのです。これまでパソコン文字と写真で制作していたチラシでも、手書きの文字とイラストを組み合わせたチラシに変えるだけで反響率は上がることも多くあります。

この章では、反響率が高かったチラシの代表例をいくつかご紹介しますが、いずれにも共通するのは前述の3つのポイントです。自社のブランディングはもとより、**「お客様が知りたい情報は何か」**を最優先に考えた内容にすることが、当たるチラシのテーマといえるでしょう。

「手書き」が目をひく理由

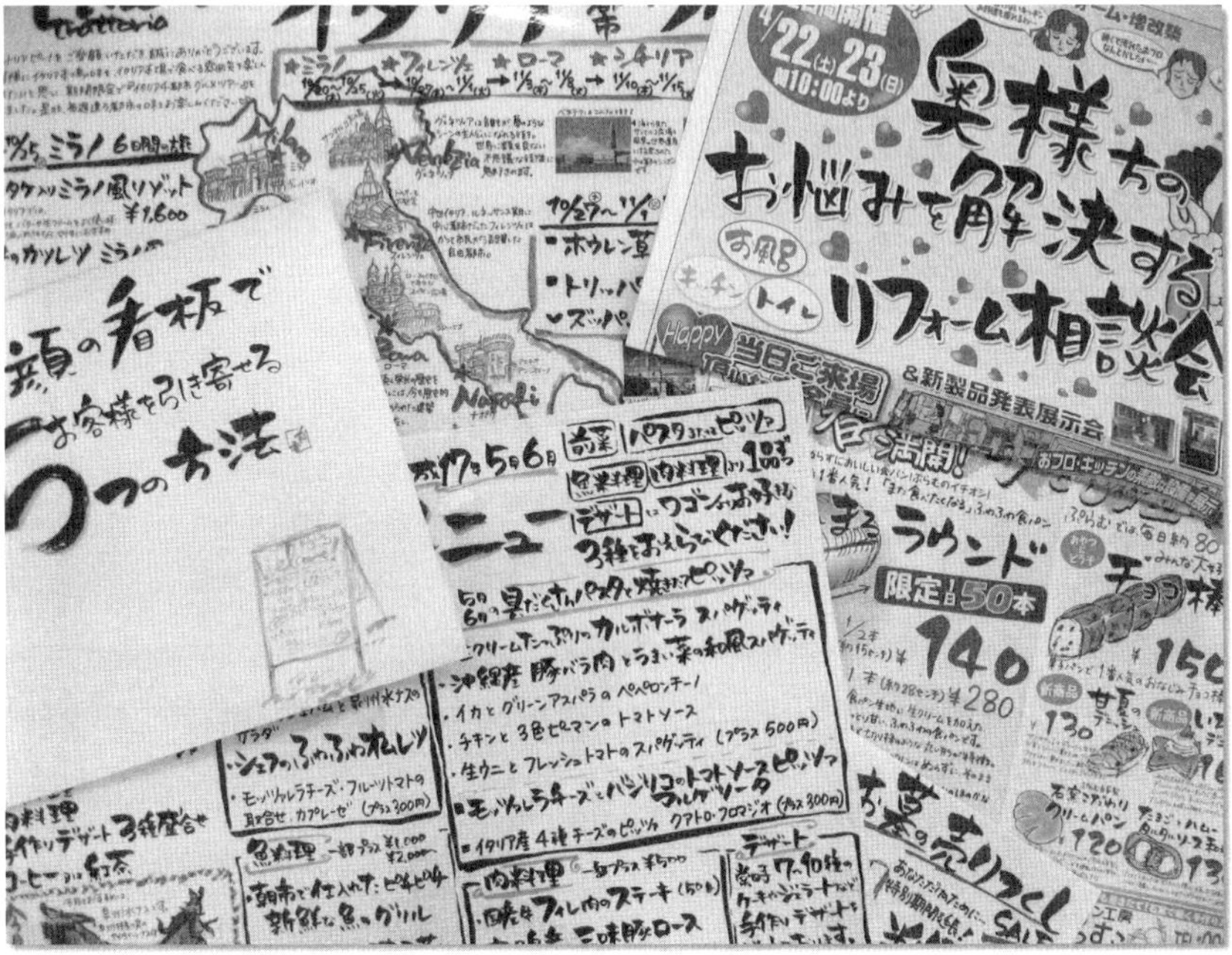

このような手書きチラシはほとんど見かけないため、たくさんのチラシが投入される日でも目立ちます。

2 テーマ1：行列必至！「創業記念イベントチラシ」

圧倒的な集客をするイベント

私がこれまで書いてきたチラシの中で、最も反響率が高かったのが「創業記念イベント」を告知するチラシです。会社や店の創業月に合わせ、地域のお客様やこれまでご利用いただいているお客様に対して感謝の気持ちを込め、セールを行なうイベントです。「創業月」としている理由は、年によって曜日が異なるため、よほどのこだわりがない限りは、**創業日に最も近い土日に合わせると反響率が高くなります。**このテーマのチラシには、以下の内容を必ず盛り込みます。

①創業記念（感謝）を伝えるタイトル
②創業から何年目か
③これまでの感謝の気持ちとこれからの所信を述べた挨拶文
④割引率20％以上の目玉商品
⑤創業時の復刻商品など、昔からの利用顧客が「懐かしい」と思える商品

このようなイベントに圧倒的に集客するためには、何らかの割引商品が必須です。もちろん、販売の個数や時間を限定してもかまいません。好景気であれば、その目玉商品の割引率は15％程度でも反響率は高いのですが、不景気になるほど割引率も高くないと集客にはつながりません。目玉商品以外は低い割引率でもかまいませんので、**「この店に行こう！」という動機付けになる目玉商品は20％以上の割引率**を設定するとよいでしょう。

しかし、単なる割引では「安売り」という印象を与えかねません。そのために、①〜③が必要になるのです。これらは割引を行なう「大義名分」になります。これまでの感謝の気持ちから還元したい旨を伝えることで、「今だけの特別感」を演出することが可能になるのです。

イベント開催日は通常の数倍ものお客様が来店されるため、駐車場の確保が必要になる場合があります。近隣の駐車場を借りるときは、チラシにも駐車場についての案内を大きめに入れておくとよいでしょう。手書きチラシの場合でも、店情報や駐車場案内はパソコンで作成し、見やすくすることをおすすめします。

「創業祭」で盛り上げよう！

松栄堂から日頃の感謝の気持ちを込めて
7/2（金）3（土）4（日）
3日間限定
栄町本店・浪館店
橋本店同時開催
営業時間
9:30〜18:00
大創業祭
抽選会引換券
その場で当たってうれしい
ハズレ無し！
松栄堂お楽しみ抽選会！！
大創業祭期間中のレシートと本券お持ちの方にその場で当たってうれしいお楽しみ抽選会を実施いたします。奮ってご参加ください！
お名前
生年月日
年 月 日
ご住所（〒 - ）
※頂いた個人情報は、当社からのご案内以外には使用しません。
※ラビナ店では行っておりません。
切り取り線
各日150箱限定
松栄堂 お菓子っ宝箱
気になる中身は！？
○果樹ゼリーいちご 250円
○梅の里 180円
○つぶパイ 140円
○つぶどら 140円
○あおもりブッセ 130円
○津軽通信 125円
○津軽 120円
通常1,085円のところ…
大創業祭限定価格
700円
毎年、昼過ぎには売り切れてしまう人気商品！
松栄堂で人気のお菓子だけを詰め合わせた限定品です。
※ラビナ店では販売しておりません。
感謝還元企画
1,500円のお買い物につき
300円券進呈
松栄堂
お楽しみお買物券 300円
大創業祭期間中に1,500円以上お買い上げのお客様に松栄堂で使える300円券をプレゼントさせて頂きます。
※詳しい使用方法は金券をご覧下さい。
ごあいさつ
昭和39年にこの地に店を構え、今年で46年目を迎えることができました。これもひとえに皆様のご愛顧のたまものでございます。
日ごろの感謝の気持ちを皆様にお伝えしたく創業祭を開催させて頂くこととなりました。
ご来店、心よりお待ち申し上げております。
まるでミルフィーユ！？
大創業祭限定商品
ミルどら
バタークリーム・生クリーム・あんこを贅沢に使用した創業祭限定の一品です。ナイフで切って食べてください！
各日50個限定
480円
夏季限定！！
ふまんじゅう
各日100セット限定
今年の麩まんじゅうもしっとり笹の葉の香り漂う一品に仕上がりました！
通常3個540円のところ…
大創業祭限定価格
3個 380円
どら・ぷりん
大創業祭限定商品
青森初上陸！！
見た目はプリン、中身はどら焼き。これまた合うんです！2つの味が一緒に楽しめる、夢のような新感覚スイーツ！
各日50個限定
180円
スタッフ絶賛の新作登場！！
松栄堂のどら焼
コーヒーどら焼
コーヒーの町弘前で人気を誇る成田専蔵珈琲店から特別に細かく挽いてもらった粉を使用！口に入れるとフワッと香りが広がります♪
味噌どら焼
創業260年を超える三浦味噌醸造元の天然熟成味噌を使用！あんこと味噌の相性が抜群です
粒餡
黒糖
ごま
梅
りんご
青森・蓬田村にある坂本養鶏さんの「もっこりたまご」を使用したどら焼きが全部で7種類！しっとりふんわり生地が自慢です。
通常140円のところ…
大創業祭限定価格
全品 100円
練る、丸める、潰す、美しき職人の技。
菓子匠
創業祭営業時間／AM9:30〜PM6:00
創業祭営業時間／AM9:30〜PM6:00
創業祭営業時間／AM9:30〜PM6:00

3日間だけに集客を集中させることで、新規客を集めやすくする効果があります。右上の名簿取得のための券も効果的。

3 テーマ2：自慢の品を紹介する「一品入魂チラシ」

名物商品の認知度を高める！

どのような業種でも、どのような立地にある店舗でも、繁盛する条件のひとつに**「名物商品があること」**があげられます。世の中に物が溢れている現在、「この店のこれがおいしい！」など、店を代表する看板の役割をする商品がなければ集客しにくいのです。

その名物商品を告知する、または、新たに名物商品をつくる場合に利用したいのが「一品入魂チラシ」です。その名のとおり、**チラシ紙面の大半を名物商品の一品だけで使う**のです。この場合、チラシに掲載する商品数が極端に少ないため、チラシサイズも小さくてかまいません。Ａ４サイズ程度が妥当と考えられますが、新聞折込の場合はチラシサイズが小さいと反響が落ちることがあります。そのため、この「一品入魂チラシ」の配布方法は、ポスティングなどが好ましいといえます。

名物商品1品で、チラシ紙面の半分以上を埋める必要があります。そのためには、商品の特徴だけでは情報が少な過ぎます。名物商品に関しては、**商品の特徴の他、製法や作業工程、素材の特徴、お客様の声、商品開発までのストーリーなど、ブランド価値を上げるための情報を整理しておく**必要があるのです。

このチラシでは、名物商品の認知度を高め、購買率を上げることが目的ですから、その商品を**「お試し価格」で買えるクーポンなどをチラシ下部につけておく**と、さらに反響率を高めることができます。クーポンは切り離して持ち歩く人が多いため、1枚1枚に店名と電話番号、特典内容、使用期限などを記載しておきましょう。手書きでもパソコンでもかまいませんが、クーポンを数多く複製されることがないよう、印刷インクの色や用紙の色を工夫することをおすすめします。

チラシを配布する際、大切なことがもうひとつあります。それは、**チラシを見て来店したお客様が、すぐに「この商品だ！」とわかるよう、店の入口から近い一等立地に該当商品を陳列し、どの商品よりも大きいＰＯＰを設置**します。チラシと売場の内容が連動することで、より購買率を高めることができるのです。

ひとつの名物商品だけを訴求しよう

成田山表参道酒蔵『滝沢本店』より
敬老の日限定酒のご案内
9月21日
敬老の日
今年は おじいちゃん・おばあちゃんを 感動させよう!!
敬老の日限定御祈祷酒　『成田霊水・不老長寿』　吟醸
成田山表参道で江戸末期から続く、唯一の造り酒屋『滝沢本店』で、敬老の日のお祝いで飲んでいただくためだけに仕込んだお酒です。
成田山の恩恵を存分に受けてきた地下50Mの「地下霊水」を汲み上げ、全て手作りで仕込んだ吟醸を仕込んだタンクごと成田山新勝寺のお坊さんに『不老長寿』のご祈祷をしていただいた、敬老の日だけの限定酒!!飲み口爽やかで、初心者にも優しいお酒になりました。
おそらく、これ程御利益の詰まったお酒はありません。このお酒で、おじいちゃん・おばあちゃんが、感動しないワケがありません!9月21日の敬老の日に贈って、涙させちゃいましょう!
成田山新勝寺のお坊さんにご祈祷していただきました!
7月28日（火）成田山表参道にある滝沢本店の蔵に、大本山成田山新勝寺のお坊さん2名がいらっしゃいました。
この日は敬老の日特別限定酒の為に、特別に『不老長寿』のご祈祷においでいただきました。社長以下蔵人達が列席する中、ご祈祷は滞りなく終了いたしました。
800本限定
ギフト番号 K–1
敬老の日限定
『成田霊水・不老長寿』
720ml×2本（化粧箱入）
¥3,500（送料無料）
ギフト番号 K–2
敬老の日限定
『成田霊水・不老長寿』
720ml×1本（化粧箱入）
¥2,500（送料無料）
【ご注文方法】　※下記のいずれかでご注文くださいませ
①ＦＡＸによるご注文：　注文用紙にご記入後、ＦＡＸ送信してください
②封書によるご注文：　注文用紙にご記入後、返信封筒でお送りください
③電話によるご注文：　発送元㈱藤屋0476-22-8417　にご連絡ください
ご注文締切日は9月16日（水）です

多くの商品を載せるのではなく、歳時記に合わせた名物商品の一品だけを掲載。お客様にもどのような商品かが伝わりやすくなります。

4 テーマ3：じっくり読みたい「商品情報満載チラシ」

商品ボリュームで訴求する

手書きチラシの特徴として「手書きだと小さな文字でも隅々まで読みたくなる」というお客様の意見があります。活字よりも一文字一文字に心が感じられるのでしょう。つまり、手書きチラシの場合は、チラシ紙面に文字が多く並んでいても反響率が落ちないのです。逆に、チラシ紙面に空白が多かったり、大きい文字ばかりが並んでいたりすると、情報量が少なく見えてしまいます。

商品情報が「満載」という印象を与えるには、チラシに掲載する商品アイテム数は30程度必要になります。また、それぞれの商品に対して、素材や特徴を説明するコメントをつけます。

しかし、すべての商品を同じ面積で掲載すると「何が人気なのか」が不明確になるため、反響率が落ちたり売上が落ちたりすることが考えられます。30アイテム掲載する場合は少なくとも**上位3アイテム、多くて5アイテムを他商品よりも面積を使って掲載する**と、紙面の中でメリハリがつき、売上にも連動してくるのです。紙面を広く確保するのですから、上位商品については商品説明も長くなります。素材や製法、特徴、お客様からの声などを載せるとよいでしょう。

商品の情報を多く載せる場合に気をつけたいのが、各商品がどのような商品かがわかるような**「キャッチコピー」をつけておく**ことです。商品名だけでどのような商品かがわかるような馴染みのある商品であれば、商品名と価格を大きく書いておけば目につきますが、商品名だけでは連想しにくい場合、チラシの中身をじっくり読んでもらえないことが多いのです。そういう場合は「チョコ好きに絶対オススメしたい！」「50代のお父さんに贈るなら！」など、ひと言添えておくとよいでしょう。

お客様が隅々まで読みたくなるとはいえ、紙面の文字数が多くなれば、読みづらくなることも考えられます。その場合は、**適度にイラストや商品写真を活用**しましょう。また、キャッチコピーや価格などの目立たせたい文字は筆文字、商品説明などの小さい文字はボールペンを使用するなど、筆記具にも工夫が必要です。

盛りだくさんの内容で「楽しさ」を演出

朝8時より
7/22(金)〜25(月)
4日間開催!
信鶴堂
明治38年創業　那須塩原にて3世代守り続けた味と想い…
昔ながらの和菓子を受け継ぎ、発展させていく信鶴堂をよろしくお願いします!
リニューアルオープン祭
チラシ期間中
2,500円以上のお買い物で
抽選会
金券が必ずもらえる!
最大1500円分の金券が当たります!
発売
おかげ様で1周年を迎えました!
夏みかんとマンゴーの
和風チーズケーキ
とろっとして口どけ滑らかなマンゴー風味の生地に夏みかんの果肉を贅沢にトッピング♡この組み合わせ、クセになります!!
1周年特別価格
220円のところ
¥180
信鶴堂
リニューアル
那須塩原
信鶴堂
大福
お店の外観をイメージチェンジ!
新しい冷蔵ケースにはこの夏イチオシの和菓子が勢ぞろいです!!
信鶴堂の売場に
新しい冷蔵ケースが入りました!!
いつもご愛顧下さり、ありがとうございます。信鶴堂は、昔ながらの和菓子を那須塩原の皆様に楽しんで頂くため、愛情を込めて笑顔溢れるお菓子づくりに励んでおります。
暑い夏は始まったばかりですが、季節感たっぷりのお菓子で涼んで頂ければ幸いです。ひんやりスイーツを取り揃えた信鶴堂と一緒に今年の夏を乗り切りましょう!
3代目
店主
4日間限定!!リニューアル記念・日替わりサンキューセールを開催!!
22日(金)限り!
麩まんじゅう
青のりを練り込み、磯の香りがふんわりの涼しげな京都の和菓子です。
自家製のこしあんがさっぱり!
通常3こで
480円のところ
感謝価格
¥390
〈お1人様3セットまで〉
23日(土)限り!
冷やし
鮎もなか
日本初!?なんともなかを凍らせてしまいました!
のどの奥までひ〜んやりとして暑い夏にはたまりません!
通常4こで
480円のところ
感謝価格
¥390
〈お1人様3セットまで〉
24日(日)限り!
夏みかんと小倉の
水まんじゅう
ぷるんぷるんの涼しげな水菓子。昨年の夏みかんに加えて、小豆からオール自家製の『小倉』が登場です!
通常4こで
520円のところ
感謝価格
¥390
〈お1人様3セットまで〉
25日(月)限り!
生クリーム大福
ひんやりした生クリームがお口の中でトロ〜りとろけます♡6種類のフレーバーで美味しさも6倍!
通常4こで
480円のところ
感謝価格
¥390
〈お1人様3セットまで〉
※品切れの際はご容赦下さい。
信鶴堂の
水ようかん
¥150
小豆から1つ1つ丁寧に作り上げた完全自家製です。信鶴堂のあんこを味わうなら
コレがオススメ!!
生クリームどら焼
生クリームと混ざり合っても決して消えない小豆の風味。
ふんわりトロける食感が最高です!
¥180
あんこのおいしい信鶴堂の夏の涼菓をご用意しています。
今年も釜のふたの季節がきました!
発売から20年余り、今もなお、人気のある自慢のしっとり田舎まんじゅう。釜のふたのお供えにどうぞ!!
8/1は釜のふた!
¥120
明治38年創業
信鶴堂
-Shinturudo-
那須塩原市接骨木
446-292
Tel:0287-36-4123
営業時間
8:00〜19:00
定休日:なし
ココ!
R400
R4
JR西那須野駅

一見「ごちゃごちゃ」と思うチラシも、手書きならお客様は隅々まで読んでくださるもの。情報量も多く見えます。

＜チラシ作成者：信鶴堂　三浦亜希さん＞

5 テーマ4：楽しさ重視！「なんでもない日のお祭りチラシ」

独自性を打ち出そう

　当たるチラシは、見やすくわかりやすいことの他に、**「内容が盛りだくさんで見ていて楽しいこと」**も必要です。内容が多いと、ごちゃごちゃしてしまいがちですが、主要な部分の面積を大きくし、メリハリをつけることで見やすくすることができます。

　また季節のイベントや記念日などを銘打ったチラシは楽しさ感があり、反響率が高くなります。

　しかし、クリスマスや母の日などのイベントは年間で限られた数しかありませんし、日本中で同じ時期に行なわれるため、独自性は出しにくくなります。そこで、**自社独自の記念日やイベント**を取り上げ、チラシに活用していくことで独自性を保ちながら楽しさを演出することができるようになります。

　左ページの例は和菓子店のチラシです。このように、カレンダーを活用したチラシにすると見やすくなります。「母の日」や「立夏」など、日本全国で統一のイベントもありますが、「最中の日」（1ヶ月の真ん中⇒最も真ん中⇒最中、と自社で決めた日）や「スタッフの誕生日」など、**自社内でしか通用しないイベント**を取り上げ、チラシに掲載することで、**お客様にも一緒にお祝いしていただこう**というものです。一見ごちゃごちゃと書かれているように感じますが、基本はカレンダーの中にイベントが時系列に並んでいるため、わかりやすさは欠いてはいないのです。それどころか、情報が満載で、チラシに見入ってしまうお客様が多いのです。

　なんでもない日をイベント化するには、自社商品に関する記念日やスタッフの誕生日をインターネットで調べ、カレンダーに書き込むことから始めます。同時に全国的に決められている歳時記なども書き込みましょう。そして次に、自社内のイベントに関連した商品の一部割引や企画を考えます。

　チラシを作成する際には、カレンダー部分の枠のみをパソコンでつくり、内容を手書きで書き込むとつくりやすいでしょう。このようにして、他店にはない独自性のある楽しさ感満載のチラシができるのです。

自社独自の内容で毎日を盛り上げよう

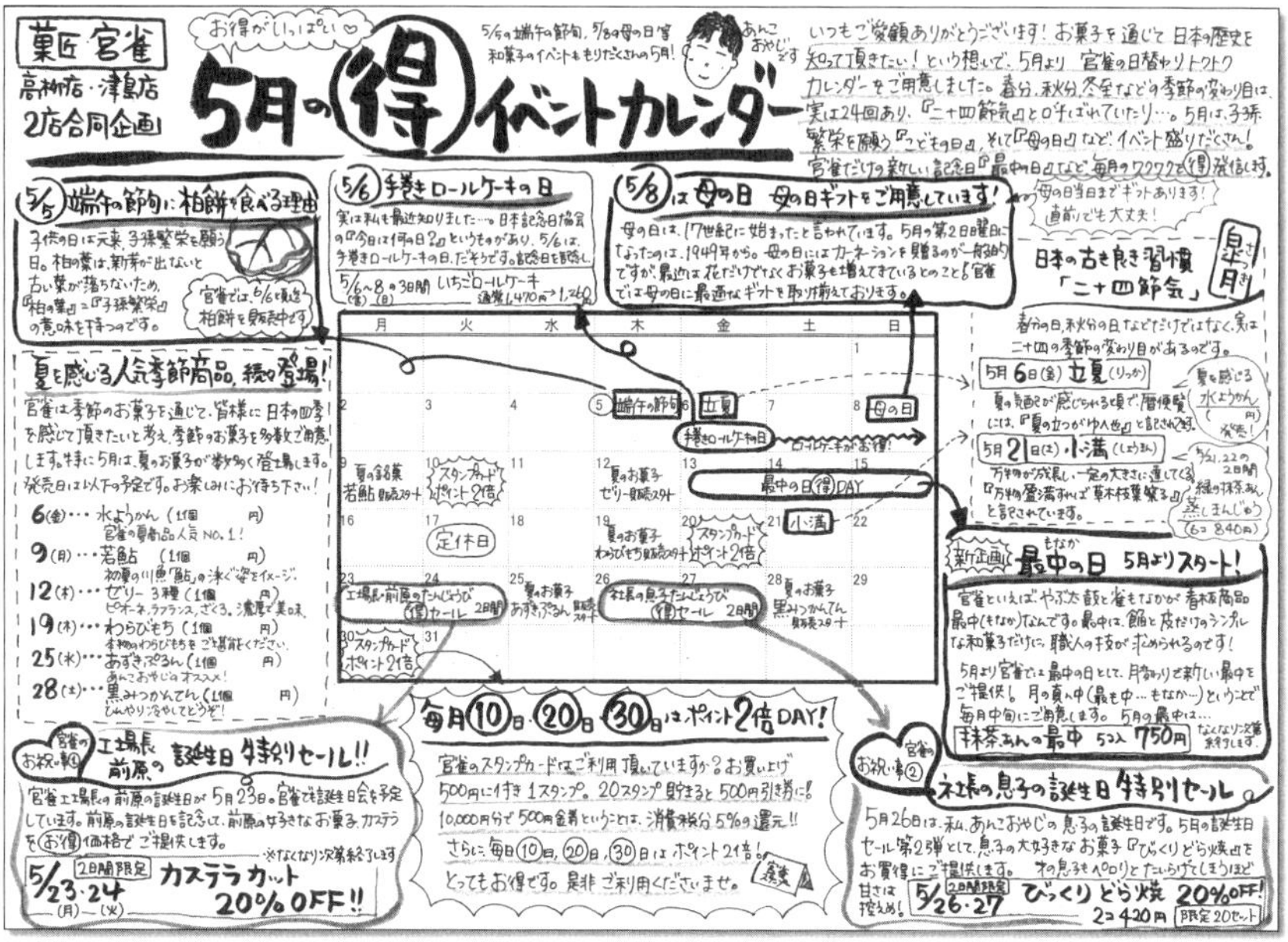
菓匠 宮雀
高柳店・津島店
2店合同企画
お得がいっぱい♡
5月の㊢イベントカレンダー
5/5の端午の節句、5/8の母の日等
和菓子のイベントもりだくさんの5月!
あんこおやじです
いつもご愛顧ありがとうございます！お菓子を通じて日本の歴史を知って頂きたい！という想いで、5月より宮雀の日替わりトクトクカレンダーをご用意しました。春分、秋分、冬至などの季節の変わり目は、実は24回あり、『二十四節気』と呼ばれていたり…。5月は、子孫繁栄を願う『こどもの日』、そして『母の日』など、イベント盛りだくさん！宮雀だけの新しい記念日『最中の日』など、毎月のワクワクで㊢発信します。
5/5 端午の節句に柏餅を食べる理由
子供の日は元来、子孫繁栄を願う日。柏の葉は、新芽が出ないと古い葉が落ちないため、『柏の葉』＝『子孫繁栄』の意味を持つのです。
宮雀では、5/6頃迄柏餅を販売中です
5/6 手巻きロールケーキの日
実は私も最近知りました…。日本記念日協会の『今日は何の日？』というものがあり、5/6は、手巻きロールケーキの日、だそうです。記念日を記念し、
5/6(金)〜8(日)の3日間 いちごロールケーキ 通常1,470円→1,260円
5/8は母の日 母の日ギフトをご用意しています！
母の日は、17世紀に始まったと言われています。5月の第2日曜日になったのは、1949年から。母の日にはカーネーションを贈るのが一般的ですが、最近は花だけでなくお菓子も増えてきているとのこと。宮雀では母の日に最適なギフトを取り揃えております。
母の日当日までギフトあります！直前でも大丈夫！
日本の古き良き習慣「二十四節気」
皐月《さつき》
春分の日、秋分の日などだけではなく、実は二十四の季節の変わり目があるのです。
5月6日(金) 立夏(りっか)
夏の気配が感じられる頃で、暦便覧には、『夏の立つがゆへ也』と記されてます。
夏を感じる水ようかん（ 円）発売！
5月21日(土) 小満(しょうまん)
万物が成長し、一定の大きさに達してくる『万物盈満すれば草木枝葉繁る』と記されています。
5/21、22の2日間 緑の抹茶あん蒸しまんじゅう（6コ 840円）
夏を感じる人気季節商品、続々登場！
宮雀は季節のお菓子を通じて、皆様に日本の四季を感じて頂きたいと考え、季節のお菓子を多数ご用意します。特に5月は、夏のお菓子が数多く登場します。発売日は以下の予定です。お楽しみにお待ち下さい！
6(金)…水ようかん（1個 円） 宮雀の夏商品人気No.1！
9(月)…若鮎（1個 円） 初夏の川魚「鮎」の泳ぐ姿をイメージ。
12(木)…ゼリー 3種（1個 円） ピオーネ、ラフランス、ざくろ。濃厚で美味。
19(木)…わらびもち（1個 円） 本物のわらびもちをご堪能ください。
25(水)…あずきぷるん（1個 円） あんこおやじのオススメ！
28(土)…黒みつかんてん（1個 円） ひんやり冷やしてどうぞ！
月 火 水 木 金 土 日
1
2 3 4 5 端午の節句 6 立夏 7 8 母の日
手巻きロールケーキの日 ロールケーキがお得！
9 夏の銘菓 若鮎 販売スタート 10 スタンプカード ポイント2倍 11 12 夏のお菓子 ゼリー販売スタート 13 14 15 最中の日㊢DAY
16 17 定休日 18 19 夏のお菓子 わらびもち販売スタート 20 スタンプカード ポイント2倍 21 小満 22
23 24 工場長・前原のたんじょうび㊢セール 2日間 25 夏のお菓子 あずきぷるん 販売スタート 26 27 社長の息子たんじょうび㊢セール 2日間 28 夏のお菓子 黒みつかんてん 販売スタート 29
30 スタンプカード ポイント2倍 31
新企画 最中《もなか》の日 5月よりスタート！
宮雀といえば、やぶ太鼓と雀もなかが看板商品。最中(もなか)なんです。最中は、餡と皮だけのシンプルな和菓子だけに、職人の技が求められるのです！
5月より宮雀では最中の日として、月替わりで新しい最中をご提供。月の真ん中(最も中…もなか…)ということで毎月中旬にご用意します。5月の最中は…
抹茶あんの最中 5コ入 750円 なくなり次第終了します。
宮雀のお祝い事① 工場長前原の誕生日特別セール!!
宮雀工場長の前原の誕生日が5月23日。宮雀で誕生日会を予定しています。前原の誕生日を記念して、前原の好きなお菓子、カステラを㊢価格でご提供します。
※なくなり次第終了します
5/23(月)・24(火) 2日間限定 カステラカット 20%OFF!!

毎月⑩日・⑳日・㉚日はポイント2倍DAY！

宮雀のスタンプカードはご利用頂いていますか？お買い上げ500円に付き1スタンプ。20スタンプ貯まると500円引き券に！

10,000円分で500円金券ということは、消費税分5%の還元!!

さらに、毎日⑩日、⑳日、㉚日はポイント2倍！

とってもお得です。是非ご利用くださいませ。

宮雀のお祝い事② 社長の息子の誕生日特別セール
5月26日は、私、あんこおやじの息子の誕生日です。5月の誕生日セール第2弾として、息子の大好きなお菓子『びっくりどら焼』をお買得にご提供します。

私の息子もペロリとたいらげてしまうほど甘さは控えめ！

5/26・27 2日間限定 びっくりどら焼 20%OFF! 2コ420円 限定20セット

カレンダーを中心に書くことにより、家庭の冷蔵庫に貼ってもらえるように工夫。商品情報だけでなく「うんちく」も書くと効果アップ。

6 テーマ5：サービス力を伝える「所信表明・宣誓チラシ」

自店のことをもっと知ってもらう

チラシを定期的に配布している企業で陥りやすい問題があります。それは、「いつも配布しているから、お客様は当店のチラシであることをわかってくれるだろう」と思い込み、店の紹介をおろそかにしてしまうことです。店側が思うほどお客様はチラシをじっくり見ていません。毎月のように配布していても、「ここのお店のチラシは今日初めて見た！」というお客様は必ずいるのです。つまり、店の紹介は必ず掲載しておく必要があるのです。店の紹介として有効なものは次の３つです。

①店の基本情報（店名・住所・TEL・営業時間など）
②店の地図
③店のコンセプト

ひとつ目の基本情報は、チラシには必ず掲載していると思います。抜かしてしまいがちなのは２つ目の店の地図です。地元の人でも番地までが頭に入っている人はほとんどいません。住所を明記していても、それがどのあたりにあるのかわからないことが多いのです。そのため地図は必要になります。もし、チラシ紙面の都合で地図を掲載できない場合は、**目印となる近隣の建物や交差点名などを住所付近に書いておく**とよいでしょう。

３つ目の「店のコンセプト」とは、店として大切にしている思いやサービスの心得など、目には見えないけれどもお客様に伝えたいことを指します。例えば、「**お客様への３つのお約束**」「**お客様への所信表明・誓い**」などがこれに当たります。これは、サービス業はもとより、小売業でも入れておく必要があります。サービス業でも小売業でも、**接客サービス力の高さはお客様の来店動機に大きく影響するため**です。時代が進めば進むほど、お客様は「同じモノを似たような価格で買うなら、多少高くてもよい会社やよい店から買いたい」という人が増えます。すでに欧米では、消費者の80％以上がこのような観点で購買活動をしているといわれています。

目に見えないサービスや思いだからこそ、目に見える形、つまり言葉にしてチラシに掲載することは、今後はどのような業種でも必要になってくることでしょう。

店の基本情報をしっかり伝える

畳 たたみの関川は茨城県で1番気軽に頼める畳屋さんを目指します。
来客が多くなる春はたたみ替えの季節です！
春のたたみ替えセ～ル
畳を替えると、ふすまや障子の汚れが目立つから、いっしょに替えたいけど、お金がかかって……と、おっしゃっているお客様が多いので
たたみ・ふすま・障子替え
先着30名様限定！
なんと5%引き！
※下記の割引券をご提示の上、5万円以上ご注文の方のみ。
わかりにくくて申し訳ございません
たたみの関川は、一般住宅の畳替もやっているんです！
私たちにお任せ下さい
いつも、たたみの関川をご愛顧いただきまして、誠にありがとうございます。もうすっかり暖かくなり、すごしやすくなりましたね！
ところで、突然ですが、たたみの関川は一般住宅の畳替もやっています。というのも、来店してくださったお客様から「一般の個人宅もやってくれるの？」と、たずねられてしまうのです。どうやら業者様にしか畳工事をしていない印象があるようで、お客様にきちんとお伝えできていない私どもの努力不足であると反省しております。
畳・ふすま・障子など、お家の傷みが気になりましたら、ご一報下さい。すぐにかけつけます。電話番号は0120-593-042通話料無料です。
最新鋭の機械と匠の技の融合！！
お宅を汚さないよう細心の心配りをします！
お客様宅の家具の移動もお任せ下さい！
匠の技
仕上げの床掃除も当然します！
ふすまも1枚1枚手作業です！
ふすまの取り付けも傷つけないよう慎重に～！
地域一番！
専務 関川 恵一
春のたたみ替えはこんな方にオススメです！
新学期 新生活のスタートに
来客が多くなる前に
お部屋の湿気を一気に解消！
いぐさの香りでリラックスしたい方に
たたみ替え 帖 3,480円～
6帖で20880円～ ＜税込＞
これ以上かかりません！
たたみ替えはこんなに簡単！
お問い合わせ下さい。土・日もOK！ 0120-593-042
即参上します。〈見積無料〉
ご希望日時に畳を引き取りします。
スピード仕上げ 最短1日で仕上げます。
家族みんな大喜び。
せっかく畳を替えるならセットでどうぞ！
防虫シート 畳の下に敷くだけでダニなどの虫をシャットアウト！ 帖当り ＋500円
炭シート 畳の下に敷くだけで気になる湿気やカビとサヨナラ。 帖当り ＋2000円
裏返し なんと ヘリ・工賃込 2600円
迷ったらコレ！
春のたたみ替えセール クーポン券
5万円以上で 先着30名 5%引き
茨城県で一番気軽に頼める畳屋さんを目指しています！
たたみの関川
●営業時間 あさ8時～よる7時
http://www.tatamiya.info
【通話料無料】 0120-593《いぐさ》-042《わしつ》
見積無料

名称	表替（帖あたり）ポッキリ価格！	新畳（帖あたり）ポッキリ価格！	たたみの品質表示 耐久性	見栄え	人気度	こんな部屋におススメ！	社長よりひと言アドバイス
激安品	3480円	6480円（当社指定床使用）	♥	♥	♥	賃貸・アパート等引越される際におすすめです。	工賃、材料費代込みでこの価格。かなりの激安品です。
お得品	3980円	※左記料金に下記の３種類の床の中からお好きなものを選んで、値段をプラスしてください。	♥♥	♥♥	♥♥♥	間に合わせ用に	お部屋がたくさんある方に。お得！
梅	4800円	お得用床 建材床 木質繊維とポリエチレンフォームでサンドイッチしてます。湿気に強く軽くて丈夫！ ＋3500円	♥♥♥	♥♥♥	♥♥♥	2階のお部屋・子供部屋等に……	経済的なお値段です。
特別品	5800円		♥♥♥	♥♥	♥♥♥♥	ひんぱんに畳替するお部屋に……	お値段以上の満足感とお客様に喜ばれています。
お買得品	6800円		♥♥♥	♥♥♥	♥♥♥♥	普段よく使う居間などに最適です。	い草がギッシリつまって、色、ツヤ、バランスのとれた商品です。
ケヤキ	7800円	オススメ床 オールボード 木質繊維板だけでできているので、耐久性UP！腐敗の際、地球に優しい床。 ＋4500円	♥♥♥♥	♥♥♥♥	♥♥♥♥♥	お客様がよく集まるお部屋や、次回裏返しをしたいお部屋に。	当店一番の人気商品です お客様からの絶大な支持を受けています。
松	8800円		♥♥♥♥	♥♥♥♥	♥♥♥♥♥♥	畳表がササクれてしまうのがイヤなお部屋に。	「やっぱり畳は、いいもの」でやってよかったと好評です。
最高級品	9800円		♥♥♥♥	♥♥♥♥♥	♥♥♥♥	お座敷・仏間など大切なお客様を迎えるお部屋に。	耐久性・見栄え・人気度３拍子そろった優れもの。
極上	11000円	昔ながらのワラ床 昔ながらのワラ床。足で踏んだ時の感触が違います。 ＋5500円	♥♥♥♥♥	♥♥♥♥♥♥	♥♥♥	10年以上、畳替をしたくないという、お客様に……。	良いものを長く使いたい方へおすすめの一品です。
こだわり	12800円		♥♥♥♥♥♥	♥♥♥♥♥♥	♥♥	畳表が日焼してからもキレイに使いたいお部屋に……。	和室こだわり派の方へご注文頂いてから仕入れます。
超こだわり	時価		♥♥♥♥♥♥	♥♥♥♥♥♥	♥	畳表を自慢したいお部屋に……。	伝統表の1品「中継ぎ表」つくり手の後継者不足により幻の畳表になりつつあります。

「茨城県で１番気軽に頼める畳屋さんを目指します」と所信表明することで、お客様の心理的障壁を低くする効果があります。

7 テーマ6：「記事風チラシ」で価値の高さを訴求しよう

客観的情報を伝えると効果的

チラシは店から発信する「主体的な広告」としての効果は抜群です。しかし、主体的に発信するために店や商品の価値はどうしても伝わりづらくなってしまいます。このようなときには「取材記事風チラシ」を配布するとよいでしょう。

取材記事風チラシとは、**地域情報誌の記事欄を真似て作成するチラシ**のことを指します。情報誌の中の1ページと思わせることが必要になるため、新聞に折り込むよりも地域情報誌に挟み込んで配布してもらうとより効果的です。地域情報誌へのチラシ折り込みに関しては、情報誌を発行している各社により規定が異なりますので確認しましょう。

この場合のチラシは必ず縦型で制作します。上部4分の3を記事風に、下部4分の1を通常のようなチラシの構成にします。

上部の記事はパソコンで作成しましょう。右側最上部にチラシタイトルを書き、その下に発行者名を記します。新聞の一面と同じつくりです。文中の表現は、他社のレポーターが取材をしているように、「〜だそうです！」や「○○なんだとか！」という第3者からの表現を多用します。商品や店舗の写真も1〜2枚入れておくとよいでしょう。

下部4分の1には、通常の手書きチラシの圧縮版を掲載します。面積が限られているため、掲載できる商品は3〜5アイテムが限度になるでしょう。主力商品や売れ筋商品に絞り込むことが必要です。

時期を見計らって打つ

ひとつ注意をしなければならないのは、記事風広告は瞬発力に欠けることです。長い文章が書かれていることで、お客様は「後でじっくり読もう」という気持ちになりやすいのです。そのため、短期間限定のセールやイベントの告知としては向いていない広告といえます。このような内容で記事風広告にする場合は、イベントの少なくとも3日以上前には折り込まれるよう日付の設定をしておきましょう。

「記事風」チラシで読ませる！

全店共通クーポン
11月10日(土)・11日(日)の2日間限定
1番人気のパン
ホルン
通常125円
100円(税込)
20% off
●売り切れの場合はご了承下さい　●2日間（10日・11日）のホルンのご予約は受け付けておりません
●他券併用不可　●11月10日・11日のみ有効　●コピー不可

全店共通クーポン
11月13日(火)〜30日(金)
食パン類 10% off
●モール店のみご予約を受け付けておりません
●本クーポン券持参で食パン類10%off
●食パンの種類など詳しくはスタッフにお問い合わせ下さい
●他券併用不可　●コピー不可

店限定クーポン
11月13日(火)〜30日(金)
喫茶メニュー 最大15% off
3人以上のご注文で………15%off
2人以下のご注文で………10%off
●パンのお買い上げは会計金額に含まれません
●他券併用不可　●コピー不可

キリトリ線

姫路で20年目、日頃のお客様への思いをパンに込めて…
11月10日(土)・11日(日)
# 感謝フェアー開催
2日間限定、注文を受けてから作る「実演販売」も

地域限定

来年20年目を迎える焼きたてパンの「　」が来る11月10日(土)、11日(日)　で1番人気商品のホルンの実演販売を開催することになりました。

　に来店していただくお客様の90%以上が買うという一番人気商品のホルンは、高温で仕上げているので外はパリッと中はしっとりなめらか。四葉バターとグラニュー糖をサンドしたパンです。

　オーナーは、この一番人気の商品ホルンの作りたてが一番美味しいということをお客様に伝えたく、今回特別に2日間限定でお客様にご注文を頂いてからホルンを仕上げる「できたて実演販売」を開催することになりました。

できたてのホルンはとても香ばしく、小麦の香りが口の中に広がり、生地はしっとりなめらか、四葉バターのまろやかな甘さがより引き立ち、パン好きにもお菓子好きにも好まれます。

通常できたてを提供できるのは1日3回ですが、今回2日間限定で1つ1つ丁寧にご注文を頂いてから仕上げをします。是非この機会に一番人気商品ホルンの本当の美味しさを味わってみてはいかがでしょうか。

地元姫路に愛され20年 安心・安全をお届けします。

1988年に姫路、東辻井に本店をオープンして来年で20周年を迎える　。パンを食べていただくお客様に満足して笑顔になって頂くため、素材を吟味し、製法にこだわって1つ1つ丁寧に仕上げています。パンを通して季節を伝えることも　の仕事の1つと考えています。また、地球温暖化防止の一環としてレジ袋削減、エコバッグ持参で5円引きの取り組みを行っています。

バザー、お祭りなどのイベントに随時対応

姫路の幼稚園や保育園、地域のイベントに、ご要望に応じて出来たてパンを提供しています。特にお子様の体のことを考え、無添加の食材を使用したパンも販売。多くの人が集るときだからこそ安心・安全の　のパンはいかがでしょうか。食材や個数などご要望に対応いたしますので、お気軽にご連絡下さい。

ごまかしは一切なし。作る手元まで見てほしい。

お店の扉を開けるとオープンから焼きあがるパンがすぐ見える本店、「そろそろホルン出来上がりそうね！」とお客様から声をかけられることも度々。オープンキッチンで開放的な太子店では、元気なスタッフの挨拶が店内に響きます。

　では製造スタッフも店頭に出てお客様と接することで、お客様の商品への思いを汲み取り、新商品開発、技術力向上につなげています。スタッフ一同、お客様に来店していただくだけで自然と笑顔になるお店を目指し、笑顔でお客様に接しています。

秋の味覚、続々販売開始に。

秋の味覚をふんだんに使用した期間限定のきのこグラタン（160円）や、さつまいもフランスパン（150円）、かぼちゃを使用したお子様に人気の千姫のおやつパン（60円）を販売。その他　の人気商品チーズロール（105円）、クリームチーズデニッシュ（160円）、たまご姫サンド（210円）、カレーフライ（160円）などの焼きたてパンが店頭に並びます。

発行：
tel：

号外

お店の場所はココ！
（カフェ併設）

ご存知ですか？
お子様にこそパン屋さんのパンを…

スーパーマーケットやコンビニエンスや百貨店、町のパン屋さんなど様々なところでパンを求めることができます。パン屋さんのできたてパンと、袋に入って売っているパンとの違いはいったい何でしょうか?大きな違いとして、パンに入っている「保存料」があります。袋入りのパンは持ち運びができ、日持ちがするというメリットがありますが、日持ちがするということはそれだけ保存料が入っています。

焼きたてパンは保存料がほとんど含まれていないため、早めに食べなくてはなりませんが、その分焼きたての香ばしい香りと食感を楽しむことができます。そして何より安心です。食材そのものが持つ美味しさと香りをお子様に伝えるためには焼きたてパンをお勧めします。

お客様からの声
種類が多く、焼きたてのパンが多いので、いつも迷ってついつい買いすぎてしまいます。歯ごたえがあり、甘い香りのホルンは私のお気に入り！ボリューム満点ドッグやヘルシーなサンドなどバラエティが豊富のためランチに利用しています！

地域情報誌の間に折り込んだチラシ。「号外」とつけて、新聞記事風に作成。地域情報誌の折込日を要確認。

8 テーマ7：信頼・安心感が伝わる「お客様登場チラシ」

お客様が真実を伝えてくれるチラシ

チラシは基本的に店側からの告知になり、商品のお得情報はもちろんのこと、商品の特徴や価値を伝える手段として使用する店が多いと思います。商品の価値は、使用素材や芸能人御用達の事実、受賞歴などを書くことにより伝えることができます。しかし、店主体の告知になるため、価値を伝えれば伝えるほど嘘っぽく聞こえてしまうという難点があります。

例えば、全国コンクールなどで入賞したヘアメイクアーティストによるヘアカットが自慢の美容院があるとしましょう。コンクールで入賞したという事実は技術力を訴求するために有効ですから、チラシにも明記すべきでしょう。

そこに、**店を利用したお客様からの声**で「今までのどの髪型よりも似合うものが見つかった」とか「顔が小さく見えるようになって、お友達から『痩せた？』と聞かれるようになった」というものがあったとしましょう。これらお客様の声をチラシに掲載すると、とても効果的です。この場合、手書きのチラシのほうがよりいっそう「本物感」「真実味」が伝わりやすくなります。

お客様の声と共に顔も載せる

また、チラシにはお客様の「顔」、つまり写真で登場してもらい、同時にそのお客様の声を掲載することをおすすめします。

お客様の顔写真をチラシに使用する際には必ずお客様の了解を得ましょう。可能であればその方のフルネームを載せると事実感が増します。

左ページの例では、地元に住むお客様から地道にお声を集め、同時にチラシへの出演依頼を行なって完成したものです。

お客様の声だけでなく、顔写真が載っていることが、この店の信頼感につながっています。この畳店では数年間、このチラシを続けてきましたが、今ではこのチラシに載ることが地元での一種のステータスになっているほどです。

お客様の声と顔が共感を誘う！

●関川はココがちがう！ 12大サービス ①当日納品 ②家具の移動無料お手伝い ③他店のたたみも喜んで
茨城県で畳・襖・内装はたたみの関川へご用命を！
たたみ表替 3,480円～
たたみ新調 6,480円～
ふすま貼替 〈片面〉2,600円～
障子貼替 〈中障子〉1,400円～
クロス貼替 1,250円
フローリング 5,900円
たたみ裏返し 2,800円
地域NO.1の安さ！
たたみの関川に頼んでよかった
家具の移動も喜んで対応してくれました
思った以上の仕上りに大変満足です
スタッフの方の対応に感動です！
無理なお願いもすぐに対応してくれました
ふすまや障子も一度に頼めてラクチンでした
アフターフォローも万全で自信を持っておススメします
たくさんのご来場ありがとうございました
地域ごとに行なわれた「秋の産業祭」
当店ブースへのご来場、ありがとうございました
創業80年続く関川の想い……
お客様1人1人の喜ぶ笑顔を見たい！
いばらきコープ指定店
株式会社 関川畳・内装店
http://www.tatamiya.info
【通話料無料】0120-010-518
見積は無料です！ ●営業時間／あさ8時～よる7時
お店のご案内

お客様の声だけでなく写真も掲載することで、「第三者評価の高さ」を訴求できます。手書き風に作成したチラシの例。

9 テーマ8：地域密着を目指すなら「特別招待会チラシ」

地域限定で、「特別感」を出す

社員の家族割引や上得意客に対して行なう「特別招待会」（以降、特招会）とは、その名のとおり一部のお客様だけを対象にした企画で、抜群の集客力があります。顧客名簿がある店舗では、チラシではなくDMで告知することが一般的です（DMで訴求する方法は10章9項を参照ください）。

顧客名簿がない場合は、店舗の近隣住民にだけ配布するチラシを作成し、特招会と同じような「特別感」を出す企画を実施することが可能です。

チラシの上部に**「○○市○○町周辺のお客様にだけ配布しております」**など、近隣の世帯にしか配布していない旨を明記します。配布方法は、地域を限定した新聞折込でもポスティングでもかまいません。新聞折込の枚数が3000部を下回る場合は、折込センター（新聞折込チラシ制作・手配会社）を通さず、**新聞販売店に直接チラシを持ち込み**、配布依頼をしてもよいでしょう。

また、特招会らしさを演出するためには**店舗入口でお客様に名前と住所を書いていただく**ようにします。これは、アパレル業界の従業員家族特招会ではごく当たり前に行なわれています。配布するチラシの右上に「入場券」をつけ、**あらかじめ名前や住所を書いて持参してもらう**ように作成しておくと、チラシの反響率も検証することができます。

この入場券をチラシにつける際は、チラシの右上角部分、面積はチラシ全体の8分の1〜10分の1程度を使用します。この部分だけパソコンでつくることで、手書きチラシの中でも目立たせることが可能です。入場券部分も手書きにする場合は、お客様が名前や住所を書きやすいように定規で線を引くなどの工夫をしましょう。また、入場券部分をより目立たせるために、太い点線で囲み、「キリトリ線」としておくとよいでしょう。

入場券を忘れた方やチラシが配布されていないお客様の場合は、店頭でノートなどに名前と住所を記入いただくようにすれば、お客様間での公平感も保つことができます。

地域の2000軒だけに配布して特別感を演出

10月31日まで使える100円引きクーポン
有効期限：H23年10月31日
パン・焼菓子500円以上お買い上げで
100円引き
石窯パン工房　店にて、1回のお買い上げで1枚お使いいただけます。
10月末まで使えるクーポン券付き！
TSUTAYAさん隣の石窯パン工房　です
秋のパンまつり
近隣の約2,000軒にのみ、スタッフがお配りしました！
1番人気はこちら
牛肉たっぷり
自家製カレーパン
牛肉がゴロゴロ入ったカレーは、もちろん自家製。辛さもちょうど良く、ボリュームも満点。文句なしのモコモコ1番人気のパンです。　1個 160円
カスタードクリームをひとつひとつ手包み！
手包みクリームパン
1個 150円
石窯焼きの角食パン
食パン1番人気！自信作です。1斤 230円
毎朝の食事にどうぞ!!
こんにちは！石窯パン工房　です。　はこの秋で、おかげさまで8周年を迎えます。11月にイベントを予定してはおりますが、その前に近隣の方々にだけ特別なご案内をお送りしたく思い、自分たちで手作りのチラシを作り、スタッフの手で配ることにしました。クーポンをおつけしておりますので、是非お使いくださいませ。ご来店お待ちしております!!　スタッフ一同
秋の新商品でお届けします！
旬をお届けします！
秋は実りの季節。旬の食材を使った新商品です。
プルプルパンプキンデニッシュ
えびすかぼちゃの自然な甘みが活きたなめらかクリーム入り。
おやつに！
栗栗エクレアパン
その名のとおり栗づくし！
ゴロいもメープル
メープルラウンドに芋を混ぜてつくりました！
プチプチ芋栗
中はまるごと栗ひとつ！
石窯パン工房
TSUTAYAさん隣
佐伯文化会館
217
佐伯市役所
寿し丹
ココ
TSUTAYA
大分信金
388
営業時間 7:00〜19:00
月曜定休日

軒数を具体的に明記することで、より地域密着感、特別感が増します。

10 テーマ9：「日替わり商品チラシ」でワクワク感アップ！

チラシの効果を持続させる

チラシを制作・配布するのには時間とコストがかかります。そのため、1枚のチラシでできるだけ多くのお客様に来店していただく工夫をしておきたいものです。チラシの効果は3～7日ありますが、短期間に集客を行なう場合のイベントチラシでも、**1日でも長くチラシの効果を保ちたい**のはどの店でも同じことでしょう。

これを解決するには、日替わりでお買い得な商品を用意し、チラシに明記する方法があります。スーパーマーケットではよく見かける企画です。日替わり商品が掲載されていることで、お客様はチラシを数日間保管するようになります。食品の場合は冷蔵庫に貼ってもらえるよう、カレンダー形式にしておくと、より効果があるようです。

日替わり商品の期間が3～10日程度の場合は、チラシは横型に書き、左半分を使って訴求するとよいでしょう。横型チラシの場合は中央から左面のほうが目立ちやすいため、訴求力があります。もしくは、横型のチラシ上部半分を使い、1週間限定のカレンダーとして掲載してもよいでしょう。

用紙全体をカレンダー型にする場合

それに対し、日替わり商品が2週間以上の長期にわたる場合には、チラシ全体をカレンダー化しなければなりません。その場合はチラシを縦型にし、まずはカレンダーの枠を書くことから始めましょう。

カレンダーは、チラシ配布日を起点として書くとよいですが、**曜日は月曜始まり**にしておきましょう。企業での感覚は日曜始まりが一般的ですが、主婦の多くは「土日」の2日間をひとまとめに考える傾向にあり、1週間の始まりを月曜と考える人が多いようです。学校に通うお子様がいる家庭ではなおさらです。

用紙を縦型にして、カレンダーを書くと商品を掲載できる面積が小さくなってしまいますが、小さな枠の中でも必ず商品名・価格の他にイラストや商品説明文は入れておきましょう。

日替わりカレンダーで毎日見たくなる！

約1ヶ月間、毎日異なるお得商品を用意した、有効期間の長いチラシ。チラシは瞬発力が重要なため、期間は短いほうがよいのですが、カレンダー型にすることで効果を延長できます。

11 テーマ10：女性の心をつかむ「カラフル手書きチラシ」

商品イメージをわかせるカラーチラシ

手書きチラシはモノクロでも十分なインパクトがありますが、さらに女性客に好まれるようにするには「フルカラー」の手書きチラシが効果的です。イラストの色づけの方法については、7章3項で詳しく説明いたします。

フルカラーの手書きチラシの場合、**色づけするのは基本的にはイラストのみ**にします。イラストの代わりにカラー写真を貼ってもかまいません。

文字に黒以外の色を使用してもかまいませんが、チラシ全体がうるさく見えてしまったり、重要な部分が目立たなくなってしまったりする可能性があるので、色の数を限定するなどの注意が必要です。

イラストに色をつけるだけでチラシ全体をカラフルに見せるためには、掲載する商品アイテム数も多く必要です。目安として1面あたり10〜30アイテムあるとよいでしょう。

刷り色を1色に絞る

コストや制作の関係上、フルカラーのチラシができない場合には、**「単色カラーチラシ」**がおすすめです。この場合の原稿は黒を基本にしたモノクロで作成し、印刷時にインクの色を変えるだけです。単色カラーの場合、**取扱商品のイメージに近い色を選ぶか、購買意欲をわかせやすいといわれる赤を選ぶとよい**でしょう。

用紙の色は白のままでもかまいません。例えば、パン店のチラシであれば、商品イメージに近い茶色・こげ茶・濃いオレンジなどがいいでしょうし、畳屋のチラシであれば畳の素材である「い草」を思わせる緑などもおすすめです。ここでの注意点は、必ず原色に近い**「濃くて、はっきりとした色」を選ぶこと**です。細い線や小さい文字はインクの色が薄く印刷されます。そのため、元々のインクが薄い色の場合、チラシ全体がぼやけた印象になることがあるからです。

フルカラーでも単色カラーでも、手書きであれば他のチラシよりも一段と目立ちます。近隣に折り込まれているチラシを数日観察し、他店が行なっていない方法を採用するのが得策です。

カラフルなチラシが女性客の目に留まる！

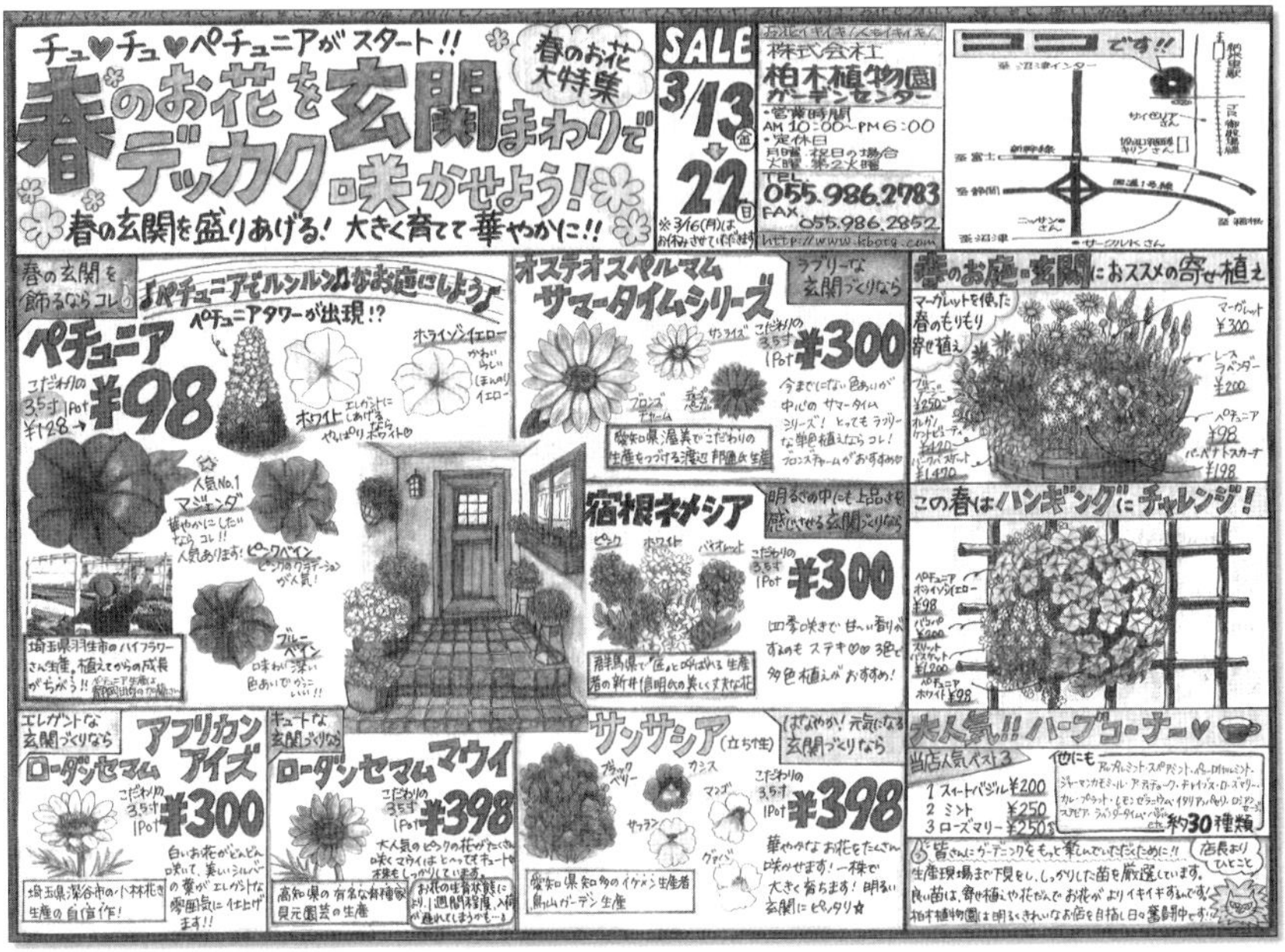
チュ♥チュ♥ペチュニアがスタート!!
春のお花大特集
春のお花を玄関まわりでデッカクの咲かせよう！
春の玄関を盛りあげる！ 大きく育てて華やかに!!
SALE
3/13(金)
22(日)
※3/16(月)はお休みさせていただきます
株式会社
柏木植物園
ガーデンセンター
・営業時間
AM 10:00～PM 6:00
・定休日
月曜 祝日の場合
火曜 第2火曜
TEL.
055.986.2783
FAX.
055.986.2852
http://www.kbotg.com
ココです!!
至 沼津インター
至 富士
新幹線
至 静岡
国道1号線
至 箱根
至 沼津
サイゼリアさん
ニッサンさん
サークルKさん
春の玄関を飾るならコレ
♪ペチュニアでルンルン♫なお庭にしよう♪
ペチュニアタワーが出現!?
ペチュニア
こだわりの3.5寸 1Pot ¥128→¥98
ホライゾンイエロー
かわいらしいほんのりイエロー
ホワイト
エレガントにしあげるならやっぱりホワイト♡
人気No.1
マジェンダ
華やかにしたいならコレ!! 人気あります！
ピンクベイン
ピンクのグラデーションが人気！
ブルーベイン
味わい深い色あいがかっこいい!!
埼玉県羽生市のハイフラワーさん生産。植えてからの成長がちがう!!
オステオスペルマム
サマータイムシリーズ
ラブリーな玄関づくりなら
サンライズ
ブロンズチャーム
こだわりの3.5寸 1Pot ¥300
今までにない色あいが中心のサマータイムシリーズ！ とってもラブリーな単色植えならコレ！
ブロンズチャームがおすすめ♡
愛知県渥美でこだわりの生産をつづける渡辺邦通氏生産
宿根ネメシア
明るさの中にも上品さを感じさせる玄関づくりなら
ピンク
ホワイト
バイオレット
こだわりの3.5寸 1Pot ¥300
四季咲きで甘い香りがするのもステキ♡♡ 3色で多色植えがおすすめ！
群馬県で「匠」と呼ばれる生産者の新井信明氏の美しく丈夫な花
春のお庭の玄関におススメの寄せ植え
マーガレットを使った春のもりもり寄せ植え
マーガレット ¥300
レースラベンダー ¥200
ブルーデージー ¥250
オレガノ ケントビューティ ¥420
ペチュニア ¥98
バーベナ トスカーナ ¥198
パークバスケット ¥1,470
この春はハンギングにチャレンジ！
ペチュニア ホライゾンイエロー ¥98
スリットバスケット ¥1,200
ペチュニア ホワイト ¥98
エレガントな玄関づくりなら
ローダンセマム アフリカンアイズ
こだわりの3.5寸 1Pot ¥300
白いお花がどんどん咲いて、美しいシルバーの葉がエレガントな雰囲気に仕上げます!!
埼玉県深谷市の小林花き生産の自信作！
キュートな玄関づくりなら
ローダンセマム マウイ
こだわりの3.5寸 1Pot ¥398
大人気のピンクの花がたくさん咲くマウイはとってもキュートで株もしっかりしています。
高知県の有名な育種家 見元園芸の生産
お花の生育状態により、1週間程度、入荷が遅れてしまうかも…
サンサシア(立ち性)
はなやか！ 元気になる玄関づくりなら
ブラックベリー
カシス
マンゴ
サフラン
グァバ
こだわりの3.5寸 1Pot ¥398
華やかなお花をたくさん咲かせます！ 一株で大きく育ちます！ 明るい玄関にピッタリ☆
愛知県知多のイケメン生産者 鳥山ガーデン生産
大人気!! ハーブコーナー♥
当店人気ベスト3
1 スイートバジル ¥200
2 ミント ¥250
3 ローズマリー ¥250
他にも
約30種類
皆さんにガーデニングをもっと楽しんでいただくために!!
店長よりひとこと
生産現場まで下見をし、しっかりした苗を厳選しています。
良い苗は、寄せ植えや花だんでお花がよりイキイキするんです！
柏木植物園は明るくきれいなお店を目指し日々奮闘中です!!

園芸店のフルカラーチラシ。イラストや文字などはすべて筆ペン・ペンで書き、カラー印刷をしました。カラフルさは女性の目をひきやすい！

1 ● 「お客様に伝えたいこと」を決める
2 ● チラシの中心となる「看板商品」の選び方
3 ● どの商品をいくつ載せるかを決める
4 ● 必ず欲しい チラシの「大義名分」
5 ● 配布方法の決め方
6 ● チラシ折込日をいつにするか
7 ● チラシ用紙の選び方
8 ● 刷り色の選び方
9 ● 下書き（ラフ案）の書き方
10 ● 写真やイラストを必ず入れる

4章

当たるチラシの書き方ステップ

1 「お客様に伝えたいこと」を決める

明確にするべき3つのポイント

新聞に折り込まれるたくさんのチラシ、その中からお客様は自分に必要と思われる情報を瞬時に選んでいます。ですから、そこで選ばれなければ、せっかく費用をかけてつくったチラシも、ゴミになってしまうのです。そこで、お客様に選ばれるチラシを書くために、必ず明確にするべきポイントは以下の3つです。

① 何屋さんのチラシか
② どこの店のチラシか
③ いつ、何があるのか

まず、①の「何屋さんか=何が買えるのか」は、最初にチラシから受け取る情報です。家の購入を考えている人には、住宅の写真が載ったチラシはすぐ目に留まるでしょう。子供を塾に通わせたい母親は、「夏期講習」と大きく書かれたチラシを、思わずじっくり見てしまうでしょう。この「何屋さんのチラシか」が明確なチラシは、お客様が手に取る確率が高くなるのです。

次に、②の「どこの店のチラシか」は、内容に興味を持った後、お客様がどこに行けばそのサービスを受けられるのか、掲載されている商品が買えるのかをストレスなく伝えるために必要です。店名や**住所・電話番号はもちろんのこと、地図を載せておく必要**があります。多くの人は、自分が住む家から1キロ以上離れた地域名を知りません。地図を載せるか、近隣で**知名度が高く目印になる建物**などを書いておきましょう。

そして、③はチラシの反響率を高めるためにも必要です。期間が明確でなかったり、必要以上に期間が長かったりすると、お客様は「後で見よう」とチラシを手放してしまうのです。こうしている間に、お客様の記憶は薄れてしまいます。「見てもらってすぐに行動してもらえる」チラシが、最も効果的なチラシなのです。

以上の3つのポイントが明確なチラシは、お客様の目に留まる確率、来店(行動)してもらえる確率が高くなるため、費用対効果が高くなります。同じ費用をかけるならばお客様からの反響も高いほうがよいでしょう。お客様が求める情報を的確に伝えることが必要なのです。

チラシでお客様に伝えるべきこと

❶ **何屋**さんか？

・何を売っている店なのか
・名物商品は何か

❷ **どこの店**のチラシか？

・店はどこにあるのか
（住所だけではわかりません。必ず地図も載せましょう）
・店に行くまでの目印は何か
・複数店舗ある場合は、どの店に行けばいいのか
（特に、一部店舗のみの特売時など）

❸ **いつ、何が**あるのか？

・○月○日○曜日の○時から○時までか
・セールなのか、新商品発売なのか
リニューアルオープンなのか……等々

2 チラシの中心となる「看板商品」の選び方

よく売れている商品から探そう

開店や創業祭、その他セールのお知らせのためにチラシを配布する際、重要になるのがチラシに掲載する商品の選定です。反響のよいチラシにするためには、多くの商品を載せることよりも、**お客様の興味が集まる「看板商品」が明確である**ことが必要です。

折込チラシの大半は、スーパーマーケットや家電量販店、ドラッグストアですが、これらのチラシは商品掲載数も多く、紙面も大きいものがほとんどです。その理由は、さまざまなカテゴリーの商品を品揃えている総合型の店のため、お客様は「何でも揃う店」に集まる傾向が強いからです。つまり、チラシを見たときに、商品アイテム数が多く見える店にお客様はひかれやすいのです。

しかし今の時代、菓子店やパン店、酒販店などの専門店では、この「品揃え型」のチラシは当たらなくなってきています。それよりも、**「この店でしか買えない」「この店のこれが買いたい！」**とお客様が思う吸引力がある「看板商品」が必要なのです。

看板商品になる5つの要素

この「看板商品」になり得る商品は次の5つです。

①店内で個数が一番売れている商品
②マスコミ等で紹介された商品
③自店にしかない、かつ人気のある商品
④世間的に話題のある商品
⑤自店が「元祖」といえる商品

これら5つのうち、ひとつでも満たしていれば看板商品になる可能性があります。「他の店にはない珍しい商品」という理由で、それを看板商品にしようとする店がありますが、「看板商品」はあくまでも多くのお客様の心をつかむ商品でなければなりませんから、今現在よく売れている商品から探すのが一番の近道です。

候補商品が複数ある場合は、**商品単体での利益率**を考えます。たくさん売るほど赤字になってしまう商品は、売るべきではありません。利益率の基準は業界によってさまざまですが、他の商品と比較して極端に利益率が悪い商品は、看板商品にしないほうがよいでしょう。

店の“看板商品”を訴求しよう！

① 一番売れている商品
② マスコミ等で紹介された商品
③ 自店にしかない人気商品
④ 世間的に話題の商品
⑤「元祖」といえる商品
私たち顧客が欲しい商品はあなたの店のこんな看板商品！

3 どの商品をいくつ載せるかを決める

チラシの目的に合ったアイテム数を考える

チラシを書く際に最も迷うのが、「商品をどのくらい載せるか」「どの商品を載せるか」といったことでしょう。チラシの内容によって掲載する商品数を次のように決めるとよいでしょう。

セールなどのイベント告知チラシ

セール告知の場合は、基本的にはチラシに掲載している商品ばかりが売れるようになります。ですから、全品値引き対象の場合を除き、チラシに掲載する商品は絞り込む必要があります。

最低限の品揃えを演出するには7つのアイテムが必要です。**「7つ」は、お客様にとって選べる自由を感じられる最低限の品数**なのです。中小の専門小売店やサービス業の店のチラシに適しています。**7商品のうち1~3つは定番でよく売れている商品を選んでおく**と集客効果がより高まります。また、7アイテム以上掲載することも可能ですが、その場合は定番の中でも主力になる商品を大きく載せる工夫が必要です。

定期的に投入するチラシ

スーパーなどの総合小売店の他、専門小売店でも定期的に投入するチラシの場合、毎回セールを行なうわけにはいきません。新商品の告知やお試し価格の商品の訴求の他、**品揃えの豊富さを訴求する**ことも重要なポイントです。

目安となる商品アイテム数は「30・50・70」です。品揃えの豊富さを訴求するためには、店内にある商品のカテゴリー（分類）もいくつか掲載しながら、その**カテゴリー内の売れ筋商品や目玉商品を掲載する**必要があるのです。例えば、靴屋さんの品揃えを訴求する場合、「紳士靴」「婦人靴」「子供靴」や「運動靴」「通勤靴」などの分類がありますから、それらすべてのカテゴリーを載せる必要がありますし、「子供靴」でも数種類掲載しなければ品揃えの豊富さは伝わらないのです。

すべてのカテゴリーごとに、最低3~7アイテムは掲載し、さまざまなカテゴリーの商品を取り揃えていることを訴求しましょう。

チラシの目的に合わせて商品数を決めよう

アイテム・パワーの法則

専門店　3・5・7

総合店　30・50・70

最低限の品揃え ⟷ 大いに選べる十分な品揃え

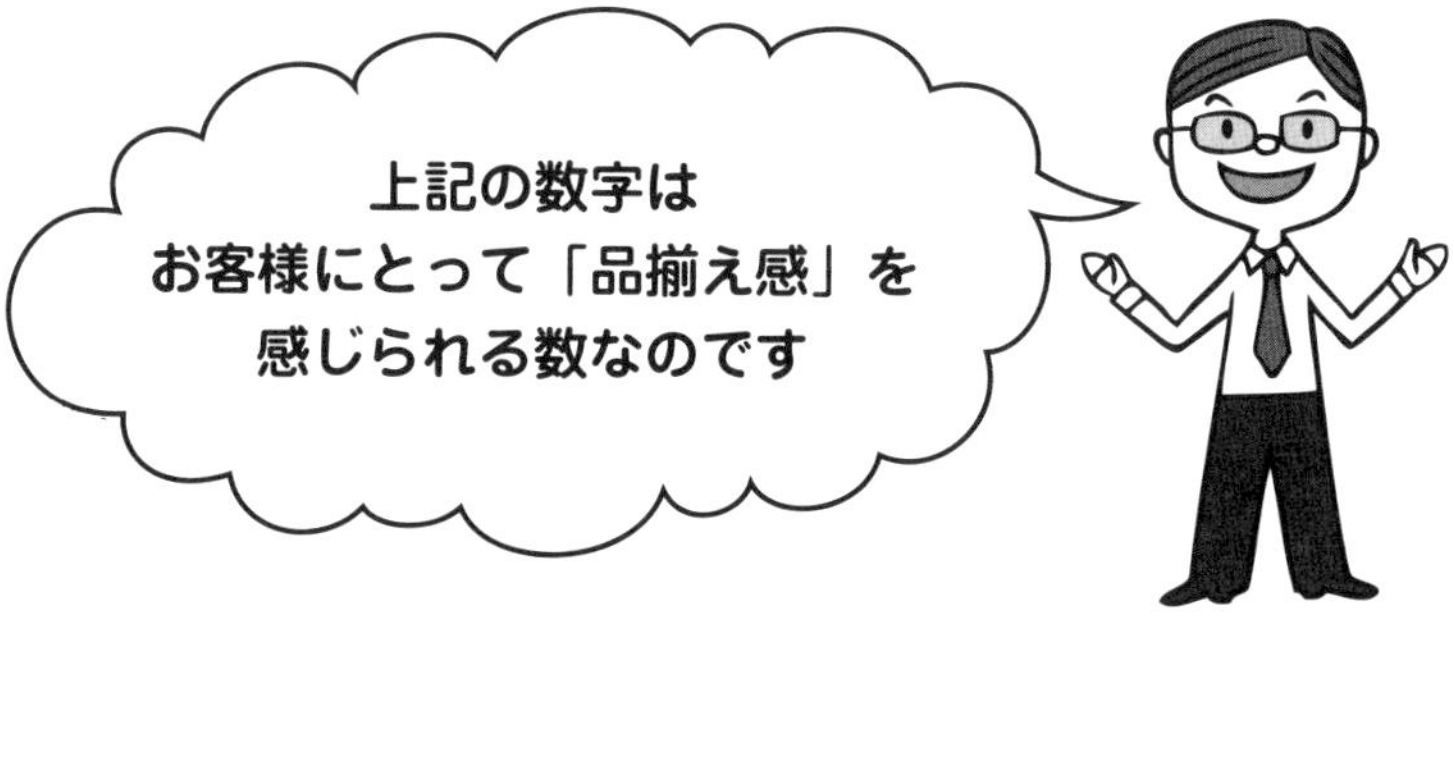
上記の数字は
お客様にとって「品揃え感」を
感じられる数なのです

4 必ず欲しい チラシの「大義名分」

チラシと聞くと「安売り」というイメージを持つ人が多いと思います。たしかに、チラシの効果は配布後1週間程度しかないことを考えると、集客のために多少の値引きも必要でしょう。しかし、それが「理由のない単なる値引き」になってしまうと、値引きしたときにしかお客様が来店しない……という状況が起こるのです。

ところが、「創業祭」や「地域にお住まいの方に対する還元祭・感謝祭」など、値引きを行なう大義名分が明確になると、お客様にとって「単なる値引き」には映らなくなるのです。つまり、チラシを配布する際は、いつでも**「大義名分」を明確にしておく**必要があるのです。

創業祭

過去、さまざまなチラシの原案を書いてきましたが、最もお客様に受け入れられるのが「創業祭」です。創業した月にあわせて開催します。曜日の都合もありますから、創業日に必ずしもあわせる必要はありません。より多くのお客様に来店していただくことを考えると、創業祭期間は**2〜3日設けるとよい**でしょう。創業して何年目か、お客様に支えていただいた感謝の気持ち、**創業時の写真などもあわせて掲載すると効果的**です。

還元祭・感謝祭

繁忙期の売上をさらに上げたいときには、やはりチラシの投入が効果的です。その際には、**「いつもお店を支えてくださっている地域のお客様へ」**という頭言葉をつけた上での還元祭・感謝祭を行なうと、お客様から大変喜ばれます。ここで重要なことは、**チラシの配布地域を狭め、それを明記する**ことでお客様に限定感を与えることです。

季節商材に焦点を当てる

食品でも家電でも学習塾でも、季節によって訴求する商品が変化します。このような場合は、その季節商材、例えば食品であれば「いちご」「秋刀魚」、学習塾であれば「夏期講習」などに絞ったチラシも効果的です。しかし、季節商材のチラシでも有効期間は1週間程度です。月間で訴求したい場合は、**同じ内容でチラシを多めに印刷し、チラシ投入回数を増やす**と費用が割安になります。

「新商品」をお知らせする目的のチラシ

TV・雑誌で芸能人が絶賛した酒・食品あり!
お待たせしました!!
新しい焼酎&お菓子を入荷しました
2009年秋号
新商品
アノ「七窪」を作った天才杜氏の第2弾!!
鹿児島県 東酒造
『薩摩の風』
大人気の「七窪」より甘めでまろやかな風味が特徴。あの「魔王」や「森伊蔵」を作った天才杜氏の、新しい蔵で手がけた第2弾!! 七窪と同じ、キレイなブルーボトルが印象的。
720ml 1395円 1.8l 2,520円
もちろん、人気の商品もあります!
いまだ人気NO.1!
鹿児島 東酒造 七窪
こちらがRICいわもとNo.1の芋焼酎。「魔王」を作った天才杜氏の渾身の力作。RICいわもとにもファン多数!
4合 1,600円 1升 3,050円
八代市内は当店のみ!
宮崎 明石酒造 ?ないな
八代市内ではRICいわもとだけの契約限定販売。芋焼酎に米焼酎をブレンドした「通」の人が楽しみにしている逸品。超限定品。
5合 1,575円 1升 2,780円
長崎 長島酒造 島娘
他店にはありません! だって、長島限定品を島から直接運んでいるのですから!
5合 1,400円 1升 2,450円
佐賀 光武酒造 限定バージョン 魔界への誘い
あの「魔界」の限定仕込みが入荷します。甘い香りと深い味わいが特徴
4合 1,575円 1升 3,150円
佐賀 光武酒造 ど黒
魔界の使者から届けられた芋焼酎」の意味がある、骨まで染みる旨さの焼酎
4合 1,280円 1升 2,380円
飛騨・渡辺酒造
秋のにごり とろとろとろ 日本酒
にごり酒が美味しい! と人気の、飛騨の渡辺酒造さんから、秋のにごり酒が入荷。「オリ」といわれるにごりの部分が多く飲み応えアリ!
秋のにごり酒入荷します!
鶴瓶師匠も小さい頃から食べてた
鶯ボール 220円 (植垣米菓)
ほんのり甘い、かりんとうのようなコロコロのおせんべい。
TV「ヒミツのケンミンshow」でも紹介された、大阪名物の超有名なおやつ。
ちっこい空豆 (伊藤軒) 250円
空豆の塩味と、ほんのり甘い生地が絶妙!
ポロショコラ (ラグノオささき) 350円
あまりの人気に生産が追いつかないのだとか。入荷し次第また販売します!!
こだわりのお菓子たち
RICいわもとは、コンビニですが、手づくり弁当と、こだわり食品・酒がある店です
僕が配達いたします!
中山です
TV・雑誌で芸能人が絶賛する酒・食品あります。
鏡町内田493-1
RICいわもと 鏡町
0965 (52) 8907
配達も受付中

「新しい焼酎を入荷しました」という大義名分があれば、特別なイベントがなくても集客がしやすくなります。

5 配布方法の決め方

チラシを配布する方法はいくつかあります。それぞれの特徴をおさえて、効率のよい配布方法を選びましょう。

新聞折込

最も代表的なのは、新聞折込チラシです。ほとんどが朝刊の間に折り込まれ、自宅のポストに入ります。朝刊と一緒に入ることから、チラシも午前中に見られることが多いようです。週末や休日はチラシ枚数が増え、小売店のものが目立ちます。また、地域にもよりますが、火曜日はパチンコ店、木曜日は住宅不動産、金曜日は自動車関係のチラシが多くなります。しかも、希望の日に希望の新聞社にだけ折り込むことができるため、**比較的手間をかけずに大量枚数を配布することが可能**です。

しかし最近、若年層を中心に新聞を購読していない家が増えているため、折込チラシでは地域を網羅できない地区もあるようです。定期的に購読世帯数を確認しておく必要があります。

地域情報誌・フリーペーパーへの折り込み

そこで最近注目されているのが、地域情報誌やフリーペーパーへの折込チラシです。新聞購読の有無にかかわらず、**地域の全戸数を網羅**することができます。新聞折込と比較した場合の難点は、その情報誌の発行日にしか折り込むことができず、配布日が限定されてしまうことでしょう。**情報誌の発行日をよく確認**し、チラシの内容と合うかどうかを検証する必要があります。

ポスティング

その他、自店のチラシのみを配布する「ポスティング」という方法もあります。スタッフ自ら配布するのもよいですし、ポスティング業者に依頼するのもよいでしょう。マンションなど集合ポストが多い地域では、新聞折込よりも配布コストが安くなることもあります。しかし、ポスティング業者に依頼した場合、確実に全戸に配布されたか否かを確認する手立てがないため、問題が生じる可能性が多少なりともあるのが現実です。

チラシの目的、ターゲットとする客層、費用など、それぞれのメリットとデメリットをよく理解した上で、配布方法を決めることが必要なのです。

代表的な配布方法の比較

	新聞折込チラシ	地域情報紙折込チラシ	ポスティングチラシ
費用	高	高	安
配布範囲	広い（絞り込みも可能）	広い（ある程度の絞り込みも可能）	自由に設定できる
配布ターゲットの選び方	・一軒家の家庭 ・50歳以上が多い地域	・新興住宅地 ・マンション、アパート ・40歳以下が多い地域	店からごく近隣の家庭を重点的に
デメリット	新聞購読家庭が減少していること	地域情報誌の発行日にしか配布できない	地方ではポスティング請負会社が少ない

6 チラシ折込日をいつにするか

チラシの効果が続く期間を考える

新聞を購読している家庭には、ほぼ毎日何らかのチラシが折り込まれます。つまり、毎日新しい情報が届くことになります。そのため、**チラシの効果がある期間は当日〜1週間程度**と考えるのがよいでしょう。折込日の検討は当然として、チラシを制作する際にも、チラシの有効期間を長くても1週間にしておく必要があります。

ここで例として、3日間開催するイベントのチラシを折り込むときの場合を考えてみましょう。チラシの効果を考えると、折込日は最も早くてイベントの3日前となります。それ以前に配布しても、お客様はイベント開催の情報自体を忘れてしまう可能性が高いのです。毎日新しい情報が届くことを考えると、**最も効果が高い折込日はイベント当日または前日の朝**がよいでしょう。

曜日を考える

さらに検討したいのが、**曜日ごとのチラシ総数と多い業種のデータ**です。地域によっても異なりますが、最もチラシ枚数が多いのは土日祝日です。チラシの反響を考えると、チラシ枚数が多い日を敬遠しがちですが、**お客様の認識では「お得な情報が最も多い日」**のため、チラシをじっくり見る率が高まるとも考えられるのです。

しかし、他のチラシと同じようなレイアウトにしてしまうと埋もれてしまいます。そこで、折込予定日と同じ曜日のチラシを2〜3週間保管しておき、傾向を分析しておくことをおすすめします。一般的に、本書のテーマである**手書きチラシはまだまだ枚数が少ないため、他のチラシよりも目立つ**といわれています。実際、本書に掲載した手書きチラシの反響率は平均5〜10％と高く、お客様からも「目をひくチラシね」との声を多くいただいています。つまり、折込日の検討やチラシの内容だけでなく「手書きチラシ」を採用することは、チラシの反響率を上げる上でも効果的なのです。

以上より、折込日の決定に最も必要なのは、「お客様に情報が新鮮な状態で届くこと」から逆算した日にすることです。そして、折込予定日と同じ曜日の傾向を知り、それに合わせたチラシを制作することにあるのです。

競合店のチラシ投入日をデータ化しよう

曜日	チラシ総枚数	多い業種	競合店の折込
日	13枚	①スーパー5枚 ②住宅3枚 ③自動車2枚 その他、衣料品、墓、リサイクル買取	A店 (目玉企画○○○)
月	3枚	①スーパー ②住宅 ③エステ	
火	5枚	①スーパー2枚 ②パチンコ2枚 ③衣料品	B店 (○○セール開催チラシ)
水			
木			
金			
土			

7 チラシ用紙の選び方

毎日折り込まれるチラシを見ると、用紙の種類、厚さ、色、大きさなどさまざまです。用紙によってお客様に与える印象は変わりますので、それぞれご紹介しましょう。

チラシ用紙の種類

自動車販売、不動産販売、パチンコ店のチラシに多く使われている、表面がツルツルした用紙を**「コート紙」**、同じように手触りはツルツルしていても光沢のないものを**「マットコート紙」**といい、チラシの大半がこの2種類を使っています。その他、厚みのあるザラザラの用紙は「上質紙」、厚みがなく色味がくすんでいるザラザラした用紙を「更紙」といいます。紙の値段は、基本的に厚くなるほど高価になります。

チラシの大きさ

折り込まれるときに折り目のついていない大きさが**B4サイズ**で、チラシとしては一般的な大きさです。B4よりも小さいA4サイズやB5サイズのチラシも見かけますが、小さくなるほどに目立たず、見劣りする傾向にあるため、できる限りB4サイズ以上の大きさにすることをおすすめします。

チラシは基本的に「B判」なので、特殊サイズで制作することで目立たせることも可能です。例えば、B4サイズよりも数センチだけ大きいD4サイズや、それよりもひとまわり大きいA3サイズも可能です。

チラシ用紙の色

刷り色がカラーの場合、チラシ用紙の色は白が一般的ですが、刷り色が1色または2色の際は用紙自体の色を選ぶことも可能です。特に、黒1色で印刷する場合は、紙の色を黄色やピンクにすることでお客様の目をひくことが可能になります。さまざまな色の用紙がありますが、チラシを見るお客様の心を盛り上げるためにはピンクや黄色などの**「暖色」**が好ましいとされています。

以上のように、チラシの用紙ひとつを選ぶにもさまざまなタイプがあります。自店にとってどのようなチラシが最良なのか、広告代理店や印刷会社に相談してみるとよいでしょう。その際は、見積りを基に検討することをおすすめします。

用紙サイズを決めよう

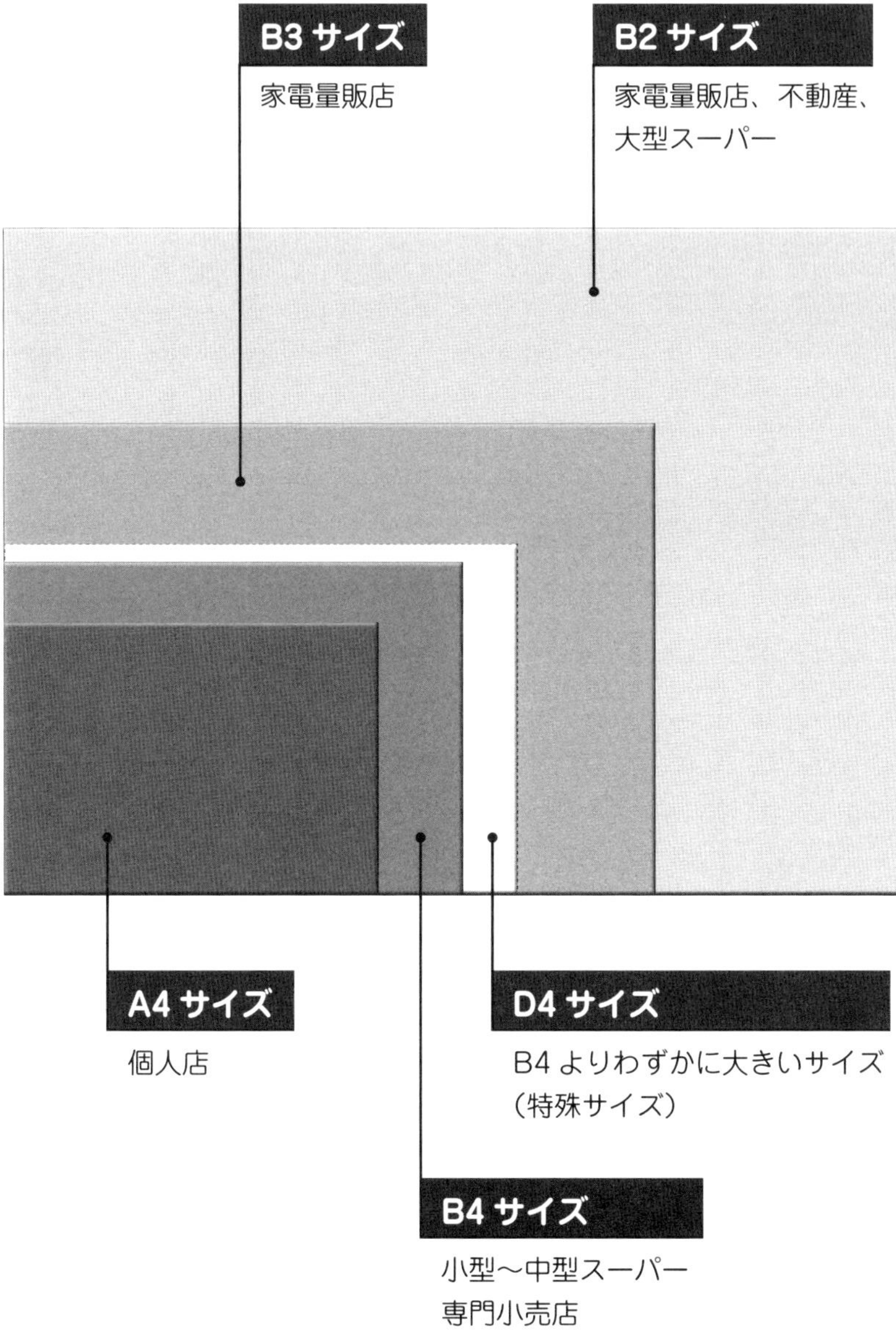
B3 サイズ
家電量販店
B2 サイズ
家電量販店、不動産、
大型スーパー
A4 サイズ
個人店
D4 サイズ
B4 よりわずかに大きいサイズ
（特殊サイズ）
B4 サイズ
小型～中型スーパー
専門小売店

8 刷り色の選び方

チラシ用紙を選んだ後は刷り色の決定が必要です。

安売りのスーパーマーケットのように、白い用紙に赤一色で商品名と価格だけがズラリと印刷されたチラシもあれば、マンション販売チラシのように、写真を多く使ったカラフルなものなど、さまざまな種類がありますが、印刷色の選定方法は一般的に3つあります。

① 4色（フルカラー）

写真やイラストなどが多い場合に有効。用紙の種類にもよるが、鮮やかな色使いでお客様の目をひく他、高級感も演出できる。

② 2色

さまざまな色の組み合わせが可能。赤と緑、青と朱色など反対色の組み合わせでメリハリをつけたり、黒と黄でセピア風に仕上げたりもできる。写真やイラストが多いチラシでも対応できる。

③ 1色

黒1色のモノクロの他、赤や青などの1色づかいなども可能。安売りの際に使われるチラシの多くが、赤1色の印刷。写真が多いチラシには不向き。

刷り色を決める要素

刷り色はさまざまですが、**チラシでお客様にどのような印象を与えたいのかを考えて決める**とよいでしょう。

例えば、食材のおいしさを写真で伝えたい場合には4色フルカラーが最適です。しかし、同じ食品でも、特価を訴求したい場合は、4色フルカラーよりも赤1色のほうが安さ感を表現できます。新築マンションの分譲開始を告知する場合、建物や室内の様子、周辺環境などを伝えなければ、お客様は見学にも来ませんから、このような場合には、言葉よりも写真やイラストのほうが伝わりやすいため、フルカラーのチラシを採用すべきです。

その他、**チラシにかけられるコストや用紙の質に合う色**などから決定してもよいでしょう。基本的には、色の数が増えるほど費用は高くなります。また、刷り色が1色の場合でも、特殊な色を選んだ場合には余分に費用がかかることもあります。最も安く仕上げたい場合には、色付きの用紙に黒1色で印刷するとよいでしょう。

チラシの刷り色の選び方

刷り色	利点	欠点
4色（フルカラー）	・商品が魅力的に見える ・写真がキレイに見える ・店の価値を高める	・費用が高い ・写真の質にチラシの出来が左右される
2色	・モノクロよりも見やすい ・メリハリがつく ・レトロな雰囲気を出せる	・フルカラーに比べ、色の表現力が弱い
1色	・費用が安い ・黒1色だけでなく、カラーのインク1色にして目立たせることができる	・フルカラーのチラシと並べると見劣りすることがある ・安っぽく見える

自店の客層に合った刷り色を選びたいですね

9 下書き（ラフ案）の書き方

チラシにきちんと「店の意図」を盛り込む

チラシづくりを広告代理店に任せっきりにしている店舗を多く見かけますが、その場合でも、必ず「ラフ案」はご自身で書かれることをおすすめします。ラフ案とは、チラシのどの場所にどの商品をどのように掲載するのか、面積配分や写真の入れ方、文言など目安をつけるための「簡易的な下書き」のことです。広告代理店の方には、そのラフ案を基にチラシを制作していただくのです。

実は、**チラシの良し悪しは「面積配分」**に大きく影響されます。チラシの紙面の中にも、目につきやすい場所とそうでない場所がありますし、大きく掲載した商品ほど訴求力も高まるため、チラシ紙面の使い方で売上も左右されてしまうといっても過言ではないのです。

しかし、店の意図や訴求したい商品について熟知していない人が制作してしまうと、お客様に伝えるべきことがきちんと伝えられないチラシになってしまいます。せっかく費用をかけて制作するのですから、かけた費用の5倍は売上を確保したいものです。

手順は次のとおりです（面積配分は5章参照）。

①チラシタイトルと店情報を書く
②最も訴求したい商品の面積を確保し、四角で囲む
③その他掲載したい商品の面積を割り振り、それぞれを丸で囲む
④面積の割り振りが済んでから、それぞれの商品名と価格を埋める
⑤写真やイラストを入れる場所は丸で囲み、「○○の写真」と記入しておく
⑥主要商品には商品説明文を記入する
⑦太文字にしたい部分や色を指定したい部分はその旨を書き加えておく

ラフ案はあくまでも「最初の下書き」ですから、一言一句まできっちり仕上げる必要はありません。ラフ案作成後に、必ず広告代理店・印刷店の方と打ち合わせをしましょう。ラフ案に書き切れないことを補足するだけでなく、直接話すことで店の考え・思いを理解してもらえ、よいチラシづくりにもつながるのです。

ラフをきちんと書けば、仕上がりもきれいになる

ラフを書く場合は、面積配分が最も重要。印刷会社や広告代理店に依頼する場合には、上記のように細かく書けばイメージどおりのチラシが出来上がりやすくなります。

10 写真やイラストを必ず入れる

「パッ」と見て、選ばれるチラシにする

毎日大量のチラシが折り込まれる中でお客様に自店のチラシを選んでいただくためには、まず「何屋さんのチラシか」「どの店のチラシか」を明確にしておく必要があります。ここで有効なのが、**写真やイラスト**です。

「チラシは多いから見ないで捨てる」という声をよく聞きますが、きちんと分析してみると、**「自分に必要でない情報には目がいかない」だけで、ひと通りは目を通しているの**です。その証拠に、「安売りチラシ」「パッと目につく珍しいチラシ」「今自分が知りたい情報のチラシ」は手に取っています。つまり、お客様に訴求すべき内容がしっかりと伝えられるチラシであれば、一緒に投入されるチラシ枚数が多くても選ばれるのです。

例えば、パン店で創業祭イベントのチラシを投入するとしましょう。まずは「パン店のチラシ」ということを伝える必要があります。チラシに食パンやメロンパン、カレーパンの写真やイラストが載っていたらどうでしょう。誰が見ても「パン店のチラシ」とわかります。もちろん、写真の横には商品名なども記載します。このように、商品名や説明文などの文字情報だけではなく、写真やイラストなどのイメージ情報も必要不可欠です。

これは人間の脳の働きに関係があります。人間の脳は、文字や論理的な情報を司る「左脳」と、イメージや感覚的な情報を司る「右脳」に分かれています。大量のチラシをめくりながら、**自分が必要な情報を瞬時に見極めるときには、「パッと見」で判断**しますから、イメージや感覚を司る右脳がよく働いていることになります。よって、まずはチラシを手にとってもらうためには右脳に響く情報、つまり、写真やイラストなどの商品をイメージしやすいものが必要になるのです。

不動産や家電量販店、ドラッグストアなどのチラシでは写真を多く採用していますが、スーパーマーケットなどのチラシには、写真やイラストが採用されていないことも多いようです。掲載商品数が多いことも原因のひとつにあげられるのでしょうが、メインになる商品だけでも写真やイラストを入れておくとよいでしょう。

イラストで商品のイメージをわかせよう

2日間開催
11/5(土)・6(日) あさ9時より
焼きたて！揚げたて！できたて！のパン店ぷらむです！
石窯パン工房 ぷらむ
創業6周年祭
創業6周年を迎えた感謝の気持ちを込めて、お買い上げ500円ごとに
半額金券返しプレゼント！
例えば、チラシ期間中に500円のお買い物をされると、250円分の商品引換金券を、1,000円のお買い物をされると500円分の商品引換金券をプレゼントいたします！
※進呈した商品引換金券は11/8(火)～12/18(日)までご利用いただけます。(11/7(月)は定休日です。)
2日間だけの限定商品
1番人気のラウンドに栗入りが登場します。
まんまるラウンド 2種の栗入り
ぷらむ1番人気のまんまるラウンドで2日間だけ限定の栗味をつくりました。甘露煮の黄色い栗と、渋皮付の茶色い栗の2種類が入っています。
1本600円
50本限定
まんまるラウンドのご紹介
•プレーン ハーフ 170円 1本 340円
•メープル ハーフ 250円 1本 500円
自家製カスタードの 手包みクリームパン
自家製カスタードをひとつひとつ手で包み込んでいます。
1個130円
石窯工房 食パン
ぷらむの食パンの中で1番人気の食パン。食パンはシンプルだからこそ、パン屋さんの腕がわかる代表商品。1度ご賞味ください。
1斤250円
新商品 おやき
信州で有名なおやきを再現してみました。惣菜をパン生地で包み焼いた平べったいパンです。
豚キムチ、高菜、肉味噌
各種1個150円
秋の味覚！ 栗大福 もちもちパン
もっちもちの白い生地の中には、あんこと栗、ぎゅうひが入っていて、まるで栗大福のようなパンです。
1個150円
新商品 焼き栗棒
秋の味覚、栗を使ったパンも多数ご用意しております。
1個120円
牛肉ごろごろカレーパン
その名のとおり、牛肉がごろごろ入った具だくさんのカレーパン。是非揚げたてをどうぞ。
中身のカレーも自家製です。
1個140円
キリトセン
缶バッジ引換券
世界にたったひとつだけ！
お子様の顔写真バッジ
その場で作って プレゼント
チラシ期間中、小学生以下のお子様とご来店いただき、1,000円以上お買上げいただいたお客様に、お子様の顔写真をその場で撮影し缶バッジをプレゼントいたします！
お子様のおなまえ おとこのこ おんなのこ
おたんじょうび 年 月 日 お電話番号 ( )
ご住所
※お子様と一緒にご来店いただいた場合に限ります ※缶バッジがなくなり次第、終了させていただきます
※いただいた個人情報は、当社からのご案内以外には使用しません
いつでも焼きたて！石窯で焼く手作りパンの店
石窯パン工房 ぷらむ
TEL:0957-65-0640
島原市湊町55-1(OKホームセンターさん裏)
お客様とぷらむの3つのお約束
1. ぷらむはいつでも新鮮で焼きたてのパンを提供します！
2. ぷらむではお客様に満足していただくため、安心・安全の意識をします！
3. ぷらむの従業員は、おいしいパンと一緒に、明るい笑顔を提供します！
県立島原病院
OKホームセンター
島原鉄道
島原外港駅
パチンコ店
あつみ屋敷
石窯パン工房 ぷらむ
至深江
至有明
↓外港ターミナル
国道251号

広告代理店によっては、手書き風イラストが作成できない会社もあります。その場合は自分たちで線画（黒い線の輪郭のみ）を書き、色付けしてもらう方法でもよいでしょう。

5章

誰でも書ける チラシの レイアウト

1 当たるチラシのレイアウト（イベント集客チラシ）

何のチラシなのかはっきりわかるようにする

チラシやホームページ、DMやPOPすべてに共通することですが、**紙面のどこに、どのくらいの大きさで何を書くかという「面積配分」で当たるかどうかが決まります**。ここでは、最も基本的なチラシのレイアウトをお伝えします。

チラシはB4サイズで作成します。用紙を縦型に置き、縦方向に4等分・横方向に6等分し、全体を24等分になるように折ります。

まず、上4マス(左ページ図のマス1～4)はタイトル・日付に使用し、下4マス（マス21～24）は店舗情報に使用します。**上下で「いつ」「どこで」を明確に**するのです。

次に、**集客要素となるイベント**を訴求します。マスの5・6・7・9・10・11を一緒に囲みます。6マス使用していますから、**チラシ紙面の4分の1**を使用することになりますが、集客につながるメインイベントはこのくらい面積をとらなければ訴求ができないのです。ここで**「何が」**が明確になりました。

そして、**「なぜ」を説明するための挨拶文**を、マスの8・12を使って書きます。可能であれば店主の写真や似顔絵を入れておきましょう。

残りの面積は、すべて商品掲載に使用します。品揃えを訴求するには最低限7～10アイテムが必要です。今回のレイアウトはあくまでもイベントで集客することが目的ですから、商品の掲載は最低限の品揃えが感じられればよいのです。

商品を掲載できる残りのマスは8マスありますが、店で人気の主力商品だけは面積を大きく載せます（マスの13・14の2つを使用）。売れている商品を改めて掲載することに疑問を感じるかもしれませんが、チラシはあくまでも新規客集客のためのツールであることを考えると、現在人気がありお客様がリピートしている名物を知っていただくことが必要なのです。

その他の商品は、主力商品よりも小さめに掲載し、主力商品を含め最低7アイテムを掲載できればチラシの出来上がりです。

基本の「当たるチラシ」レイアウト

4等分
6等分
1
2
3
4
タイトル　日付
5
6
7
8
集客イベント
挨拶文
9
10
11
12
13
14
15
16
主力商品
17
18
19
20
その他商品（複数掲載）
21
22
23
24
店舗情報

2 当たるチラシのレイアウト(クーポン添付型)

前ページのレイアウトを参考にした場合には、マス4・8の2つをクーポンの場所にし、タイトルと挨拶文を圧縮するとよいでしょう。

先述のとおり、まずは3回来店していただくためのクーポンですから、**3枚のクーポンの同時併用は原則的に不可**とします。3枚の内容が同じものでも、異なるものでもかまいませんし、来店回数が増えるごとに割引率が段階的に増えるクーポンもよいでしょう。例えば、3枚のクーポンは切り離し無効としておき、1回目のご利用時は5%OFF、2回目は7%OFF、3回目は10%OFFとするのです。お客様が利用した際に、店側がスタンプを押すなどして利用記録を残しましょう。

クーポン券は特別に目立つ必要があります。お客様が切り離して持ち歩きやすいよう、店名や電話番号なども記載しておく必要がありますから、細かい字が増えてきます。ですから、**クーポン部分だけはパソコンで作成**し、手書き原稿に後からつけ加えることで、仕上がりもきれいに見やすくなります。

クーポンで「安定客化」を狙う

新規客の来店促進のためには、クーポン券や粗品プレゼント券などをチラシにつけておくことも効果的です。

ここで**「3回安定 10回固定の法則」**を利用し、クーポン券は3枚つけておくことをおすすめします。これは、ある一定の短期間に3回来店してもらえれば安定客になり、10回来店してもらえれば固定客になりやすい、という統計学を用いた法則です。安定客というのは、例えば「お酒を買うなら、あの店がいいかな」と思い出してもらえるお客様のことをいいます。つまり、リピーターになっていただくには、最低3回の来店が必要なのです。

お客様が使いやすいクーポンの工夫

そこで、チラシに3枚以上のクーポンをつけることで、集客と安定客化を一度に進めていくのです。**クーポンはお客様が切り取りやすい場所につける**ことが鉄則ですから、チラシの上部や下部、端に寄せて記載します。中でも、お客様の目に留まりやすいチラシ上部にもってくることで、より集客につなげやすくなります。

クーポンを目の付く所に入れよう

4等分
6等分
1
2
3
4
タイトル　日付
クーポン
5
6
7
8
集客イベント
9
10
11
12
挨拶文
13
14
15
16
主力商品
17
18
19
20
その他商品（複数掲載）
21
22
23
24
店舗情報

3 当たるチラシのレイアウト（横型）

お客様の目の動きを考える

横型のチラシでも、基本的なレイアウトの考え方は縦型の場合と同じです。上部にタイトルと日付、下部に店舗情報を書くことで、**「いつ、どこで、何があるのか」**を明確にすることが可能です。

横型のチラシの場合に気をつけなければならないのが、「間のびしやすい」ことです。縦型の場合でも横型の場合でも、チラシ上での**お客様の目線は「Z型」に動きます**。この「Z型」の始点と終点が最も目につきやすいため、始点に近い部分に日付、終点に近い部分に店舗情報をもってくるのです。それに対し、始点終点以外の部分は目の動きの途中にあたるため、**面積の大きい部分だけは目に留まりやすくなりますが、細かい部分まではなかなか読まれない**のです。特に横型の場合は、左右への目の動線が長くなるため、縦型チラシよりも見落としが多くなってしまうのです。

チラシ期間が3日以上と長く、かつ日替わりのサービスが明確な場合など、訴求したい内容が多岐にわたる場合は横型のチラシでもかまいませんが、短期間の集客イベントなどひと目で訴求しなければならないときには縦型のチラシがおすすめとなります。

メリハリをつけて読みやすいチラシにする

左ページ図の配分をご覧ください。横型チラシの場合は、まず左右に4等分、上下に5等分の計20等分にして考えます。マス1・2・3・4の上5分の1程度に「日付」「タイトル」「ご挨拶」を入れ、マス19・20に店舗情報を書きます。残りの面積で7～10種類の商品を掲載しますが、中でも最も集客につなげていきたい目玉商品は、マス5・6・9・10を使用し、他の商品よりも広い面積で訴求します。

クーポン特典などをつける場合は、ひと目でわかる場所、かつ切り取りやすい場所につけましょう。タイトルと同じく、縦の辺5分の1以上の面積となるようにしましょう。

目立たせたいポイントをはっきりつけてメリハリを出すことが大切です。

横型チラシは目の動きを考える

1
2
3
4
タイトル・日付・ご挨拶
5
6
7
8
集客商品
その他商品
(8・12を挨拶文にしても可)
9
10
11
12
13
14
15
16
17
18
19
20
店舗情報
縦の辺の1/5以上
1
2
3
4
タイトル・日付
タイトル下部に挨拶文
クーポン特典など
5
6
7
8
集客商品
その他商品
9
10
11
12
13
14
15
16
17
18
19
20
店舗情報
縦の辺の1/5以上
4等分

4 チラシが当たるかどうかを確認する

「5W」で確認しよう

基本的にチラシは、新規客集客のための大衆的販促物になります。これまでに店を利用したことがないお客様に対する告知をしなければならないため、「5W」が明確である必要があります。内容は次のとおりです。

・When【いつ】

チラシの期間がいつなのか、何時に行けばそれが購入できるのか、**日時を明確にする**必要があります。日時が曖昧になるほど反響率が下がります。「○月○日○曜日」から「○日間」、各日「○時から」を明記しましょう。

・Where【どこで】

どの店のチラシで、どこに行けばよいのかが明確である必要があります。**住所や電話番号**はもちろんのこと、地図は必ず掲載します。自転車・徒歩で来店されるお客様が多い場合は2キロ圏内の地図を、車来店が多い場合は5〜10キロ圏内の地図を載せるとよいでしょう。

・What【何が】

何をメインに告知するチラシなのかを明確にしましょう。チラシの隅々まで細かく見る方はごくわずかですから、ひと目で**「どのような特典があるのか」「何がお得なのか」**がわからなければ集客につながりません。

・Who【誰の】

誰のためのどのような特典かを明確にすることで、より集客が可能になります。例えば、チラシの上部に「近隣の2000世帯にしかチラシを配布していません」とすれば、近隣のお客様は特別感を味わえます。お子様向けのイベントを行なう場合も、「お子様限定イベント」とすることでお子様連れの集客が見込めます。チラシをひと目見たときに**「あ、私のためのチラシだ！」**と思わせることが重要なのです。

・Why【なぜ】

なぜこのような企画を考えたのか（50周年を記念して、収穫の秋で旬を味わってもらいたくて等）を明確にすることで、チラシに大義名分が生まれます。この大義名分があることで**「単なる安売り」になることを避ける**効果があるのです。挨拶文やタイトルで訴求しましょう。

「5W」は必ず確認しよう

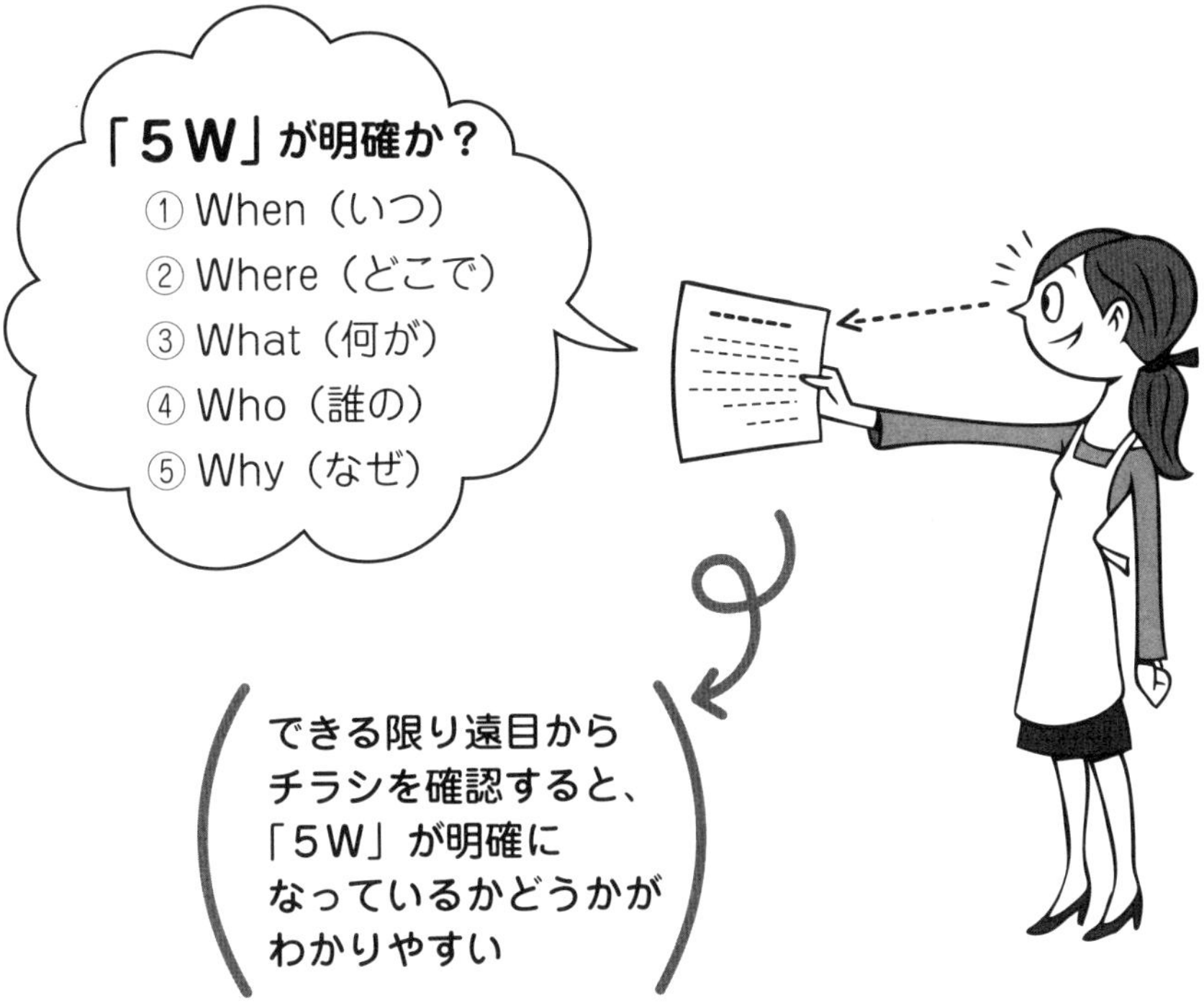
「5W」が明確か？
① When（いつ）
② Where（どこで）
③ What（何が）
④ Who（誰の）
⑤ Why（なぜ）
できる限り遠目から
チラシを確認すると、
「5W」が明確に
なっているかどうかが
わかりやすい

5 チラシは「売れるPOP」の集合体！

それぞれのPOPにメリハリをつける

私の前著『売れる「手書きPOP」のルール』では、その名のとおり「売れる手書きPOP」の書き方や考え方などを詳しく説明していますが、POPはあらゆる販促物を作成する上で基礎的なスキルを身につけるのに適しています。

どのチラシにも、店の商品やサービスの内容が掲載されています。チラシには1品だけではなく多数の商品が掲載されているため、当たるチラシの作成は難しく感じてしまいます。しかし、チラシに掲載されている商品のうち1品だけに注目して見てみましょう。例えば右のチラシレイアウトに載せた左上の商品①だけを見ると、商品名や価格・商品説明、そして商品をひと言で表わすキャッチコピーが載っており、**「売れる手書きPOP」とまったく同じ要素、同じ構図**になっているのです。つまり、チラシに載っている1品1品の枠がPOPであり、**そのPOPを寄せ集めて1枚にまとめたのがチラシ**なのです。そのため、「売れる手書きPOP」をマスターすることがチラシ作成の第一歩になるのです。

しかし、すべてのPOP、つまり商品を同じ大きさに載せてしまってはメリハリがなくなってしまい、反響率が落ちてしまいます。そこで、一つひとつの枠であるPOPのうち、**売りたい商品ほど大きく掲載し、メリハリをつける**ことが必要になってきます。

ここで活用したいのが「1：1・3の法則」です。これは、1の長さの棒と比較して明らかに長いことを証明するには1・3の長さが必要、という統計学上のデータです。チラシ紙面上の面積では、一辺が1×1＝1の面積の商品よりも明らかに大きく見せたい商品は、1・3×1・3＝1・69以上の面積で掲載すればメリハリがつくのです。この法則を活用し、**大小3種類以上の面積で商品を配置する**とよいでしょう。

本書はチラシをテーマにお伝えしていますが、飲食店のメニューブック、ホームページ、DMなども「POPの集合体」でつくることができます。基本をおさえて、さまざまな販促に活用していきましょう。

商品ひとつはひとつのPOP

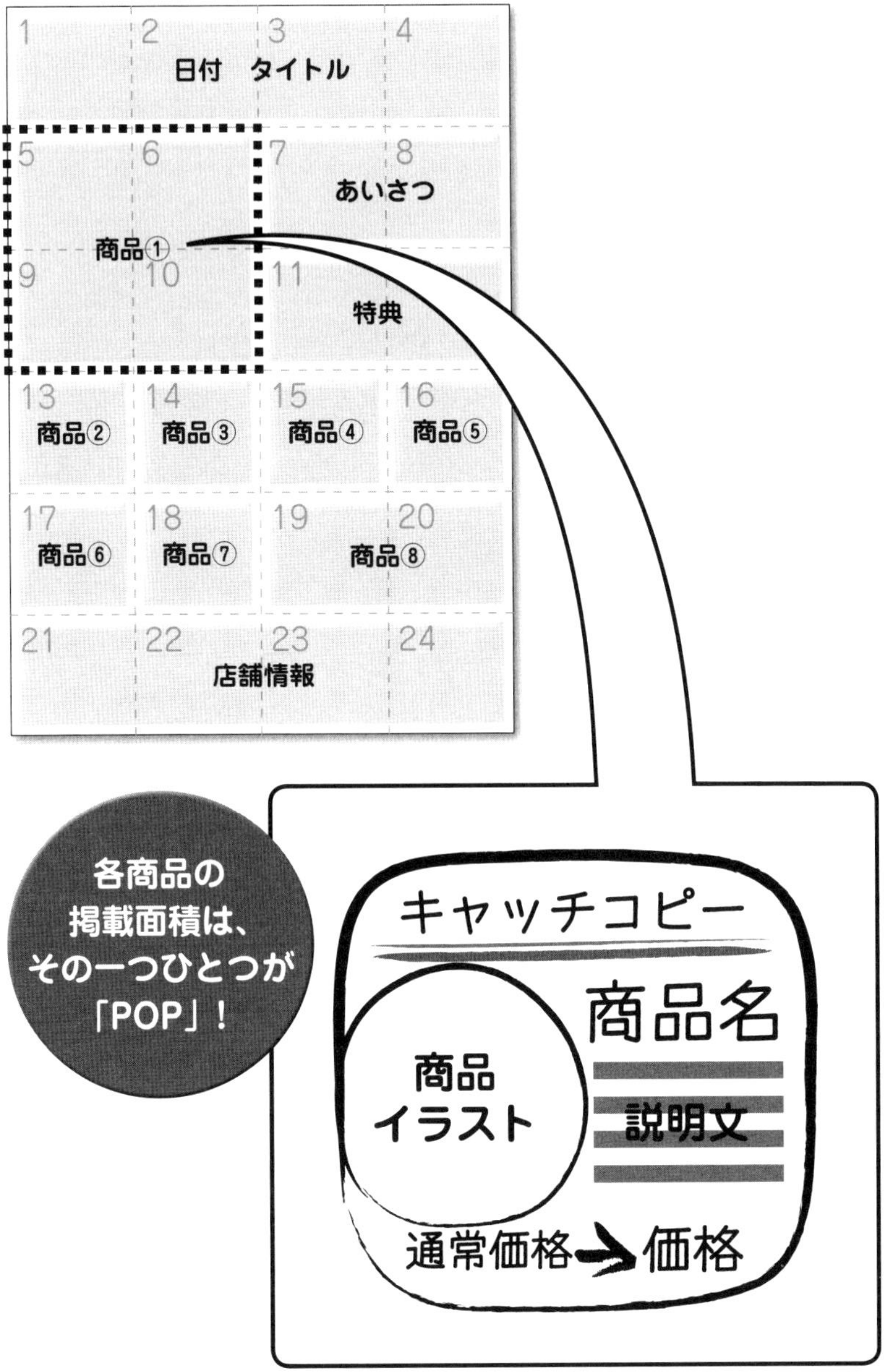
1
2
3
4
日付　タイトル
5
6
7
8
あいさつ
商品①
9
10
11
特典
13
14
15
16
商品②
商品③
商品④
商品⑤
17
18
19
20
商品⑥
商品⑦
商品⑧
21
22
23
24
店舗情報
各商品の
掲載面積は、
その一つひとつが
「POP」！
キャッチコピー
商品名
商品
イラスト
説明文
通常価格
価格

1 ● 今だけお得！「時間的限定感」
2 ● あなたの地区だけ！「場所的限定感」
3 ● 並んででも買いたい！「数量的限定感」
4 ●「一番」を訴求する
5 ●「新しいもの」はみんな好き！
6 ● 感謝の気持ちをそのままに

6章

読ませて買わせるキャッチコピーのルール

1 今だけお得！「時間的限定感」

「今日行かなくちゃ！」と思わせるチラシ

集客力のあるチラシの最も代表的な例は、開催日時を限定したセールの告知用チラシといえます。

チラシは、配布日から遠ざかるほど情報の鮮度が落ちるため効果が薄くなっていきます。つまり、どのような**チラシでも配布当日・翌日が最も効果が高くなる**のです。

チラシを見たお客様が「今日行かなくちゃ！」と思わなければそのチラシは忘れ去られてしまいます。そのために、チラシ有効期間を数日間だけに限定し、チラシに明記しておく必要があります。

チラシの効果、そして制作・配布費用を同時に考えると、チラシの有効期間は３日〜10日間がよいでしょう。チラシにかけた費用の３倍以上の売上がなければ利益は出ません。チラシ費用は決して安くありませんから、チラシによる集客効果は可能な限り長く設定するほうがよいのです。そして、チラシの期間は必ず目立つ場所、特にチラシの最上部で訴求します。

■**1月1日（金）・2日（土）・3日（日）**

3日間限定　各日朝9時より

■**ゴールデンウイーク特別号！**

有効期間：4月29日から5月5日まで

などのように、開催の日付や期間、そのときの季節感を表わす言葉などをつけ加えておくと、より時間的限定感を訴求することが可能です。

日時はできる限り明確なほうがよいため、日数が長い場合は別ですが、「1月1日（金）〜3日（日）」のように「〜」で結ばず、「1月1日（金）・2日（土）・3日（日）」とすべての日を記すことで「3日間限定」であることの訴求力が増します。また、チラシ全体の有効期間だけでなく、商品ごとに日時を区切りお買い得を訴求することもよいでしょう。スーパーのチラシで見かける「5月3日限り」などの文字訴求です。日替わり商品、タイムセールも「時間的限定感」の訴求になります。

お客様にとって「限定感」は魅力が高い要素です。後述する「場所的限定感」や「数量的限定感」も同時に訴求することで、集客効果を高めることが可能です。

期間限定で集客するチラシ

第2回
が建てた家を実際に見に来てください！この家を建てたお客様の声を実際に聞きに来てください！
市限定 新築物件完成見学会&リフォーム相談会
11/23(祝)日
11/26(土)日
11/27(日)日
3日間開催!!
新築物件の完成見学会ってなぁに??
このような方、ぜひご来場ください！
1、私も家を建てたい！とお考えの方
2、家を建てた方の声を聞きたい方
3、どんな家かしら？と興味をお持ちの方
4、手抜き工事とかないの？と不安をお持ちの方
5、の本当の姿を知りたい方
特典1 ご来場のお客様全員もれなく！
焼そば
揚げたて！天ぷら
屋台の味！やきそば
プレゼント
特典2 見積りご依頼のお客様に
大抽選会
特賞 1本 グァム旅行3泊4日
1等 2本 温泉旅館宿泊券 1泊2日
2等 5本
3等 パーティーセット
ハズレ ポータブルチェアー
特典3 ご来場のお子さまにもれなく！
お菓子 つかみどり
風船 プレゼント
ウワー！♪
こんな家ができあがりました。
新築・リフォーム相談コーナー開設！
キッチン
リビング
工事の様子
施主様のお声をいただきました！
場所はココ
お客様の実際のお宅ですので詳しい住所は記載しておりません。
現場見学会会場
主催
お問い合わせ
0120-

チラシで集客するには、イベントの日程を3日間程度に絞ることが最も効果的。日付は「○日～○日」などと略さず、曜日も含めすべての日程を書きましょう。

2 あなたの地区だけ！「場所的限定感」

クチコミも狙えるキャッチコピー

一般的にチラシは、一度に広い地域に配布されることが多いのが特徴です。そのため**「自分の家だけに届いた特別な内容」**と思うことはまずありません。

また、チラシの印刷コストをできる限りおさえるために、同じ内容で2〜3回配布できる枚数を一度に印刷し、折り込みのタイミングだけをずらして配布する店も多くあります。つまり、お客様の元に同じ内容のチラシが数回届くことがあるのです。するとお客様はチラシを特別な案内とは思わなくなり、次第に真剣に目を通さなくなってしまうのです。これが近年、どの業界でもチラシの反響が下がっている原因のひとつだと思われます。

お客様に注目していただくための手法として、**チラシの配布地域をごくごく狭い場所だけに限定し、その上で配布エリアをチラシにも明記してしまう方法**があります。例えば左ページの例では、「近隣の約2000世帯のみへのご案内です！　スタッフ手配りのため遠方には配布していません」と明記することで、チラシを見たお客様に**「特別感」**を与えています。

どのお客様も、店から2000軒がどこまでの範囲なのかはわかりません。しかし、地域限定で配布されていること、遠方には届いていないことがわかるだけで十分なのです。人間には親しい人との間に**「情報共有」**をしたい性質があります。このような配布エリアを限定したチラシが自分の家に届いた時点で、「お友達の家にも届いているかしら？　教えてあげよう」という意識が自然と働きます。すると、枚数が少ないチラシでも意外にも効果が高くなるのです。

チラシの冒頭、できるだけ上部に

■近隣の○○地域だけに配布しています
■店から徒歩約○分圏内の地域に配布しています
■スタッフ自ら配布しているため、店舗近隣にしか配布しておりません

などのキャッチコピーをつけるとよいでしょう。さらに、「遠方には配布していません。お友達にぜひ教えてあげてください」の一文も加えておきましょう。

地域のお客様だけに特別に配るチラシ

近隣の約2,000世帯様のみへのご案内です！
ぷらむのスタッフ手配りのため、遠方には配布していません。
3日間限定
3/19・20・21
(金) (土) (祝)
地域のみなさまへ
春の還元祭!!
人気商品を特別価格でご奉仕！
人気No.1
やわらか〜い!
まんまるラウンド
〜プレーン〜
限定50本
食パン生地に生クリームを加えた、しっとり甘いふわふわ食パン。バターやマーガリンはぬらず、是非そのまま食べてみて！
おひとり2本まで
1本(約28cm) 通常340円⇒280円
1/2本 通常170円⇒140円
天然酵母
限定100斤
石窯工房食パン
化学物質を使わない天然酵母の食パン。じっくり発酵させ、生クリームと練乳を混ぜ、しっとり焼き上げました！
1斤 通常250円⇒200円
20% OFF
フレッシュトマトサンド
チーズ風味のパンでサンド！
通常270円→240円
ブラックペッパーがきいたマヨネーズがのってます
ぐるぐるソーセージ
お子様にも大人気！
通常165円→140円
窯出し さくさくメロンパン
通常130円のところ
約30%OFF
90円
外側がサクサクッ！としたビスケット生地が特徴です！
くるみパン
通常130円→100円
石窯焼き
手包みクリームパン
バニラビーンズ入りの自家製カスタードがたっぷり！
通常130円⇒100円
揚げたてが美味しい!!
カレーパン
やわらかく煮込んだ牛肉がゴロゴロ入ったカレーパンです
通常140円→110円
きなこモッチーズ
外はカリッ、中はもちっ！と新食感
通常60円→50円
いつでも焼きたて！石窯で焼く手作りパンの店
石窯パン工房
ぷらむ
島原市湊町56-1
(OKホームセンターさん裏)
TEL：0957-65-0640
9:00〜19:00
月曜日定休
県立島原病院
OKホームセンター
駅 島原外港
ココ★
R251
至有明
至深江
ターミナル

チラシの左上に「近隣の2000世帯にのみ配布」と書くことで、チラシを見たお客様が「もしかしたら友達の家には入っていないかも！」と思ってクチコミしてくれる効果もあります。

3 並んでも買いたい！「数量的限定感」

品切れするのは当たり前?!

代表的な限定感の演出に「数量的限定感」があります。チラシに掲載されている商品ごとに、具体的な数字を使って「３００個限定」「お一人様につき3個まで」などと表現しているものがこれにあたります。

チラシで集客した場合、予想以上に集客できたことで、十分に用意していても商品が足りなくなってしまうことがあります。いい換えれば、個数の制限がなく無限に販売できる商品はこの世にはほとんど存在しませんから、チラシでは「数量的限定感」を演出しておくべきだと私は考えています。

ただし、すべての商品に対して「１００個限定」「３００個限定」などと大きく訴求しては、商品ごとの魅力が薄れてしまう可能性があります。十分に用意できる商品に関しては、チラシの下部で小さく「十分な数をご用意しておりますが、万一品切れの際はご容赦ください」の一文を加えておけばよいでしょう。

目玉になる商品ほどチラシの上部に配置し、数量が限定であることも大きく明記するとメリハリがついたレイアウトになります。

この「数量的限定感」は、チラシ上では文章ではなくマークとして表現するのが好ましいでしょう。丸や四角で囲んだり、吹き出しで加えることで、より目立つようになります。

「限定」を組み合わせれば、より来店したくなる！

さらに、**「時間的限定感」や「場所的限定感」との組み合わせ**により、訴求力を高めることも可能です。例えば、

■ **1月1日（金）限り・１００個限定**

■ **５００枚限定！　県内では当店だけの販売が実現！**

などになります。

以上のように、お客様が店に行きたくなる限定感は大きく3つ（時間・場所・数量）に分かれています。商品特性に合うものを上手に選びながらキャッチコピーにすることが大切です。

「1日200個数量限定」が買いたくさせる！

サンタのいるケーキ屋さん
11/27（金）28（土）29（日）
3日間限定
石巻本店・仙台泉本店・石巻中里店開催
朝9:30開店
大創業祭開催
缶バッジ引換券
世界にたったひとつだけ！
お子様の顔写真バッジ
その場で作って プレゼント
1日計200コ数量限定
のスタッフも驚きました！こんなチーズケーキはじめて!!
実演販売
半生とろける焼チーズケーキ
宮城県色麻町の卵と、パティシエの腕でとても有名なフランス産クリームチーズを使用した濃厚でとろける感覚の焼チーズケーキです。
通常840円（税込）のところ
半額！
420円
1日 計200個だけの限定販売
1回目 10:30より先着100個 9:30に整理券を配布いたします
2回目 14:00より先着100個 13:00に整理券を配布いたします
※石巻中里店では販売しておりません
ごあいさつ
はこの度、石巻店が16周年、仙台店が5周年を迎える事ができました。
これもひとえに、多方面から に足を運んでくださるお客様のお陰だと感謝いたしております。
日々研究の毎日ですが、新製品を作り出す度に、お客様からのたくさんの嬉しいお言葉をいただき、その喜びを生き甲斐に今日まで走り続けて参りました。
近年はアップルポテトの他に「クマの手シューラスク」「とろけるクッキー」を の代表商品にご支持いただいた事は大変嬉しく、パティシエ冥利につきる幸せを実感しております。
今後も世界中に目を向け、お客様に喜んでいただける作品を発表していきたいと考えております。
サンタのいるケーキ屋さん
チラシ期間中、 （ 店・ 店・ 店）にて1回のお買い物で1,500円以上お買い上げいただいたお客様に500円金券を進呈いたします
今話題のスプーンで食べるロールケーキ
大創業祭限定商品
今全国でも話題になっている、生クリームたっぷりのロールケーキを特別に作りました！スプーンで食べてください！
ムッシュのプレミアムロール
ご好評をいただければ定番商品にします！
1カット 158円
片手では持てない！
なんと21cm!!
限定 各店50コ
びっくりオムレット
人気の「バナナのオムレット」がおっきくなって登場！長さ21cm、片手では持てないボリュームです！
大創業祭限定価格
通常1,500円のところ 1,200円
石巻本店で人気！
石巻本店で人気！バターの風味豊かな、ふわふわしっとり食感がやみつきになります。
マドレーヌ
3個入袋
通常441円のところ 390円
目玉商品
アノ鳩●総理のお気に入り！
クマの手シューラスク
2009年6月21日、総裁選を戦うため仙台遊説された、現・鳩●由紀夫氏が部下の方にわざわざ買いに走らせたという逸品！
クマの手シューラスク プレーンとショコラのセット
大創業祭限定価格
通常720円のところ 600円
インターネット通販サイト「楽天市場」のスイートポテト部門で全国1位
アップルポテト
全国一位を獲得しました！
ビスケット
アップル
スイートポテト
スポンジ
ビスケット
セブンイレブンさんのカタログ販売で人気に火がついた のアップルポテトがなんと全国1位を獲得！
青森産と岩手産のりんご2個分も入った、ずっしり重いパイです！
通常945円のところ 800円
ご注意くださいませ
&夢福太郎庵
大創業祭 特別企画 トラベルプレゼントキャンペーン
特賞 北海道フリープラン3日間の旅 2名様
他にも昼食付特選バスツアーなど総勢200名様以上に当たるチャンス！

特別割引をする商品の中には、売れば売るほど赤字になる商品も。その場合は販売個数を限定しましょう。店前に行列ができることで集客効果も高まります。

4 「一番」を訴求する

チラシでもPOPでも接客トークでも、お客様に対して最もわかりやすく、訴求力も高いキャッチコピーが「一番」です。

ナンバーワン

「当店一番人気」「売上第1位」などで使う際の「一番」です。ほとんどのお客様は、買い物で失敗したくないという気持ちがあるため、「一番人気」と聞くことで安心感を覚え、商品を買いやすくなるのです。特に新規客向けの販促であるチラシでは、これまで来店したことがないお客様も見る可能性が高いため、「ナンバーワン」と明記しておくことで集客アップ・買上率アップにつながりやすくなります。

オンリーワン

「唯一」を訴求できるならば、二番目がいないことになりますから、自ずと「一番」になりますが、チラシで使用する場合は、**「この地域では唯一当店だけが入荷！」「現品限り！」**などで使用します。限定感も訴求することができるため、キャッチコピーとしてとても有効です。

ファーストワン

「元祖」という意味で使用します。いわゆる「流行りモノ」商品の場合は特に、元祖となる商品に人気が集まりやすい傾向にあります。**「日本初！」「九州初！」**などのキャッチコピーや、「元祖」と書いたマークを入れるだけでも訴求力はバツグンにあります。

これらはみな「一番」だからこそ訴求力があります。二番以降では訴求力はほとんどありません。二番以降の商品を訴求したい場合は、表現を少し変える必要があります。例えば、「全国〇〇コンテスト第3位」の商品を訴求したい場合、「3位」では訴求力がないため、これを「全国TOP3に入賞!!」と表現を変えるのです。こうすることで、お客様の意識には「3位」という言葉よりも、「全国TOP」という言葉のほうが残るため訴求力が保てるのです。

どんなに小さなことでもかまいませんので、「一番」と訴求できる内容にはこのキャッチコピーを使用しましょう。

「自店だけ」がやっていることを打ち出そう

ロコミNO.1
整体・カイロプラクティック・マッサージ部門
ロコミランキング エキテン
連続1位獲得中!!
皆様ありがとうございます。
どこに行っても治らない、肩・腰の痛み…
根本から改善
痛くない整体なんです。
肩がこる・腰が重い・姿勢が悪い…
こんな悩みのお母さんへ
「家事をすると、肩・腰が痛い」「背中の丸まりが気になる」というお母さん。私は、わくわく治療院の健康担当
本郷たつやと申します。
毎日の家事、本当にお疲れさまです。体が辛い時、疲れる人はいますか？仕事に追われ、家事に追われ、子育てに追われ、ひとりで頑張りすぎていませんか？
これからは、もう少し、健康に目を向けましょう!!
お母さんの代わりは誰もいません。
頑張るお母さんを応援します!
体らくらく健康コース
次の5つの悩みのうち、なくしたいものはどれですか？
□3ヶ月以上、腰痛に悩んでいる。
□首から肩がコリがとれない。
□猫背・姿勢の悪さが気になる。
□目の奥が重く、頻繁に頭痛がする。
□朝起きても疲れが取れず、体がだるい。
あきらめないで!あなたのそのツライ痛み私にお任せ下さい!
当院の施術はあなたの体に合わせた完全オーダーメイド。
ただの整体と思ったら大間違いですよ♪
施術後のスッキリ感は、受けてみてのお楽しみです
94%の人がたった1回で変化を体感する整体とは？
他の整体院との圧倒的な3つの違い!!
●特徴その1 "筋肉・筋膜へのアプローチ"
体を歪んだ状態に固めている筋肉・筋膜にシカリとアプローチ。施術効果が長持ちします。
●特徴その2 "手技のみの施術"
微妙な体の変化を感じ取る必要があるため、最初から最後まで全て手技のみの施術です。"グチャン"と音がするベッドや電気のビリビリは使用しません。
●特徴その3 "姿勢"にこだわる根本療法
今までのマッサージ・整体で痛みが取れなかったのは、"痛み"を引き起こす"原因"にアプローチしていなかったから。姿勢を整えれば、"痛み"は出ません。

その痛み、良くなったら、何がしたいですか？

喜びの声をご紹介します!!
◎体らくらく健康コース ¥4,500
◎輪郭スッキリ!若返り小顔コース
◎骨盤＆下半身矯正コース ¥4,500
◎骨盤矯正メリハリダイエットコース 通常¥21,500 ¥4,500
わくわく治療院
キレイに!元気に!!もっとわくわく!!!
受付時間 当院は完全予約制です。
平日:午前9:00～1:00 午後3:00～7:00
土日:午前9:00～1:00 午後3:00～5:00
休診日 火曜・祝日
今すぐお電話下さい!!
366-5625

「一番」と明言できることは堂々と伝えよう！キャッチコピーを大きく目立つように書くことでお客様の目にも留まりやすくなります。

5 「新しいもの」はみんな好き！

新商品発売日にチラシを打とう

どのような業界でも新商品に対するお客様の反響は高いものです。チラシでも新商品を積極的に掲載し、「新商品」「新発売」などと明記すると、さらに売上アップにつながりやすくなります。特に、チラシ期間の初日からの発売にすると効果的です。

「新商品」や「新発売」という言葉は、このたった3文字で意味を伝えることができます。キャッチコピーに使用する際は、キャッチコピーの文中に紛れ込ませてしまうよりも、この3文字だけを四角で囲み、「マーク化」するほうが目立ちます。

マーク化する方法として次のようなものがあります。

- **「新商品」の文字を四角で囲む**（角はとがらせずに丸くするとよい）
- **丸や楕円を描き、その中に「新商品」などの文字を入れる**（この場合は文字を先に書くよりも、円を先に書くほうが、配置が容易）
- **リボンやタグなどのイラスト線画を描き、その中に「新商品」などの文字を書く**

マーク化せずに文字だけを書くと、商品名や商品説明文と同化してしまう可能性があり、目立たなくなってしまいます。マークにしない場合は背景色をつけるなどの工夫をしましょう。

短いキャッチコピーで伝える必要性

キャッチコピーとは、どのような商品かをひと言でわかりやすく説明する文章です。**人間が一瞬で理解し、判断できる文字数の限界が「24文字」**といわれていますので、できる限り24文字以内の短い文章にする必要があります。そのキャッチコピーの中に「新商品」の文字を使いたい場合は、「本日より新発売！」や「春の新商品が登場します！」「今日から新しいメニューが始まります」など、発売日が限定できるような文句を含めて書くと、時間的な限定感も演出できるため効果的です。

先述のとおり、新商品はどの業種でも効果的なキャッチコピーになります。しかし、チラシの全部が「新商品」にならないように注意しましょう。

新しいメニューをお知らせしよう

●クーポン券●
ランチメニュー ¥300引き
2004年9月18日(土)～9月24日(金)
パスタランチ¥1,500→¥1,200
パスタとさかなのランチ パスタとにくのランチ¥2,500→¥2,200
•1枚につき4名様まで有効 •他のクーポン等との併用はできません。
●クーポン券●
ランチメニュー ¥300引き
2004年9月25日(土)～9月30日(木)
パスタランチ¥1,500→¥1,200
パスタとさかなのランチ パスタとにくのランチ¥2,500→¥2,200
•1枚につき4名様まで有効 •他のクーポン等との併用はできません。
●クーポン券●
いたれりつくせりディナーコース ¥500引き
2004年9月25日(土)～9月30日(木)
¥3,300→¥2,800
•1枚につき4名様まで有効 •他のクーポン等との併用はできません。
具いっぱいパスタと手作りデザートの店
のメニューが変わりました
手作りと旬お届けします!
営業時間
ランチ／11:30～14:00
ディナー／17:30～22:00
定休日:水曜日
泉北高速鉄道
和泉中央
エコール和泉
和泉局
石尾中
阪和自動車道
桃山学院大学
駐車場7台
ご試食期間
9/18(土)～9/30(木) ランチ 300円引き
9/25(土)～9/30(木) いたれりつくせりディナーコース 500円引き
しかも+ご来店のお客様にもれなく お食事券1000円分 使用期間 10/1(金)～11/30(火) をプレゼントさせていただきます。
チラシ上部の ●クーポン券● をお持ちになってぜひ、にお越しください!
具だくさん パスタランチ ¥1,500(税込)
●お好きなパスタ5種類またはピッツァ1種類より1品
●前菜3種類より1品
●手作りデザート3種盛り合わせ
●コーヒーまたは紅茶
具だくさん パスタとさかなランチ ¥2,500(税込)
●前菜3種類より1品
●お好きなパスタ5種類またはピッツァ1種類より1品
●魚料理(紀州沖の魚のグリル)
●手作りデザート3種盛り合わせ
●コーヒーまたは紅茶
具だくさん パスタとにくランチ ¥2,500(税込)
●前菜3種類より1品
●お好きなパスタ5種類またはピッツァ1種類より1品
●肉料理(宮崎産和牛フィレステーキ・50g)
●手作りデザート3種盛り合わせ
●コーヒーまたは紅茶
お好きなパスタまたはピッツァをお選びください
シェフおすすめ
おすすめ
生クリームたっぷりカルボナーラスパゲッティ
ミートソースのスパゲッティボロネーズ
•なすとベーコンのトマトソースのスパゲッティ
•たっぷりニンニクとタカの爪のスパゲッティ
•アサリの白ワイン風味スパゲッティ ボンゴレ・ビアンコ
•アサリのトマトソーススパゲッティ ボンゴレ・ロッソ
•モッツァレラチーズのバジリコトマトソースピッツァ マルゲリータ
•バジリコソースのピッツァジェノベーゼ
2500円コースのみ
魚料理または肉料理をお選びください
•紀州沖で獲れたピチピチ新鮮なお魚を使用しております。
•魚の種類はスタッフよりご案内いたします。
•宮崎産の牛を使用しております。
•日本人の味覚に合わせ、味噌ベースのまろやかな味に仕上げました。
紀州沖の魚のグリル
宮崎産和牛フィレのステーキ(50g)
※100gはプラス1000円になります。
おすすめ いたれりつくせりディナーコース ¥3,300(税込)
あなたのお好きなものを組み合わせてオリジナルコースを味わっていただけます。
●前菜5種よりお好きなもの1品
●本日のスープ
●今月のパスタ・ピッツァ8種よりお好きなもの1品
●魚料理4種よりお好きなもの1品
●肉料理6種よりお好きなもの1品
●デザート3種盛り合わせ
●コーヒーまたは紅茶
だから、おいしい!

•パスタはいつも茹でたて、具いっぱいで提供いたします。

•魚貝類は泉州沖でとれたピチピチ新鮮なものと、朝市で仕入れた新鮮で旬の魚を使用します。

•私たちはいつでも、自分たちが食べて美味しいと感じるものしかお出ししません!

•料理は元有名ホテルで働いていたシェフが責任をもってお作りします。

•デザートはいつも手作り、のパティシエがお作りします。

•ワイン大好きな女性スタッフが自ら研究して作るオリジナルカクテル。お客様のお好みに合わせてあなただけのカクテルをお届けします。

いつもご来店頂いているみなさまへ
店長

チラシタイトル上の「メニューが変わりました」の一文により、新商品であることを告知。体験意欲を高める効果があります。

6 感謝の気持ちをそのままに

チラシで思いを伝えよう

商品ごとのキャッチコピーだけでなく、チラシ全体のキャッチコピーとして**「感謝の言葉」**を載せることはとても効果的です。

私がチラシを書く際には必ず「挨拶文」を入れています。「チラシ」と聞くとそれだけで安売りを思い浮かべる方も多いとは思いますが、チラシは店にとって情報を広く伝える営業マンであり、商品のよさを伝える接客スタッフであり、お客様を店に引き寄せるラブレターでもあるのです。

つまり、1枚のチラシには店の思いがこもっているのです。そのため必ずチラシ上では、簡単にでもかまわないので挨拶文を入れることが必要なのです。

例えば、創業祭を開催する際には「創業祭」や「5周年祭」などのタイトルをつけることが多いと思います。

この場合、「創業感謝祭」や「5周年感謝！　還元祭」などと、感謝の気持ちが伝わるタイトルにしていきます。

その上で、なぜ感謝しているのかが伝わる挨拶文をきちんと書くことで、チラシを見るお客様に思いを伝えることができるのです。

そして、タイトルの前に枕詞として以下のようなキャッチコピーを加えましょう。

- **おかげさまで創業60年を迎えることができました！**
- **日頃の感謝の気持ちで地元の皆様に還元させていただきます！**
- **1年の感謝の気持ちを込め、近隣の皆様だけにお買い得情報をお届けします！**

感謝の気持ちは大義名分にもなる

これらのキャッチコピーは当然のことながら、タイトルの字よりも小さくなってしまいます。しかし、お客様によっては、細かいところまでご覧になっています。その感謝の気持ちは必ず伝わりますし、チラシの大義名分ともなります。

どのようなチラシでも必ず挨拶文を書き、タイトル上にもチラシ全体のキャッチコピーとなる感謝の気持ちを書くことをおすすめします。

地域で１年半という月日に対して思いを述べる

チラシ期間
10/11(火)〜16(日)
6日間有効 各日あさ9時より
いとうづの森公園近くのケーキ屋"お菓子のリーフ"より・おいしくて笑顔になれるスイーツをお届け!
秋のおいしさお届けします
お菓子のリーフ
Leaf
栗に芋にかぼちゃ…秋は実りの季節です。旬のおいしさをご賞味下さい!
全国第1位獲得の人気品に 秋だけの限定味が登場!!
秋限定
秋限定
和栗の生チョコサンド
熊本県産の和栗をクリーム状に練り込んだチョコクリームと、渋皮付の栗を刻んで入れたスポンジケーキのスイーツサンド。見た目以上のボリューム感に心も満足することマチガイなし!
1日50個だけの限定販売
定番：生チョコサンドの新しい仲間です
生チョコサンドとは、リーフの人気商品で全国で20万個売れている行列スイーツ。本場ベルギー産チョコを贅沢に使っています
秋季限定
和栗の生チョコサンド 1個294円
ごあいさつ
こんにちは！お菓子のリーフ、パティシエのえぐちです。1994年に生まれ、今の地に移転してから1年半が経とうとしています。私たちリーフは、お菓子を通じてひとりでも多くの人を笑顔にしたい！という想いで毎日ケーキや焼菓子をつくっております。今回は秋の味覚をたのしむお菓子を揃えてみました。ご来店をお待ちしています!!
サクサク生地の
自家製マロンパイ
栗をまるごと包みました
渋皮付きの和栗をまるごと1粒、サクサクのパイ生地で包みました。
秋の味覚代表、栗をたのしんで!
1個 252円
10/11(火)〜16(日) 6日間限り
毎日何かがお得なカレンダー
10/11(火) 限り
ひとつずつ小分けになったふんわりカステラ
ありがとうカステラ
通常1個 158円
24%OFF 120円
10/12(水) 限り
食べたらみんなニコニコ!
生スフレスマイルの
お手軽タイプのチーズスフレケーキ。半解凍で食べてもシャリシャリ感がおいしい!
通常1個 210円
約15%OFF 180円
10/13(木) 限り
夏に初登場してから人気急上昇中!
食感をたのしい!
チーズブリュレ 通常1個 231円 200円
濃厚チーズケーキの表面に、焦がしカラメルをのせブリュレ風に仕上げました。
10/14(金) 限り
昔なつかしのレモンケーキです。
通常1個 189円 → 150円!
いいことしいっぱいレモン
10/15(土) 2日間限り
/16(日) 2日間限り
当店1番人気のスイーツサンド!
全国第1位の行列スイーツ
元祖 生チョコサンド
半解凍でおいしく!!
本場ベルギー産チョコレートを使用したチョコレートクリーム入りのスポンジサンド。甘すぎないので男性にも人気です!
通常1個 252円 → 200円!!
秋の味覚をたのしむ生ケーキ類も揃います!
さつまいものティラミス
おいもの自然な甘みと絶妙に合うほろ苦さ!
399円
かぼちゃのプリン
帽子に見たてたクリーム&チョコ
ハロウィンの陶器入り
399円
カットしたロールケーキの断面を上にしてモンブラン風に仕上げています
栗入り生クリーム
うずまきモンブランのプレミアムロール
210円
上到津4丁目交差点、いとうづの森公園近くのケーキ屋さん
お菓子のリーフ
Established 1994
Leaf
「笑顔をプロデュース!」が合言葉です!
北九州市八幡東区昭和3-1-23
9:00〜19:00営業・月曜定休
TEL
お気軽にお問合せ下さい!
093-654-6767
MAP
ココ!!
上到津4丁目交差点を曲がる
県道296
スーパーレッドキャベツさん

手書きチラシの場合は、書いている本人が挨拶文を綴ることで、より臨場感が伝わります。お客様にラブレターを書いているつもりで挨拶文を書きましょう。

1 ● チラシのイラスト挿入のルール
2 ● モノクロチラシでのイラスト色づけ法
3 ● カラーチラシでのイラスト色づけ法
4 ● 写真を使用した手書きチラシ

7章

手書きイラストのルール

1 チラシのイラスト挿入のルール

効果的なイラストの配置

手書きでもパソコン使用時でも、チラシには必ずイラストや写真が必要です。大きな紙面の中に文字情報ばかりが並ぶと、メリハリがつきにくいですし、お客様に商品のイメージをわかせやすくすることで購買意欲をかき立てる効果があるためです。

チラシには多くの商品が掲載されますが、**基本的にはどの商品にもイラストや写真があることが望ましい**といえます。手書きチラシの場合は写真よりもイラストにすることで、**より温かみのあるチラシ**に仕上げることができます。

各商品の紹介面は、その一つひとつがPOPと同じです。各面積の4分の1程度をイラストにします。イラストは上部に入れても下部に入れてもかまいませんが、イラストの挿入場所はチラシ全体のバランスを見てから行なうとよいでしょう。

例えば、チラシに載せるすべての商品について、各紹介面の右下にイラストを統一して挿入すればレイアウトが単一化するため、多くの商品が掲載されている場合でも見やすくなります。チラシ1面に30アイテム以上載せる場合には、手書きチラシのイラストを各面の同じ場所に統一して入れるとよいでしょう。

逆に、チラシ1面に10アイテム以下しか商品を掲載しない場合、各商品の紹介面のレイアウトを統一するとスッキリし過ぎるため、より商品の品揃えが少なく感じてしまうことがあります。この場合には、商品ごとにイラスト挿入の位置を変え、さまざまなレイアウトで載せて賑やかにすることをおすすめします。その場合の注意点は以下のとおりです。

- **イラストが3つ以上かたまらないように**
- **チラシ全体を見たとき、チラシの中央にイラストがかたまらないように**
- **チラシ全体を見たとき、チラシの両端にイラストがかたまらないように**

このように配置するとバランスもよく、また品揃えの豊富さも訴求できる手書きチラシになります。

イラストはレイアウトが決め手

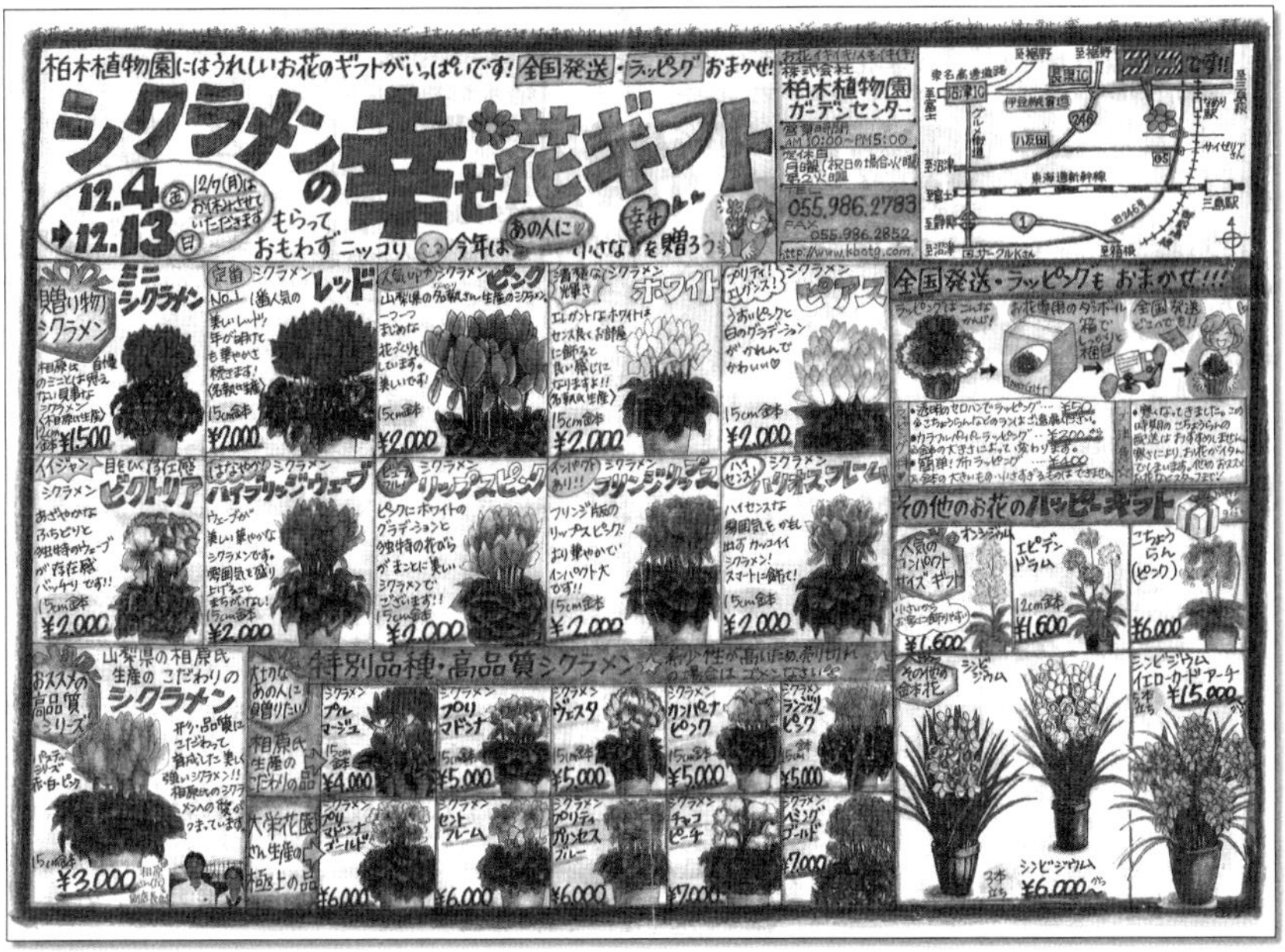
柏木植物園にはうれしいお花のギフトがいっぱいです! 全国発送・ラッピングおまかせ!
シクラメンの幸せ花ギフト
12.4(金)→12.13(日)
12/7(月)はお休みさせていただきます
もらっておもわずニッコリ 今年はあの人に小さな幸せを贈ろう
株式会社 柏木植物園 ガーデンセンター
営業時間 AM10:00～PM5:00
定休日 月曜(祝日の場合火曜) 第2火曜
TEL 055.986.2783
FAX 055.986.2852
全国発送・ラッピングもおまかせ!!!
その他のお花のハッピーギフト
特別品種・高品質シクラメン

各商品名とイラストの配置方法をすべて統一したチラシ。商品数が多い場合にはこのように配置を統一することで、より見やすくなります。

2 モノクロチラシでのイラスト色づけ法

陰影をつけて表現する

モノクロチラシの場合のイラストは、濃淡だけで表現する必要があるため、難易度が高くなります。また、印刷によっては薄い色が出ないことも多いため、鉛筆画だけにするのはやめましょう。**必ずボールペンや細い筆ペンで輪郭をとり、影をつけていきましょう。**

基本的には、光が当たっている部分は白色のまま色をつけず、影になる部分にグレーのペンやスクリーントーンを使用して色づけします。影を上手につける方法は美術の専門知識になるためここで説明はできませんが、イラストを描くときには、皆様の目の前に商品があるはずですから、卓上ランプなどを商品に当て、どこに影ができるのかを見ながら描くとよいでしょう。

初級者の方は、まずイラストの線画をボールペンか細めの黒い筆で描き、その線を「うす墨」やグレーの筆ペンでなぞります。そして、商品ごとの枠の中で右側に位置する商品の場合は各イラストの右下を、左側に位置する商品は左下を他の部分よりも少し太めになぞります。すると、イラストの横に位置する商品名あたりから光が当たっているように影がつき、立体的なチラシを作成することができます。

スクリーントーンで影をつける

上級者向けとして、スクリーントーンの使用をおすすめします。スクリーントーンとは画材店ではごく一般的に販売されているもので、漫画製作の模様づけなどによく用いられます。台紙をつけたままの状態で、線画よりもひとまわり大きめに切り抜き、台紙をはがして線画の上に重ね、平らなものでこすって貼りつけます。粘着力は弱いため、簡単にはがすこともできます。線画からはみ出る部分や、色をつけたくない部分はカッターなどで切り取ります。

スクリーントーンに印刷されている模様は、カッターなどのとがったもので削ると濃淡をつけることができます。光があたっている部分を表現したいとき、文字に重なる部分の模様を薄くしたいときなどは少しずつ削って調整しましょう。

スクリーントーンを活用しよう！

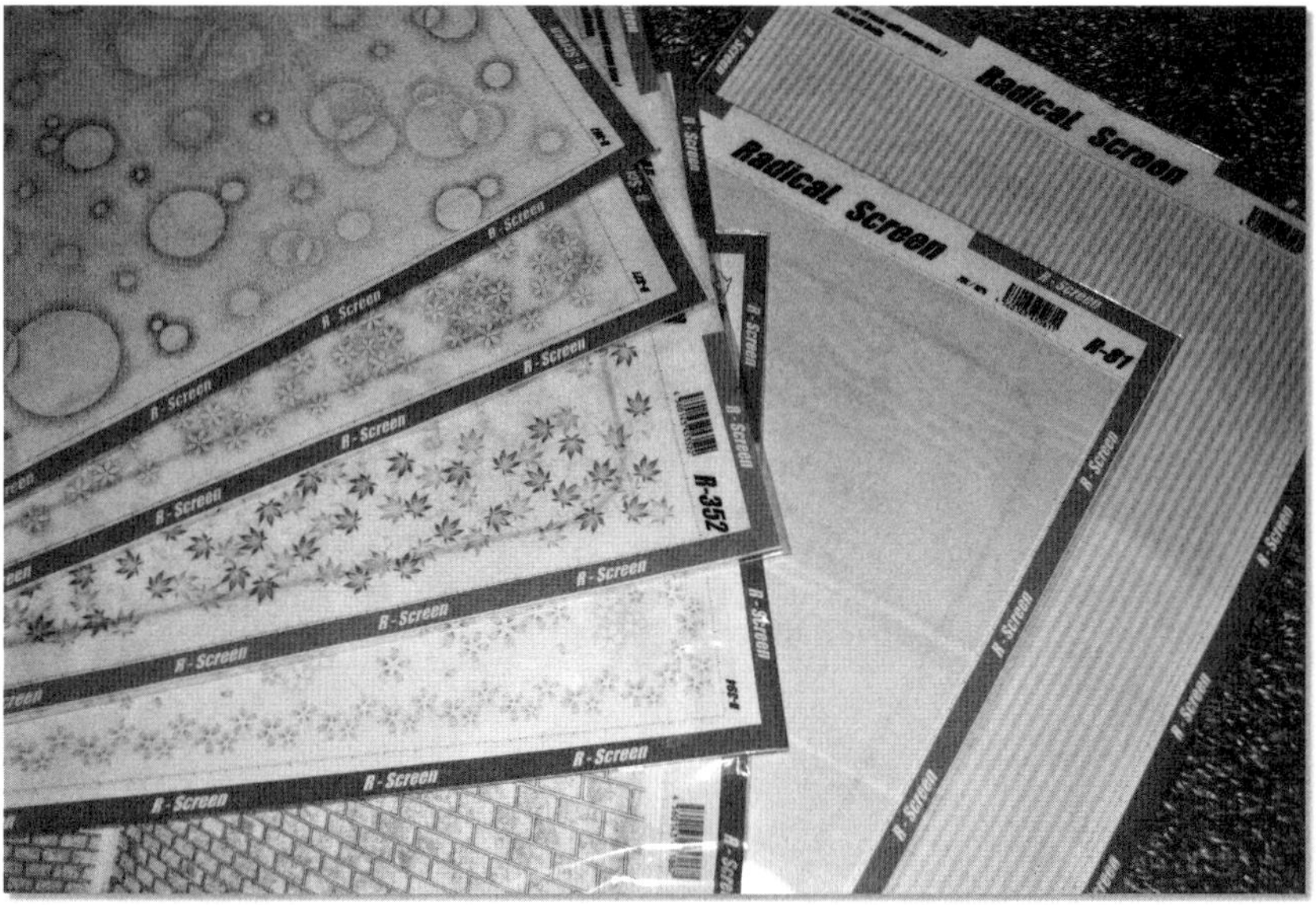

STEP 1

色づけ・模様づけしたい部分に裏紙がついたままのスクリーンをのせ、少し大きめにカットします。

STEP 2

カットしたスクリーンの裏紙をはがして貼りたい部分にのせ、軽く押さえてカッターで不要部分をカットします。
粘着力が弱いため、原稿を傷めることはありませんが、カッターで原稿まで切らないように注意します。

STEP 3

不要な部分をはがし、スクリーンの上から裏紙を当てて、平らなもので軽くこすり定着させます。

3 カラーチラシでのイラスト色づけ法

色鉛筆やカラーペンで色をつける場合

パソコンを使わずに、色鉛筆やカラーペンなどでフルカラーの色づけをしたチラシを作成する場合は、印刷会社に印刷が可能かどうかを確認する必要があります（自社でコピーして作成する場合には問題ありません）。

フルカラーの印刷では、文字にも色を使うことができますが、**基本的には文字はすべて黒に統一し、イラストだけに色をつける**ようにすると、チラシとしてまとまりが出て見やすくなります。

文字にも色を使用したい場合は、チラシ1面に使用する**文字の色を3色以内（黒も含む）に留めておく**と、重要な部分が目立ち、メリハリのある見やすいチラシになります。この場合、文字の色は3色以内ですが、イラストには何色使ってもかまいません。塗り絵感覚で楽しみながら色づけしましょう。

手書きとパソコンでフルカラーチラシをつくる

もし、色鉛筆やカラーペンで色づけしたチラシが印刷不可能な場合は、黒1色で描いた手書きチラシにパソコンで色をつける必要があります。フォトショップやイラストレーターなど画像専門のパソコンソフトを使用できる場合は問題ないでしょう。Ｗｉｎｄｏｗｓのワードやパワーポイントを使用する場合には、まず手書きしたチラシを高解像度（４００～６００ｄｐｉ）でスキャンしてから貼りつけ、白い部分を透明色に変更します（旧式のワードやパワーポイントでも可能です。透明色に変更する方法は、各自パソコンの「ヘルプ」ボタンから調べてみてください）。

この作業を行なうことで、文字以外の部分が透けるために、手書きしたデータの下に色を置くことができるのです。専門ソフトを使用しない場合は、イラストの細かな部分まで色づけすることが困難ですから、丸や四角の図形に色づけして枠線を消し、その図形が最背面にくるように配置すれば完成です。

手書きチラシでも、一部パソコンを使用することで完成度の高いものがつくれるようになります。さまざまな手段を使いながら、当たるチラシをつくってみましょう。

文字は基本 3 色、イラストはフルカラーで楽しさを演出

お買い上げいただいたお客様への3大特典
① 創業感謝祭期間中2,000円以上お買い上げで500円金券進呈いたします。
(11／28(月)～12／18(日)までご利用いただけます)
② 創業感謝祭期間中、1,000円以上お買い上げで
オリジナルマグカップ進呈
※各日、各店とも先着200名様とさせていただきます。
③ お楽しみイベント 各日、各店で開催
彩りわたあめ 50円
& 無料ドリンクサービス ・ホットコーヒー ・オレンジジュース
※売り上げを義援金として全額寄付させていただきます。
桑野本店・安積店 2店舗開催
11/26(土)・27(日)
2日間限定 朝10時より開催
創業感謝祭
ごあいさつ
お陰さまで今年も創業感謝祭を開催する運びとなりました。創業22年目を迎え、桑野本店は4周年、安積店は12周年を迎えることが出来ました。これもひとえに日頃ご利用くださる皆様のお陰であると心より感謝を申し上げます。
今般の原発事故以来、私どもは安全・安心を第一に考慮し、お客様と同じ気持ちで食材にこだわり、何より安心して皆様にお召し上がりいただけるお菓子づくりに取り組んでおります。
私たちみんなの思い"ふくしまの復興"へ向けて、はお菓子を通してこれからも元気と笑顔をお届けしてまいります。
シェフオーナー 佐藤 豊喜
創業感謝祭 限定商品
今年も で1番人気の
「磐梯山麓酪乳」がホールケーキになって登場します!
ナチュラルチーズをベースに、薫り高く焼き上げた ならではのオリジナル生チーズケーキです。
磐《ばん》梯《だい》山《さん》麓《ろく》
酪乳《チーズ》
各日各店 100台 限定
お一人様2台まで
5号(直径約15cm)
通常1,365円のところ
1台 880円
で人気の 生ケーキ類5種セット
感謝祭 限定セット
人気のケーキを集めた特別価格のセットです。
・フレーズシャンティ (ショートケーキ)
・モンブラン
・マ・メゾン (Wチョコムース)
・チーズケーキ
・シュークリーム
各日各店 80箱 限定
お一人様2箱まで
5種セット
5種類 通常1,534円のところ 1,200円
2日間限定
栗のクリームシフォン
秋の味覚、栗とメープルを生地に練り込み、まん中に生クリームをしぼった限定シフォンです。
各日各店 70台 限定
770円
フォークで手軽に食べられる!
ベルギー産のチョコレートを使用した生ロールケーキ。復興支援・四季のロールは毎月味が変わります。
復興支援・四季のロール
冬期限定 チョコロール
通常価格189円⇒158円
この商品の売上げの一部を義援金として寄付させていただきます。
がんばろう!福島
かりんとうラスク
今、郡山で人気のお土産になりつつある、黒糖風味のラスクです。
ラスク用に特別に焼いたフランスパンに、バターと黒糖を混ぜ合わせた特製の蜜をかけ、コクのあるやさしい甘みに仕上げました。
新発売
1袋 (2枚入り) 126円
4袋入り 504円
8袋入り 1,050円
福島 新名物
・ロールケーキ各種 20%OFF
桑野本店 限定 豊潤ロール 通常893円→714円
Fロール 通常945円→756円
安積店 限定 生ロール 通常1,102円→882円
・ バウムクーヘン 20%OFF
通常1,155円→924円
本店
Phone.
営業時間 10時～19時
安積店
Phone.
営業時間 10時～19時

イラストの輪郭を黒のボールペンで描き（線画）、それを広告代理店に納品。広告代理店に現物写真も渡し、色づけをしてもらったチラシの例。

4 写真を使用した手書きチラシ

写真も配置バランスが大切

飲食店やサービス業のチラシを除き、小売店では手書きチラシに写真を使用する方法もおすすめです。イラストを描くことに抵抗を感じる方も、写真を上手に使いながら手書きチラシを制作してみましょう。

写真を使用したチラシを制作する場合、**文字を書く前に写真を配置し、その後、空いたスペースに文字を埋めていく**ほうが上手につくることができます。

パソコンでチラシ全体に写真をバランスよく配置し、出力したものに文字を加えていく方法もよいでしょう。しかし、私の場合はパソコンで写真を配置すると、どうも余計に時間がかかってしまうため、まずはチラシに掲載したい商品の画像を出力し、1枚1枚ハサミで切り取ってから貼りつけるという手作業でチラシをつくることが多いのですが、考えながらできるので、こちらもおすすめです。この場合の作成方法をお伝えします。

写真を使用する場合もイラストのときと同様、全体の構成がとても重要です。写真を貼りつける前に仮で配置し、どこに何の商品を掲載するかを決めましょう。次に、チラシの中の枠取りをします。主力になる商品や面積を大きくとった商品の枠は筆ペンで太めに、それ以外の商品はボールペンやサインペンなどを使用し、細めの枠線を書きます。すると、写真を貼る位置も写真の大きさも検討がつきやすくなります。

次に、出力した商品画像データをハサミで切り取ります。このとき、画像ギリギリに切り取るよりも、輪郭から2～3ミリ外側を切っておくと適度な余白ができるため、チラシに掲載したときに見やすくなります。

全商品の画像を貼りつけ終わったら、空いている部分に文字を埋めていきましょう。商品名や価格など大きい文字を先に書いた後、商品説明文をボールペンで埋めていくことをおすすめします。

写真でもイラストでも、**チラシにはできる限り余白がないほうが情報量を多く感じられます**。まずはここで紹介した方法でつくり、慣れてきたら自己流の制作方法を研究してみましょう。

写真が入ったチラシと手書きチラシの合体

たたみ
良い品を良心価格でご提供！ 関川畳商店
茨城県内の畳・襖内装は
愛され続けて80余年…
たたみの関川へ
安心No.1
たたみ替え6帖 一九八〇〇円ヨリ
工賃・配送・材料費全て込
たたみ表替 3,480円〜（帖）
たたみ新調 6,480円〜（帖）
ふすま貼替 <片面> 2,600円〜（枚）
障子貼替 <中障子> 1,400円〜（枚）
クロス貼替 1,250円〜（㎡）
フローリング 5,900円〜（㎡）
自慢できる商品 沖縄ビーグ畳
足触りが違います!!
自宅にいながら沖縄気分！
ビーグとは、畳の有名な産地の岡山「備後」がなまって「ビーグ」になったもの。通常のイ草よりも太くて丈夫なのが特徴的。
限定48枚 表替え（枚） 9,800円
総理官邸や迎賓館で使われている表
平成17年度 熊本県農業コンクール大会 自立経営部門 優良賞受賞
平成18年度 全国い草品評会 農林水産大臣賞受賞
「熊橋備表《ゆうせんびんおもて》」
熊本の生産者「橋口英明さん・恵美子さん」ご夫婦が愛畳込めて織り上げた畳表です。必ず満足して頂けるものと確信いたします。橋口さんの表は今までに総理官邸・迎賓館・熊本城・各種寺院などに納入されています。
限定24枚 表替え（枚） 12,800円
水戸黄門が命名した 茨城県旧山方町「西ノ内和紙」使用の襖・障子
1300年の歴史を持つ山方町で作られている楮（こうぞ）の和紙。独特な作り方なのでやや黄色がかっていますが、とても強く保存に適した紙とされています。今回特別に50枚程度仕入れることができました。
国・県指定無形文化財
今では4人しか伝統を引き継ぐ人がいないので希少価値は大です。
襖 限定50枚 〈片面〉（枚）（90×180） 7,980円
障子 限定50枚 （枚）（90×180） 4,800円
調湿効果があるといわれている 珪藻土
「珪藻土」とは、植物プランクトンが長年に渡り堆積して化石化した自然素材。半永久的に調湿機能を発揮するので、湿気を除き、また、乾燥を防ぐという優れものです。シックハウスの原因、ホルムアルデヒドなどの化学物質を分解してくれる人にやさしい壁紙襖です。
壁紙 限定超特価 （㎡） 2,600円
襖 限定50枚 〈片面〉（枚）（90×180） 5,000円
更に詳しいおトク情報は、裏面で!!
関川の当り前！ 家具の移動は無料サービス
畳を替えられる方で多いのは、50才〜60才代の方々。お齢を重ねる程、重い荷物を持ったりするのは大変でしょう。当社では家具の移動に関しては無料でお手伝いしています。
若いスタッフばかりなので、きびきび運んで、重い荷物もあっという間に移動しちゃいます。もちろん畳を替えた後も元通りにします。「普段できない床の掃除も出来て良かったわっ!!」という声も頂きます。家具の移動に関しては、中身に衣服や食器が入っているままでOKです。「畳替えの際に家具の移動が大仕事」とはもう思わないで下さい。私達が全てするので皆様はゆっくりしていて下さい。お客様の中には、家具の移動ついでに他の場所へ家具を移すというご要望もありますが、喜んで対応しています!!
関川に頼んで良かった!! 喜びのお客様の声
家具の移動も喜んで対応してくれました
畳替えをしようとは思っていたのですが、家具移動が面倒で畳替えにふみきれませんでした。関川さんは無料で家具移動までしてくださると聞いてお願いしました。嫌な顔ひとつせず丁寧に拭き掃除までしていただいて助かりました。
行方市S様
思った以上の仕上がりに大満足です
関川さんで、畳を替えた事がなかったので不安でした。でも実際に頼んでみるとその作業の早さにと仕上がりの良さに驚きました。
茨城市S様
スタッフの方の対応に感動です！
チラシを見てお電話したのですが、親切な対応に感動しました。実際にお見積りをお願いしたとき、来ていただいたスタッフの方の誠実な対応にさらに感動しました。
水戸市 T様
無理なお願いもすぐに対応してくれました
以前、他店でお願いしたとき思ったものと違う色で仕上がったので嫌な思いをしたのですが、関川さんは工事をする前に、実物見本を持ってきてくださったので安心してお願いできました。
石岡市 K様
ふすまや障子も一緒に頼めてラクチンでした
畳だけを替えると汚れた襖やくすんだ障子が目立つので思い切って一緒に新しくしました。襖や障子も一緒にしてくださったので、とても楽でした。
笠間市 T様
アフターフォローも万全で、自信を持ってお薦めします
定期的に送ってくださる「イ草通信」とても楽しみにしています。先日ミニハイキングツアーに参加しましたが、非常に楽しい1日でした。友人に紹介するなら絶対関川さんをご紹介させていただきます。
石岡市 A様
見積無料！
店舗のご案内
石岡店 石岡市杉並4-6-3
☎0299-23-4256
小川店 小美玉市小川845-2
☎0299-58-2809
玉里店 小美玉市上玉里118
☎0299-58-4327
水戸店 水戸市南町3丁目3-39
☎029-221-1510
ご注文は… 一生つきあえるたたみ店を目指しています!!
株式会社 関川畳・内装店
ホームページもご覧下さい!!
http://www.tatamiya.info
お客様専用ダイヤル 【通話料無料】 0120 FreeDial 0120-010-518
営業時間 あさ8時〜よる6時
見積無料

すべてを手書きにせず、チラシの大半はパソコン文字と写真を使用し、メインタイトルに手書き文字を使用。このように、手書きとパソコンをミックスさせることも効果的。

1 ● 商品が「たまたま目に見えないだけ」と考える
2 ● 全サービスのメニューが立派なチラシになる
3 ● 利用客の多いサービスをトコトン訴求しよう！
4 ●「半額体験」は目玉商品になる！
5 ● 人間力が勝負！だからこそ手書きが効く

8章

サービス業の当たる手書きチラシ5つのルール

1 商品が「たまたま目に見えないだけ」と考える

目に見える形にしてみよう

美容院やエステなどの美容業界や、リフォーム業界、カルチャースクールなど、人間による「施術」や「施工」「指導」が商品になるサービス業においては、商品が目に見えづらいためかチラシの販促を控える店も多いようです。しかし、**目に見える形になっていないだけで、基本は小売業とまったく同じ**です。つまり、施術メニューや指導内容などを目に見える「メニュー化」をすることが必要で、そこにひと手間かければ効果的なチラシを作成することができるのです。

例えば、美容院の場合を考えてみましょう。「カット」というメニューの中でも、髪の毛の長さによって料金は異なりますから、「ロング」「ミディアム」「ショート」などの分類で最低価格を明示すれば、これだけで3商品できます。同じように「パーマ」でも髪の毛の長さやパーマの種類によって、10種類以上のメニューができます。それだけではありません。期間限定のプランとして、「バッサリ切って、イメチェンしよう！」と名づけたセットプランをつくり、ロングからショートヘアにするためのカット、カラーリング、トリートメントをすべて込みで7980円にすれば、ファストフードでもお馴染みの「セット商品」が出来上がるのです。

メニューをつくって見せる

まずは、**自店のサービス内容と価格をすべて書き出してみましょう。**これだけでも多数の商品が「見える」形になると思います。次に、初めて来店するお客様が頼みやすくなるような**「セット商品」**を考えます。これは、人気のあるメニューを組み合わせ、多少お値打ちにするだけでかまいません。このとき大切なのは、**セット商品にもそれぞれ商品名をつける**ことです。

小売業では、商品名と価格を明示することが基本ですが、これはサービス業であっても同じなのです。商品が形になっていない分、文字やイラストなどを使い、ビジュアルにして目に見える形で商品ラインナップを見せることが、当たるチラシを配布し売上アップを図るための第一歩になるのです。

「サービス」を目に見える形にしよう

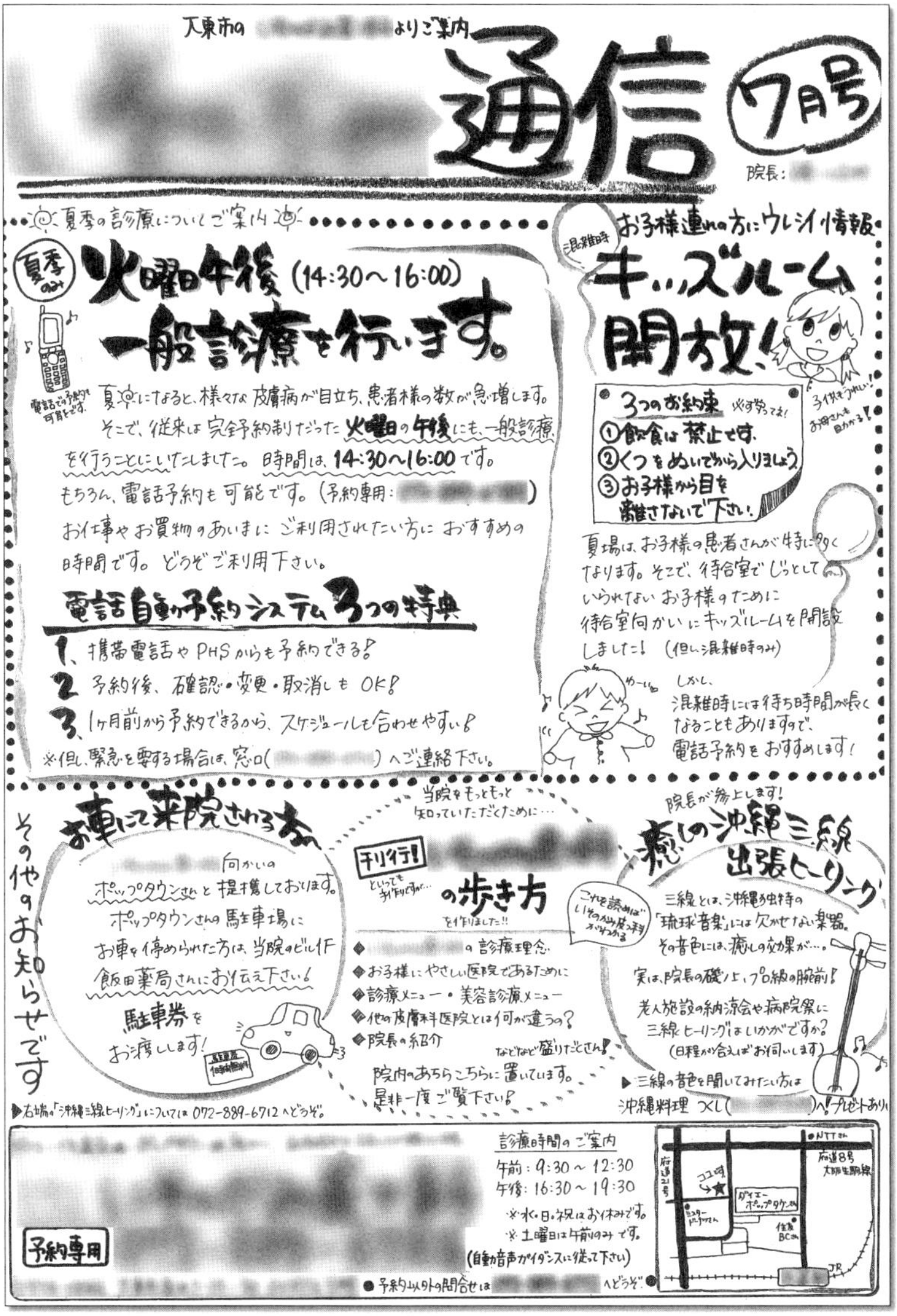

大東市の よりご案内
通信
7月号
院長：
夏季の診療についてご案内
夏季のみ
火曜日午後 (14:30〜16:00)
一般診療を行います。
夏季になると、様々な皮膚病が目立ち、患者様の数が急増します。そこで、従来は完全予約制だった火曜日の午後にも、一般診療を行うことにいたしました。時間は、14:30〜16:00です。
もちろん、電話予約も可能です。（予約専用： ）
お仕事やお買物のあいまにご利用されたい方におすすめの時間です。どうぞご利用下さい。
電話自動予約システム3つの特典
1、携帯電話やPHSからも予約できる！
2 予約後、確認・変更・取消しもOK！
3、1ヶ月前から予約できるから、スケジュールも合わせやすい！
※但し、緊急を要する場合は、窓口（ ）へご連絡下さい。
お子様連れの方にウレシイ情報
混雑時
キッズルーム開放！
3つのお約束 必ず守ってね！
①飲食は禁止です。
②くつをぬいでから入りましょう。
③お子様から目を離さないで下さい。
子供もうれしい！ お母さんも助かる！
夏場は、お子様の患者さんが特に多くなります。そこで、待合室でじっとしていられないお子様のために待合室向かいにキッズルームを開設しました！（但し混雑時のみ）
しかし、混雑時には待ち時間が長くなることもありますので、電話予約をおすすめします！
その他のお知らせです
お車にて来院される方へ
向かいのポップタウンさんと提携しております。
ポップタウンさんの駐車場にお車を停められた方は、当院のビル1F飯田薬局さんにお伝え下さい！
駐車券をお渡しします！
当院をもっともっと知っていただくために…
刊行！
といっても手作りですが…
の歩き方
を作りました!!
これを読めばいろんなことが分かる!?
◆ の診療理念
◆お子様にやさしい医院であるために
◆診療メニュー・美容診療メニュー
◆他の皮膚科医院とは何が違うの？
◆院長の紹介
などなど盛りだくさん！

院内のあちらこちらに置いています。是非一度ご覧下さい！

院長が参上します！

癒しの沖縄三線
出張ヒーリング
三線とは、沖縄独特の「琉球音楽」には欠かせない楽器。その音色には、癒しの効果が…。

実は、院長の腕はプロ級の腕前！

老人施設の納涼会や病院祭に三線ヒーリングはいかがですか？（日程が合えばお伺いします）
▶三線の音色を聞いてみたい方は沖縄料理 ×し（ ）へ！プレゼントあり！
▶右端の「沖縄三線ヒーリング」については 072-889-6712 へどうぞ。
診療時間のご案内
午前：9:30〜12:30
午後：16:30〜19:30
※水・日・祝はお休みです。
※土曜日は午前のみです。
予約専用
(自動音声ガイダンスに従って下さい)
●予約以外の問合せは へどうぞ。
NTT
ココです
ダイエー ポップタウン
JR

目に見えない技術やサービスを提供している代表例が医療業界。一般のチラシ投入は法律で禁止されていますが、院内配布のチラシでもサービス一覧を見せることは重要です。

2 全サービスのメニューが立派なチラシになる

カテゴリーを設けて、メニューをつくる

サービス業におけるチラシを考える際に参考になるのが、**飲食店のメニュー**です。飲食店では、お客様が注文する際にはまだ商品自体は見えません。しかし、どの飲食店においてもジャンル別に商品名と価格が記載され、場合によっては商品写真も載っているメニュー表があり、提供できる商品およびサービスが明確になっているのです。サービス業においてチラシを制作する際には、**メニュー表の構造**がとても重要になるのです。

まず、当たるチラシを書く際に最も重要なことは**「何屋さんのチラシか」**を明確にすることです。提供するサービスメニューの中で自店の業種・業態がはっきりとわかるもの、かつ、注文率が多いメニューを目立たせることが必要です。例えば、クリーニング店のチラシを制作する場合には、最も注文率の多いワイシャツクリーニングを目立たせます。「ワイシャツクリーニング」が目立つように書かれていれば、クリーニング店のチラシであることは誰にでもわかるでしょう。

次にチラシで表現することは**「商品の品揃え感」**です。クリーニング店の例でいえば、スラックスやスカートのクリーニングも掲載することで「総合的なクリーニング店」であることが訴求できます。注文率が多いワイシャツクリーニングを目立たせた上で他のメニューも掲載すれば、「ついで注文」を誘うことができます。

多くのメニューを掲載する場合にも、飲食店のメニュー表を応用するとよいでしょう。飲食店では「サラダ」「揚げ物」「ご飯もの」などと分類された上で、その中に数種類のメニューが並んでいます。これと同じように、「シミぬきメニュー」「スーツのクリーニング」「毛布・カーペットなどの自宅用品クリーニング」など誰にでもわかる表現で分類します。「ドライクリーニング」などの専門用語は、基本的にはチラシには適していません。**小学校6年生でもわかる表現方法**がよいでしょう。

まずは、自店のメニューを全部書き出してみましょう。そして、注文数の多いメニュー数品については説明まで詳しく書くだけでも立派なチラシが出来上がるのです。

全メニューを並べてチラシにしよう

リフォーム会社のチラシ。提供している施工内容をメニュー化し、家の場所ごとに分類。比較的価格の安い施工内容をイラストと共に一覧にしたこのチラシでは、受注効果も高くなりました。

3 利用客の多いサービスをトコトン訴求しよう！

売れ筋商品を目立たせよう

これまで説明した小売業のチラシと同じように、サービス業のチラシでもメリハリが必要です。つまり、売れ筋のメニューを大きく目立たせることによって、チラシの反響率を上げるのです。**人気のあるメニューということは、他のお客様からも支持を得やすく、また、初回来店にもつながりやすいサービス**といえます。

ここでの「売れ筋」は、メニュー別の売上額ではなく、**注文回数（注文人数）の多いもの**をいいます。売上額で順位をつけると、注文数は少なくても単価が高いメニューであれば上位になってしまうためです。できる限り自店の特徴を打ち出しやすく、注文数が高いメニューを「名物商品」と位置付けます。このメニューに割くチラシ面積を最大にするのです。

例えば、ネイルサロンの場合なら、主なメニューにジェルネイルやスカルプチュア、ハンドエステ等がありますが、注文率が最も高い「ジェルネイル」などが名物商品になります。ジェルネイルでも、一色だけなのかグラデーションなのかアートなのか、さまざまな手法があると思いますが、手軽で人気が高いものが「グラデーション」としましょう。その場合は、「ジェルネイル」×「グラデーション」に最も紙面を割くのです。そして、同じジェルネイルの中でも「アート」「単色」などはその他の品揃えとして、メインよりも小さく表記すれば、自ずと「グラデーション」に注文が集中するのです。

お客様が注文したい商品を載せる

しかし、サービス業では「チラシの反響率が悪い」という声も多く聞かれます。これには、初回来店で注文しづらいメニューが大きく掲載されているから、という理由があげられます。単価が高いメニューや注文数が少ないメニューを店側の「売りたいから」という理由だけで載せても、共感するお客様は少なく、来店されないのです。

チラシは基本的には「新規客を集客する」ためのツールです。初めて店に行くお客様でも注文しやすい人気メニューを載せることが必要となるでしょう。

注文が多いサービスの種類を詳細に伝える

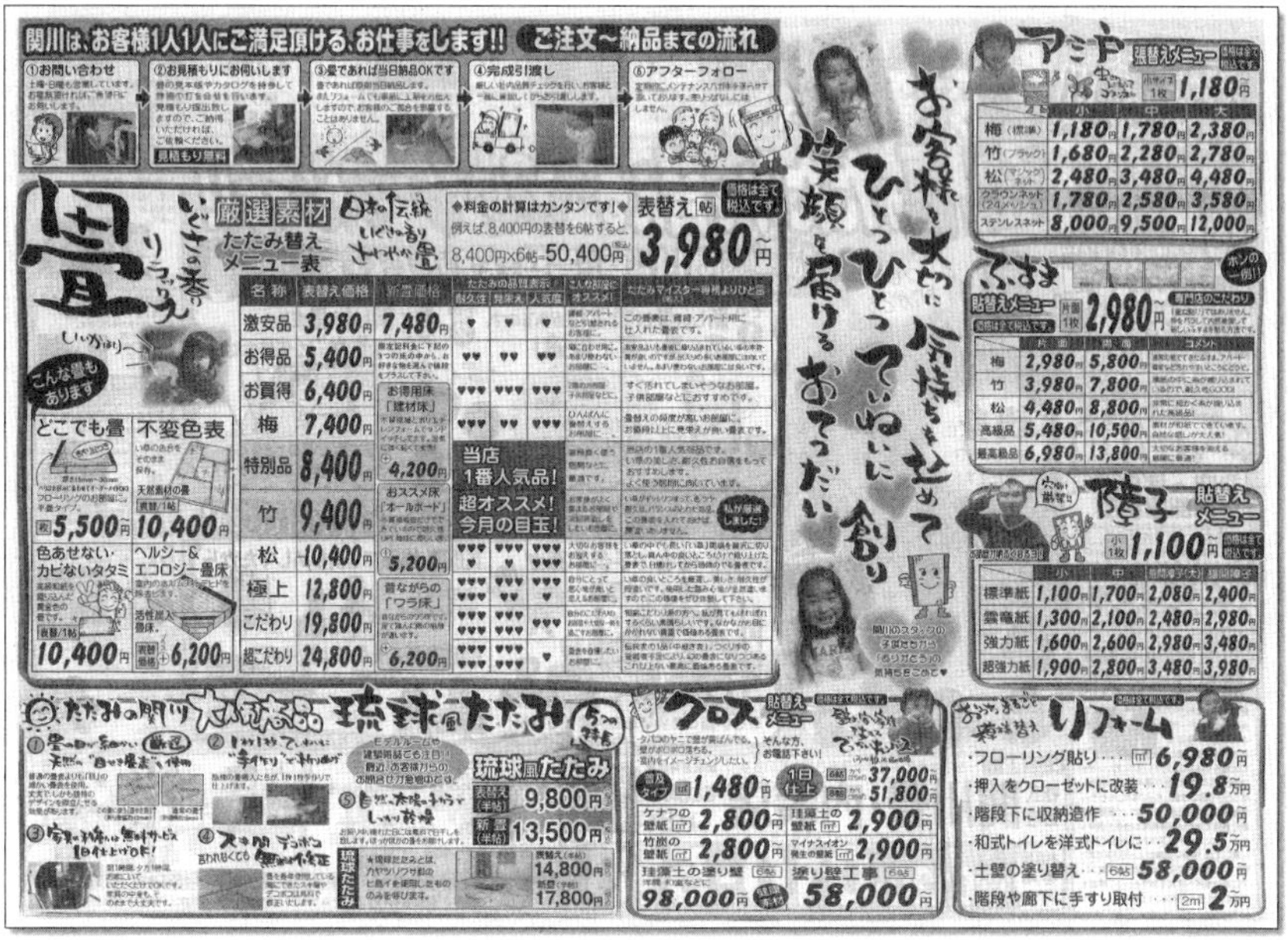

畳替えや内装を請け負う会社のチラシ。最も多いサービスは畳表替えのため、チラシの中でも最も大きい面積を割くことで受注も多くなります。

4 「半額体験」は目玉商品になる!

納得のいく割引理由を明記する

サービス業のチラシでも価格の割引は訴求力バツグンです。よく目にするのは「無料体験」やほぼ無料に近い金額での割引です。しかし、サービス業の場合は商品が目に見える形で存在しないため、過度の割引を行なうことで、逆に**消費者に不安を与える**ことが多々あります。

例えば、数年前によく見かけたエステサロンの「両ワキ脱毛1900円!」のようなチラシです。定価では1万円以上するにもかかわらず、初回のみ約8割引で受けられるのです。店側は「一度試してもらって、よいと思ったらリピートしてもらえればよい」という純粋な気持ちで割引をしている場合もありますが、消費者側としては「相当な営業をかけられて高額のローンなどを組まされるのではないか」「2回目以降が急に高額になるのでは?」などと不安に思うのです。

小売店ではこのような不安はあまり起こりません。なぜなら、商品を目で見て、手に取り確認してから購入できるため、価格の割引によって商品の質が落ちるか否かを事前に知ることができるからです。

そのため、サービス業では半額以上の割引は避け、**割引になっている理由を明示する**必要があります。

■**チラシに顔写真を掲載させていただける方に限り、半額にてサービスいたします**

■**新入社員にシャンプーをさせていただける方、カット&シャンプーで15%割引いたします**

など、お客様も納得できる「割引の理由」をチラシに明示することで安心感を与えることができます。

割引率として効果的なのは、15~50%です。中でも「半額」という言葉には訴求力があり、チラシでも目をひきます。

目玉になる「半額体験」などは、チラシの左上部分に、紙面全体の20%程度を使用して掲載します。また、「半額」の文字に訴求力があるため、サービス名と「半額」の文字を同程度大きくしましょう。最終確認する際にはチラシを片手で持ち、遠くからチラシを見てみます。遠くからでも「半額」の文字が目立てばOKです。

サービス業ならではの体験キャンペーン

体験キャンペーン開催！

期間：2012年5月末まで

オープン1周年を迎えましたが、お客様から「こんなところに美容室があったのね」というお声をまだまだいただきます。スタッフで話し合った結果、もっとシェリオンを知ってもらいたい！との思いから体験キャンペーンを開催します！ぜひこの機会にご来店くださいませ。お待ちしております！

下から好きなメニューを1つお選びください

①カットコース

カット＋ブロー

ボリュームがなくなってきた…という方は、カットでふんわりさせることもできます。まとめやすく手入れがしやすいスタイルをご提案いたします。

通常4,935円が¥3,980【税込】

②ヘッドスパコース

カット＋ヘッドスパ

「ビーワン」という体に良い水を使って、頭をやさしくマッサージ。お疲れもスッキリし、ハリ・コシのある健康な髪を育てることができます。ぜひお試しください。

通常7,035円が¥5,800【税込】

③カラーコース

カット＋ビーワンカラー

シェリオンが一番得意なヘアカラー。ヘアマニキュアを開発したオーナーが指導したベテランスタッフが技術をするので安心♪白髪もキレイに染まります。

通常15,435円が¥12,800【税込】

お客様のお声です♪

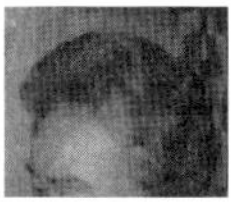

ヘアカラー剤に黒を薄墨のようにぼかした染め方がとても好評で、素敵な色だと周囲からもほめられます。（60代主婦）

アップは粋になりすぎず、上品で崩れにくいから気に入ってます。（50代主婦）

シェリオンが創業してからずーっと通ってます。これからもずっとシェリオンを応援し続けます♪

自慢のスタッフです

私たちが笑顔でお出迎えします！ご来店の際はぜひお電話でご予約ください。

通常料金

カット（ブロー込）・・・・・・・¥4,935	シャンプー・・・・・・・・¥1,575
パーマ（カット込）・・・・・・・¥10,500	ビーワントリートメント・・¥3,675
白髪染め（シャンプー込）・・・・¥6,825	セット（ショート）・・・・・¥3,150
おしゃれ染め（シャンプー込）・・¥6,825	セット（ロング・アップ）・・¥4,200

体験コースを３種類用意し、お得な価格で提供することで新規客を集客する効果があります。美容業界のチラシはイラストよりも写真を使うと効果が高くなります。

5 人間力が勝負！　だからこそ手書きが効く

サービスの質は「人間力」にかかっている

サービス業では、形が目に見える商品を提供するわけではありませんから、**サービスの質でお客様からの評価が決まります**。ここで「サービスの質」の決め手となる要素を考えてみましょう。

例えば、美容院の場合、サービスの質の高さを決めるものは

・カットやパーマの技術力
・予約を入れる際の電話応対のよさ
・担当美容師の愛想のよさ
・サービスでしてくれる肩もみの上手さ
・費用の安さ

などがあげられます。費用の安さは別として、**技術力や応対のよさを向上させられるのはすべて「人間力」にかかっています**。つまり、サービス業の質を決めるのは「人間力」に他ならないのです。

そこで、サービス業のチラシやその他販促物には「人間力の高さ」を表現することが重要になります。これを表現する手法として、スタッフの写真やスタッフ紹介の文面を掲載することがあげられますが、チラシを手書きで作成することも有効です。**筆跡が一人ひとり違うように、書いた人の姿が文字に表われます**。たとえ字が上手とはいえなくても丁寧に書けばその心は伝わるのです。

チラシすべてを手書きにする力がなければ、大部分をパソコンで作成し、タイトル文字や主要なサービス名（メニュー名）、挨拶文、写真への差込文字だけを手書きにしてみてください。通常のチラシに手書き文字が加わるだけで温かみが増してくるのです。

本章は、サービス業のチラシとして説明しましたが、小売業であっても最終的にはスタッフの人間力が商品の質を決め、お客様からの評価を決める要因になります。サービス業のチラシだけでなく、人が関わるあらゆる業種で手書きチラシは活用できます。手書き文字の場合、ボールペンよりもサインペン、サインペンよりも万年筆、万年筆よりも筆を使うとより温かみが増します。参考にしてみてはいかがでしょうか。

サービスの質を伝えるために「人間力」を訴求しよう

近隣約3,000世帯様のみのご案内です！
スタッフによる手配りのため、遠方にはお配りしていません。
バリアフリーの美容室
シェリオン・ドゥ
Chez Lion Deux
おかげさまでオープン1周年!!
100回同じことを聞かれても笑顔でお答えするヘアサロンです。
近隣にお住まいの皆様はじめまして。原宿駅から徒歩5分の場所にある美容室シェリオン・ドゥのオーナー吉永です。
ちょうど一年前、お客様から「外出が不自由になってきてサロンに行けない」「段差がつらい」というお声をたくさんいただき、それならバリアフリーの美容室にしよう！と思ってできたのがシェリオン・ドゥです。「いつまでもキレイでいたい」というキモチにお応えするため、お客様にもっと喜んでいただけるようがんばってまいります。
よろしくお願いいたします。
オーナー　吉永
外観はふつうの一軒家風。車椅子のままOKです。親子2代で通っていただいている方も。本当にありがとうございます。
シェリオンドゥについて
バリアフリーです
「階段がつらくて・・・」「移動が大変」という方にピッタリ！バリアフリーの店内で車椅子にも対応しています。シャンプーの移動もないのでとっても楽チンです♪
頭皮と髪を健康に
頭皮や髪はもちろん、体に優しいものしか使いません。「ビーワン」という体に良い水を使います。健康を気にする方でも安心していただけます。
技術は日本指折り
オーナーは日本でも指折りのカラーリスト。実はヘアマニキュアの技術開発の元祖がシェリオンなんです！そこで育ったベテランスタイリストが担当いたします。
美容室　シェリオン・ドゥ
東京都渋谷区神宮前1-23-23-A（JR原宿駅から徒歩5分）
定休日／毎週月曜日、毎週火曜日
営業時間／AM9：30～PM7：00
03-5474-3346
＊混雑緩和のため、事前にお電話でご予約いただければ幸いです。
ココです
シェリオン・ドゥ
セブンイレブン
シェリオン本店
竹下通り
表参道
カフェ・ソラーレ
石川歯科
マクドナルド
WESTビル
サンキュービル
地下鉄明治神宮前出口3
JR原宿駅
◀至新宿
徒歩ルート
車イスやお車でお越しのいただく場合のルート（駐車場なし）
至渋谷▶

働く人間のよさを伝えるためには、手書き文字だけではなく、従業員の写真を掲載することも重要な要素となります。

1 ● ニュースレターは「固定客化」ツール
2 ● 大切なのは「充実」よりも「継続」すること
3 ● 文章だけのニュースレターは飽きられる
4 ● ニュースレターに「売りの要素」は必要か
5 ● じっくり読ませるニュースレターのレイアウト①
6 ● じっくり読ませるニュースレターのレイアウト②
7 ●「ご挨拶」から始めよう
8 ● ニュースレターで店の想いを紹介しよう
9 ● ニュースレターで地域の魅力を紹介しよう
10 ● ニュースレターで新商品の予告をしよう
11 ● リピート率がアップする！
イベント予告ニュースレター
12 ● お客様との距離が縮まる「スタッフ紹介」
13 ● 主婦が喜ぶ「お役立ち情報」
14 ● ニュースレターに「お客様の声」を
定期的に載せよう
15 ● ニュースレターを店内で掲示する

9章

チラシ活用術①
ニュースレターで店のファンをつくろう

1 ニュースレターは「固定客化」ツール

ニュースレターの3つの役割

これまでに来店されたお客様や通販で購入いただいたお客様などに送る「お知らせ」を「**ニュースレター**」といいます。店内で配布する際には「**店内新聞**」や「**店内通信**」と呼ぶこともありますが、すでに取引があったお客様向けに発信する「**固定客化ツール**」のひとつです。

ニュースレターの役割は主に3つあります。

①店や会社の変化をお知らせする
②お客様と従業員の人間関係を築く
③従業員のモチベーションアップを図る

ニュースレターは「固定客化ツール」ですから、新商品が発売されたことをお知らせしたり、新入社員が加わったことをお知らせしたりするなど「変化」を発信し、再度店を利用していただくことが目的になります。いつでも安心できる店づくりはもちろん必要ですが、まったく「変化」のない店は魅力も薄れてきてしまいます。それをお客様にも文字や写真などの「見える形」で伝え、店の魅力を高めるのです。

スタッフのやる気アップにもなる

さらに、店や会社の変化を発信する際に、従業員の顔ができる限り見えるよう写真やイラスト、ニックネームなどを載せることで、お客様の目をひきやすくなります。これにより紙媒体上でもお客様との人間的関係を築くことができるのです。**できる限り「現場の生の声」として伝えるには、やはり手書きがおすすめ**です。可能ならば当番制にし、すべてのスタッフが書くとよいでしょう。

さらに、ニュースレターは、スタッフが内容を考えて書くことで、スタッフ自身のモチベーションアップにもつながります、実際に手書きのニュースレターを活用されている店では、ニュースレターの内容がきっかけでお客様との会話が生まれていますし、お客様から「面白かったよ」「次も楽しみにしているよ」という声をいただくことが、仕事へのやる気につながっているようです。

ニュースレターは、作成や配布にあまり費用をかけずできる固定客化ツールです。手書きチラシが無理だとしてもニュースレターを書いて発信してみませんか。

ニュースレターで自店をもっと知ってもらおう

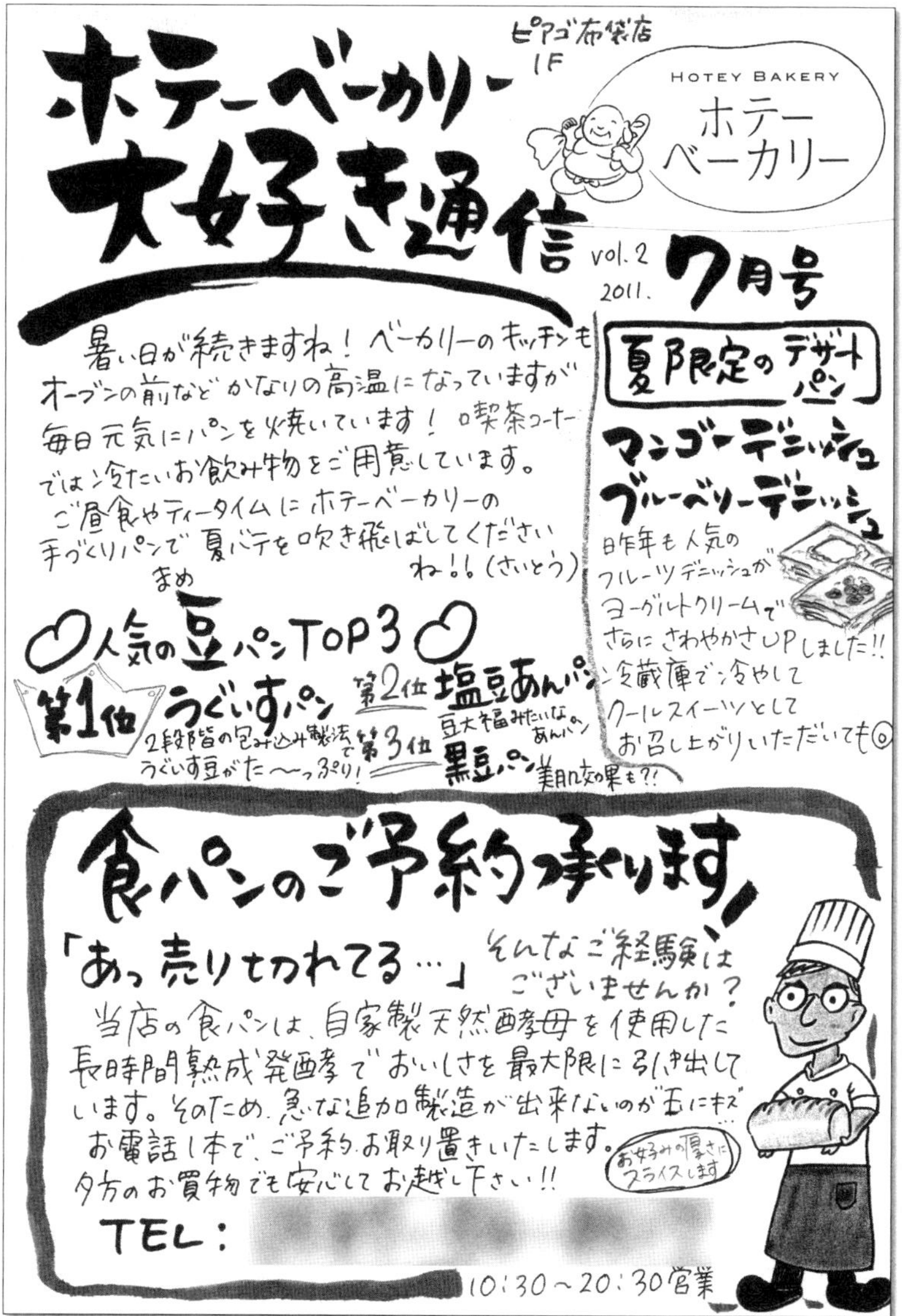

ピアゴ布袋店 1F

ホテーベーカリー大好き通信

HOTEY BAKERY ホテーベーカリー

vol.2 2011. 7月号

暑い日が続きますね！ベーカリーのキッチンもオーブンの前などかなりの高温になっていますが毎日元気にパンを焼いています！喫茶コーナーでは冷たいお飲み物をご用意しています。
ご昼食やティータイムにホテーベーカリーの手づくりパンで夏バテを吹き飛ばしてくださいね!!（さいとう）

夏限定のデザートパン

マンゴーデニッシュ
ブルーベリーデニッシュ

昨年も人気のフルーツデニッシュがヨーグルトクリームでさらにさわやかさUPしました!! 冷蔵庫で冷やしてクールスイーツとしてお召し上がりいただいても◎

人気の豆《まめ》パンTOP3

第1位 うぐいすパン 2段階の包み込み製法でうぐいす豆がた〜っぷり！
第2位 塩豆あんパン 豆大福みたいなあんパン。
第3位 黒豆パン 美肌効果も?!

食パンのご予約承ります！

「あっ売りきれてる…」そんなご経験はございませんか？
当店の食パンは、自家製天然酵母を使用した長時間熟成発酵でおいしさを最大限に引き出しています。そのため、急な追加製造が出来ないのが玉にキズ…
お電話1本で、ご予約・お取り置きいたします。夕方のお買物でも安心してお越し下さい!!

お好みの厚さにスライスします

TEL：

10:30〜20:30営業

お客様へ情報を伝える「ニュース」の要素と、心理的距離を縮めるお手紙「レター」の要素をあわせ持つのがニュースレター。送付以外にも、店内に設置したり、会計の際に手渡ししましょう。

2 大切なのは「充実」よりも「継続」すること

基本コンテンツを発信し続けよう

ニュースレターを始めると、起きる問題があります。それは、初回に張り切って内容を充実させ、数枚にも渡るニュースレターをつくってしまうがために、次号が続かないことです。また、「前回よりも少しでもよくしたい」という気持ちが働くため、初めから無理をし過ぎてしまうとモチベーションが下がってしまうのです。

ニュースレターを発行するにあたって重要なことは、**「定期的に発行し続けること」**です。毎月1日に必ず発行していれば、3ヶ月目くらいには、お客様が楽しみにしてくださっていることを感じることができるでしょう。まずは、ニュースレターの存在の認知度を高め、毎月決まった日に発行する習慣をつけることが大切です。

継続の重要性を考えると、毎月発行であればA4サイズ程度が適当でしょう。内容のコンテンツは以下の中より3～4つに絞るとよいでしょう。

①ご挨拶
②店や会社の想い
③地域（活動・イベントなど）のお知らせ
④新商品の紹介
⑤今月のお知らせ
⑥スタッフ紹介
⑦お役立ち情報
⑧お客様の声

これらの内容をスタッフが交代で書いていくのがおすすめです。ニュースレターはその名のとおり、お客様にお知らせをお伝えする手紙ですから、手書きで作成すると効果的です。担当によって毎月字が異なるのはかまいません。むしろ変化があることはよいことです。

発行の頻度は業種により異なりますが、来店頻度に大きくかかわります。お客様が固定化するには最低でも3回の来店が必要とされていますので、3～4回目の来店の際に次号が読めるペースが最良と考えられます。さらに、**内容の変化を表現するのには季節感を演出する**ことが望ましいため、季節の新商品や季節の行事などについてもコメントを書くようにするとよいでしょう。

ニュースレターを毎月発行して認知度を高めよう

最低3回続けなければお客様は興味を持って読んではくれないもの。内容はともかく、まずは3回（1ヶ月に1回）続けて発行してみましょう。

3 文章だけのニュースレターは飽きられる

女性に受け入れられる紙面にする

ニュースレターはその名のとおり「手紙」ですから、内容がよければ手書きでもパソコン作成でもかまいません。しかし、長々と文章を書いているだけでは読むのに飽きてしまいますから、イラストや写真を入れるようにします。

イラストを入れる理由として、「女性客に見てもらいやすいこと」があげられます。男性と女性では脳の働き方が多少異なることは、よく知られるところです。日本の消費を支えている女性客に受け入れられることを考えると、イラストや写真を入れる必要が出てくるのです。

物事を判断する際に使う脳を、その働きによって分けると、左脳と右脳に分類されます。

左脳は、言語や数値など「理論的」情報を判断するときによく働く脳といわれていて、どちらかというと男性のほうが得意とするため、別名「男性脳」とも呼ばれています。一方、**右脳はイメージや感覚など「感性」を司る脳**とされ、女性のほうが長けているという点で「女性脳」と呼ばれたりもします。

以上の点を整理してみると、男性客に対しては言葉や数字を使って理論的に内容を書くほうが効果的である一方、女性にはイラストや写真を使ってイメージでの訴求が重要になるのです。

ニュースレターの内容で考えると、**新商品や季節商品の紹介部分、お役立ち情報部分では特に、イラストや写真の存在が重要**になります。また、スタッフ紹介などを掲載する場合には、スタッフの似顔絵を掲載することで、ニュースレターを描いたスタッフと共にニュースレター自体の存在が、お客様の印象に残りやすくなります。

ちなみに、男性客が多い業種でのニュースレターでは文字が多くても受け入れられることが多いようですが、読みやすく・見やすくするためにもところどころにイラストを入れておくとよいでしょう。

このように、男性と女性では脳の働きが大きく異なります。自店のターゲットが男性か女性かにより、効果的なＰＯＰの要素が異なるのです。

手書きイラストを入れて飽きさせない

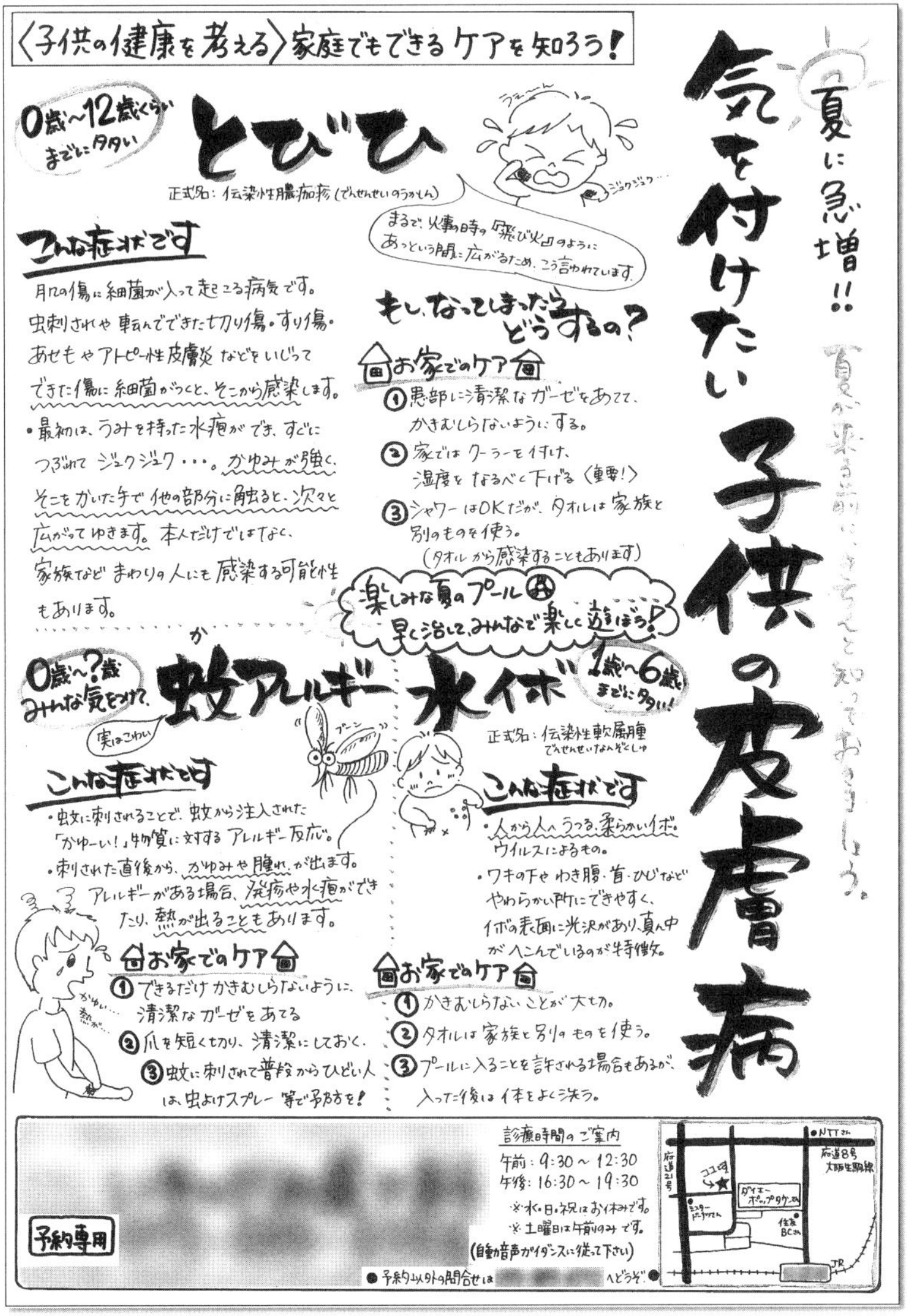
〈子供の健康を考える〉家庭でもできるケアを知ろう!
夏に急増!!
気を付けたい子供の皮膚病
夏が来る前にきちんと知っておきましょう。
0歳〜12歳くらいまでに多い
とびひ
正式名：伝染性膿痂疹（でんせんせいのうかしん）
まるで、火事の時の「飛び火」のようにあっという間に広がるため、こう言われています。
こんな症状です
肌の傷に細菌が入って起こる病気です。
虫刺されや転んでできた切り傷・すり傷・あせもやアトピー性皮膚炎などをいじってできた傷に細菌がつくと、そこから感染します。
・最初は、うみを持った水疱ができ、すぐにつぶれてジュクジュク・・・。かゆみが強く、そこをかいた手で他の部分に触ると、次々と広がってゆきます。本人だけではなく、家族などまわりの人にも感染する可能性もあります。
もし、なってしまったらどうするの？
お家でのケア
①患部に清潔なガーゼをあてて、かきむしらないようにする。
②家ではクーラーを付け、温度をなるべく下げる〈重要!〉
③シャワーはOKだが、タオルは家族と別のものを使う。（タオルから感染することもあります）
楽しみな夏のプール
早く治して、みんなで楽しく遊ぼう!
0歳〜?歳 みんな気をつけて
蚊《か》アレルギー
実はこわい
こんな症状です
・蚊に刺されることで、蚊から注入された「かゆーい!」物質に対するアレルギー反応。
・刺された直後から、かゆみや腫れが出ます。アレルギーがある場合、発疹や水疱ができたり、熱が出ることもあります。
お家でのケア
①できるだけかきむしらないように、清潔なガーゼをあてる
②爪を短く切り、清潔にしておく。
③蚊に刺されて普段からひどい人は、虫よけスプレー等で予防を!
水イボ
1歳〜6歳までに多い!
正式名：伝染性軟属腫（でんせんせいなんぞくしゅ）
こんな症状です
・人から人へうつる、柔らかいイボ。ウイルスによるもの。
・ワキの下やわき腹・首・ひじなどやわらかい所にできやすく、イボの表面に光沢があり、真ん中がへこんでいるのが特徴。
お家でのケア
①かきむしらないことが大切。
②タオルは家族と別のものを使う。
③プールに入ることを許される場合もあるが、入った後は体をよく洗う。
予約専用
診療時間のご案内
午前：9:30〜12:30
午後：16:30〜19:30
※水・日・祝はお休みです。
※土曜日は午前のみです。
（自動音声ガイダンスに従って下さい）
●予約以外の問合せは へどうぞ。
NTT
ココ
ダイエー
JR

お客様の目を楽しませることも必要なニュースレターは、情報を文字だけで伝えるのではなく、イラストや写真を使用し、情景を思い浮かべやすくすることも必要です。

4 ニュースレターに「売りの要素」は必要か

ニュースレターに載せたい商品情報

ニュースレターを始める際によく議題に上がるのが「売りの要素」を入れるべきかどうかということです。

ここでいう「売りの要素」とは、新商品や既存商品の案内、価格の表示、商品の人気ランキングなどを指します。この項目に関しては、人によって考え方が異なるようなので、絶対ということはありませんが、私は「売りの要素は入れるべき」と考えています。店や商品の情報が入っていないニュースレターは、地域情報誌や市町村の刊行物と変わりありません。また、店の理念やスタッフの情報、お客様の声だけを載せていても、読んでいるお客様にとって役立つ情報がなければ魅力的ではないでしょう。あなたの**店に来店し、商品を購入した方向け**ですから、売りの要素は掲載すべきだと私は考えます。

載せるとよい商品の情報は、以下のとおりです。

① 名物商品のストーリー
② こだわり素材などの紹介
③ 製造方法などの紹介
④ 新商品のご案内
⑤ 価格改定のお知らせ

名物商品のストーリーとは、**その商品をつくったきっかけ、素材や製法のこだわり、お客様からの声、価格や容量のバリエーション**なども掲載するとよいでしょう。どんな業種においても共通することは、名物が明確な店ほど繁盛し、不況などの外部環境に左右されにくいということです。固定客に対して定期的にお知らせすることで、ファンを確実に増やしていくようにするのです。

その他、②③の情報は、お客様に安心感を与えます。特に、**素材生産者の顔、製造スタッフの顔**を紹介するとよいでしょう。全品に関する紹介をする必要はありません。たった数品のことでも、顔を見せてゆくことが信頼につながり、固定客化にもよい影響を与えています。

⑤の価格改定に関しては、大々的に訴求すると売上を下げることもありますが、何もお知らせをしないのは会社としての質が問われます。いつもご利用いただくお客様には真摯にお伝えしていくべきでしょう。

商品のこだわりを伝えよう

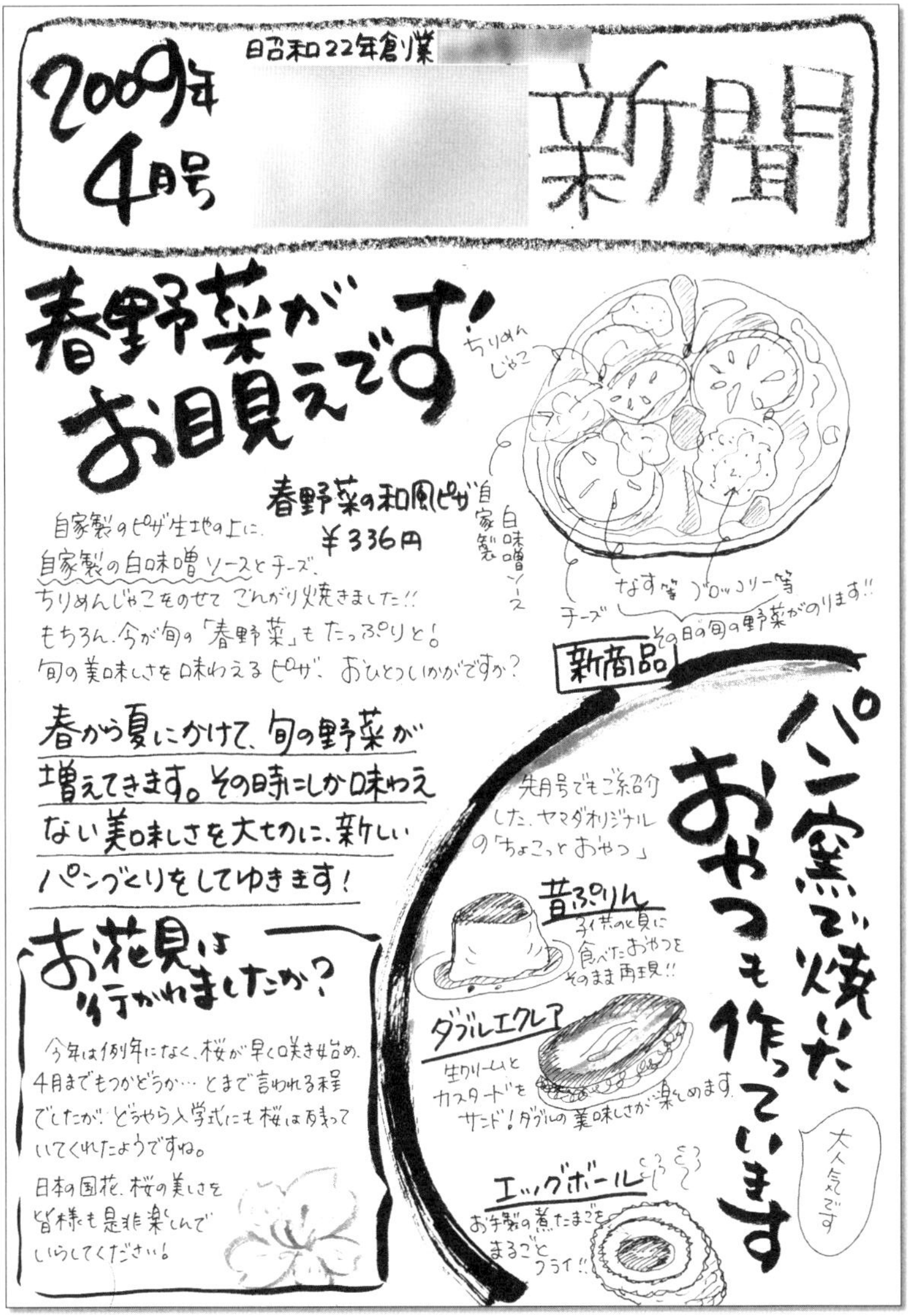

昭和22年創業
2009年
4月号
新聞
春野菜がお目見えです！
春野菜の和風ピザ
¥336円
自家製のピザ生地の上に、
自家製の白味噌ソースとチーズ、
ちりめんじゃこをのせて こんがり焼きました!!
もちろん、今が旬の「春野菜」も たっぷりと！
旬の美味しさを味わえるピザ、おひとついかがですか？
ちりめんじゃこ
自家製白味噌ソース
チーズ
なす等 ブロッコリー等
その日の旬の野菜がのります!!
春から夏にかけて、旬の野菜が増えてきます。その時にしか味わえない美味しさを大切に、新しいパンづくりをしてゆきます！
お花見は行かれましたか？
今年は例年になく、桜が早く咲き始め、4月までもつかどうか…とまで言われる程でしたが、どうやら入学式にも桜は残っていてくれたようですね。
日本の国花、桜の美しさを皆様も是非楽しんでいらしてください。
新商品
パン窯で焼いたおやつも作っています
先月号でもご紹介した、ヤマダオリジナルの「ちょこっとおやつ」
昔ぷりん
子供のと頃に食べたおやつをそのまま再現!!
ダブルエクレア
生クリームとカスタードをサンド！ダブルの美味しさが楽しめます。
エッグボール
お手製の煮たまごをまるごとフライ!!
大人気です

次回の来店を促すためには、商品情報も必要。これまでにも何らかの商品を購入しているお客様が読むものなので、「売り」要素があっても違和感はありません。

5 じっくり読ませるニュースレターのレイアウト①

基本的なレイアウト

ニュースレターは主に店の固定客が読む販促ツールですから、新規客よりも固定客が知りたい情報を掲載する必要があります。その点がチラシとの大きな違いといえるでしょう。

お客様が読みたくなるニュースレターは内容の精度はもちろんのこと、**「読みやすさ」「見やすさ」「わかりやすさ」**、そして**「ワクワク感」**が求められます。これらの印象をパッとひと目見たときに与えられるかどうかがポイントになります。Ａ４サイズ片面でニュースレターを書く際には、左ページのようなレイアウトで書くとよいでしょう。

①タイトル：上部6分の1程度使用
②挨拶文：タイトル下6分の1程度の面積を使用
③スタッフ情報またはお客様の声
④新商品・季節商品のご案内
⑤お役立ち情報（レシピ、地域情報、店内イベントなど）
⑥店舗情報

最初に張り切り過ぎて3日坊主になってしまったら、ニュースレターの意味がありません。まずは継続することを考えると、基本のレイアウトで始めるのが手軽です。

固定客が知りたい情報のひとつとして、新商品や季節限定商品の情報があります。季節商品のお知らせだけを目的に折込チラシを配布できる業種は限られます。そこで、大きな費用をかけなくともニュースレターで訴求すれば、固定客には確実に伝えることができるのです。

タイトル部分には、**ニュースレターの名前の他、発行日（発行月）、発行店名**などを記載します。「第○号」という書き方もよいでしょう。継続発行していることを伝えるのです。また、毎月スタッフを変えて発行する場合は、**書いたスタッフの名前**も明記しましょう。

印刷はカラーでも白黒でもかまいませんが、費用をできる限りかけないことを考えるとモノクロで十分です。モノクロ印刷を行なう場合は原稿も黒1色、または黒と青（印刷時にグレーになる色なら他の色でも可）の2色で書いておくと印刷が便利です。

ニュースレターの基本レイアウト

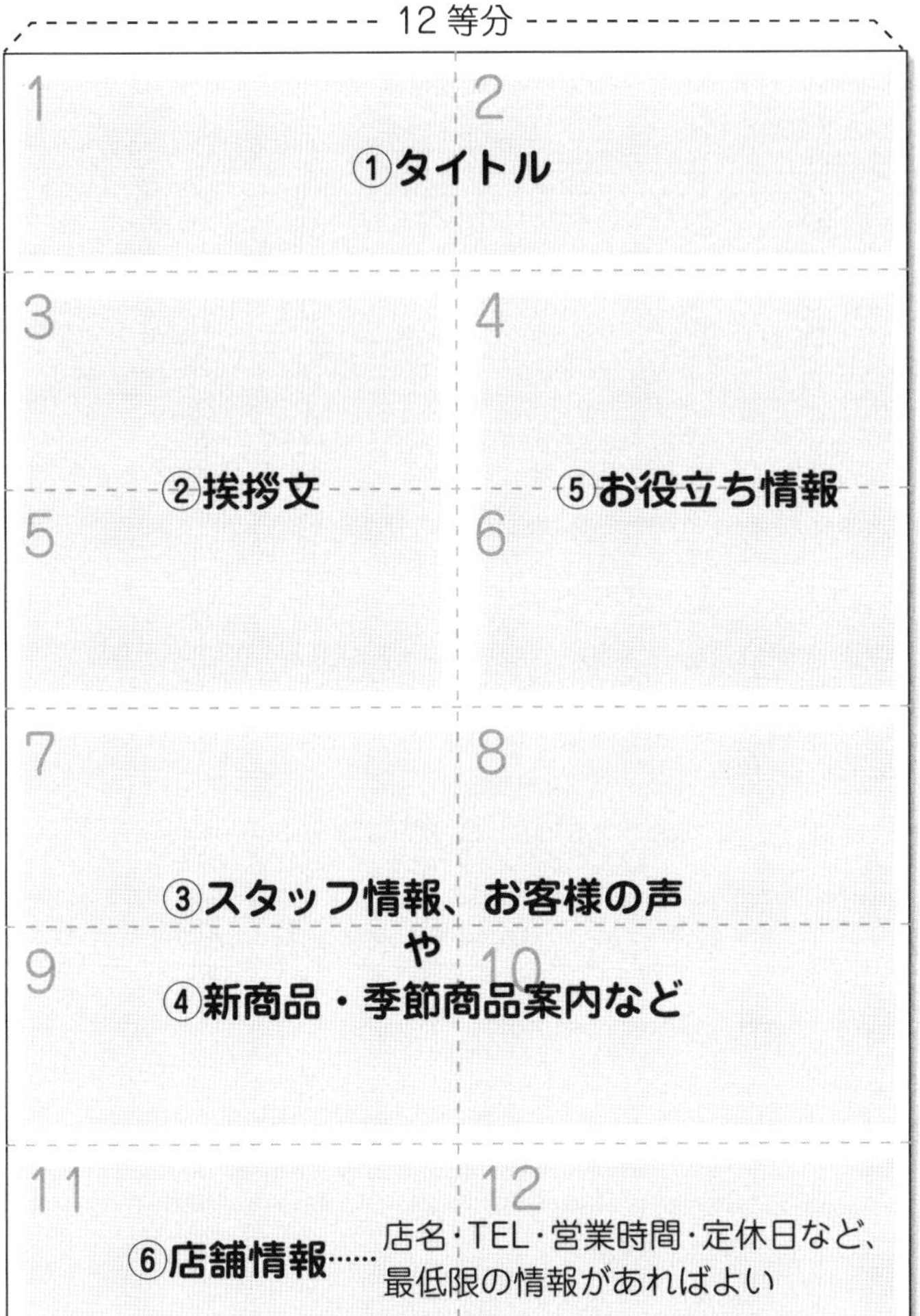
12等分
1
2
①タイトル
3
4
②挨拶文
⑤お役立ち情報
5
6
7
8
③スタッフ情報、お客様の声
や
④新商品・季節商品案内など
9
10
11
12
⑥店舗情報……
店名・TEL・営業時間・定休日など、
最低限の情報があればよい

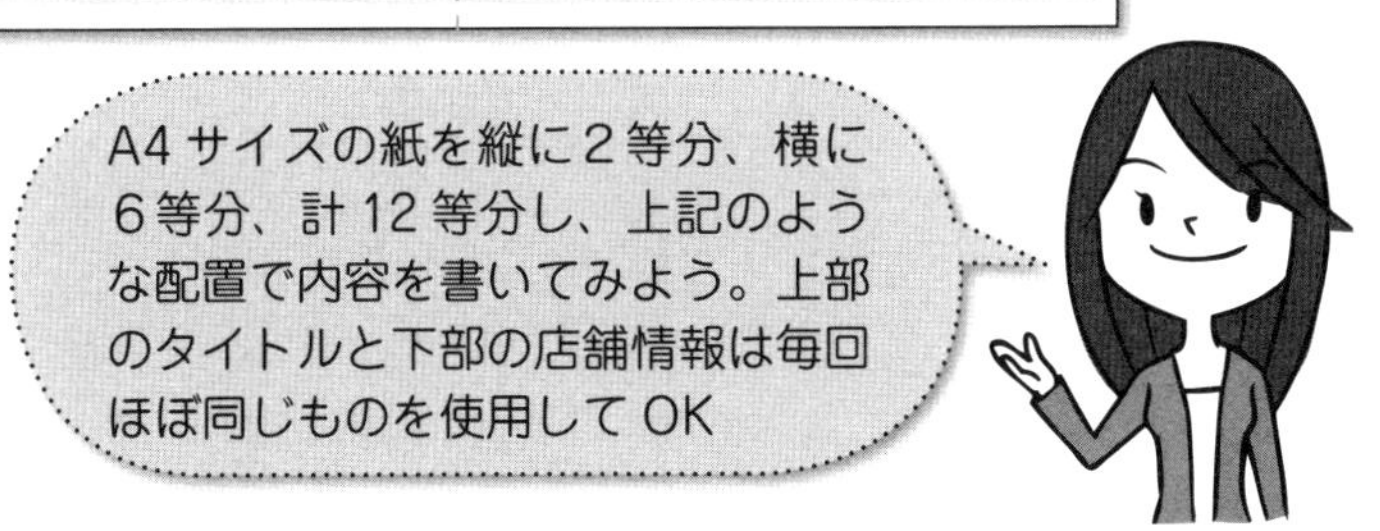
A4サイズの紙を縦に2等分、横に6等分、計12等分し、上記のような配置で内容を書いてみよう。上部のタイトルと下部の店舗情報は毎回ほぼ同じものを使用してOK

6 じっくり読ませるニュースレターのレイアウト②

カレンダー形式で情報を伝える

ニュースレターを書くことに慣れてきたら取り組みたいのが、**「カレンダー形式のニュースレター」**です。

ニュースレターを読んでいただきたいターゲットは固定客ですから、今後も定期的に来店していただくための動機付けが必要になります。このとき、少ない費用で取り組めるのがニュースレターで、その形は1ヶ月間の月間スケジュールを1枚にまとめたものなのです。

ただし、商品の販売スケジュールなど「販売の要素のみ」のカレンダーではいけません。お客様の知識欲を満たすため、**業界としての知識や体験型イベントの情報**なども盛り込むのです。

左ページの例は和菓子店でのニュースレターです。日本における和菓子の歴史は長く、日本の四季をさらに細かく分類した「二十四節気」をはじめとする日本の文化との関連が深い業界です。しかし、洋菓子が若年層に受け入れられるにつれて和菓子離れが進み、和菓子と日本文化の関連については目を向けてもらえなくなっていました。しかし、日本人は基本的に四季、「わびさび」などの独特の文化を好む人種ですから、和菓子を通じて再度お知らせすることが有効的なのです。

そこでカレンダーには、「立夏」「小満」などの5月中の二十四節気の説明や、菓子に関連する記念日、それらのイベントにあわせた新商品の発売予定などを記載します。情報を上手に整理できる場合は、地域のイベントなどもこのカレンダーに盛り込んでゆくと、さらに内容の濃いニュースレターになり、主婦層のお客様が冷蔵庫などに貼ってくれるようになります。

お客様に定期的に読んでいただき、再来店につなげるためには、「読んで楽しい」だけでなく、**「何か勉強になる」**ニュースレターを発行することが必要です。新商品の発売予定などを掲載することにより、常連のお客様が楽しみにしてくれることはもちろん、会社側では計画どおりに予定を遂行する力もついてくるという二重の利点もあります。ぜひ取り組んでみてください。

カレンダー形式で季節感と共に商品を伝える

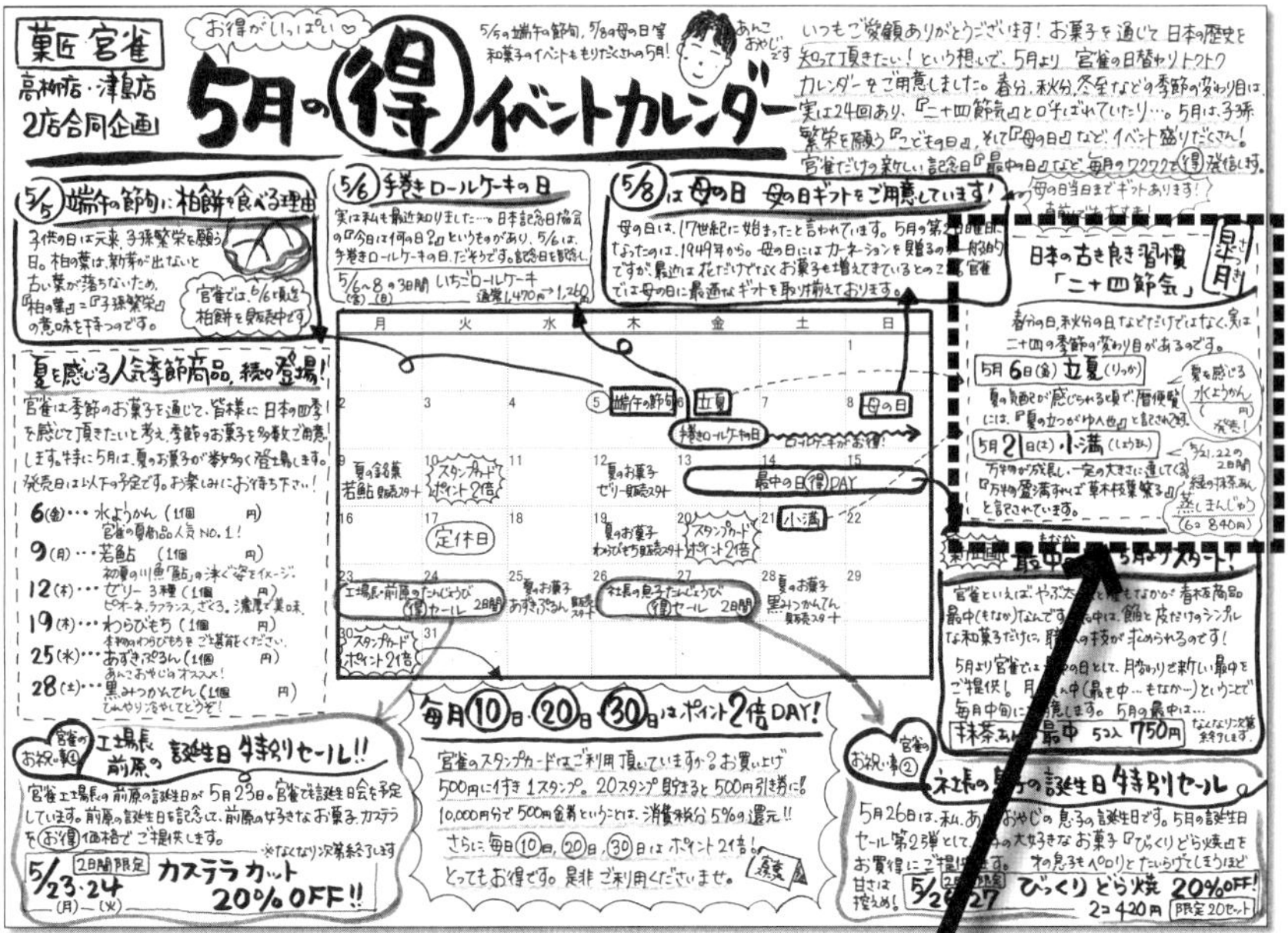
菓匠 官雀
高柳店・津島店
2店合同企画
お得がいっぱい♡
5月の㊢イベントカレンダー
5/5 端午の節句に柏餅を食べる理由
5/6 手巻きロールケーキの日
5/8は母の日 母の日ギフトをご用意しています!
夏を感じる人気季節商品、続々登場!
毎月⑩日・⑳日・㉚日はポイント2倍DAY!
工場長 前原の誕生日 特別セール!!
社長の息子の誕生日特別セール
5/23・24 カステラ カット 20%OFF!!
びっくりどら焼 20%OFF!

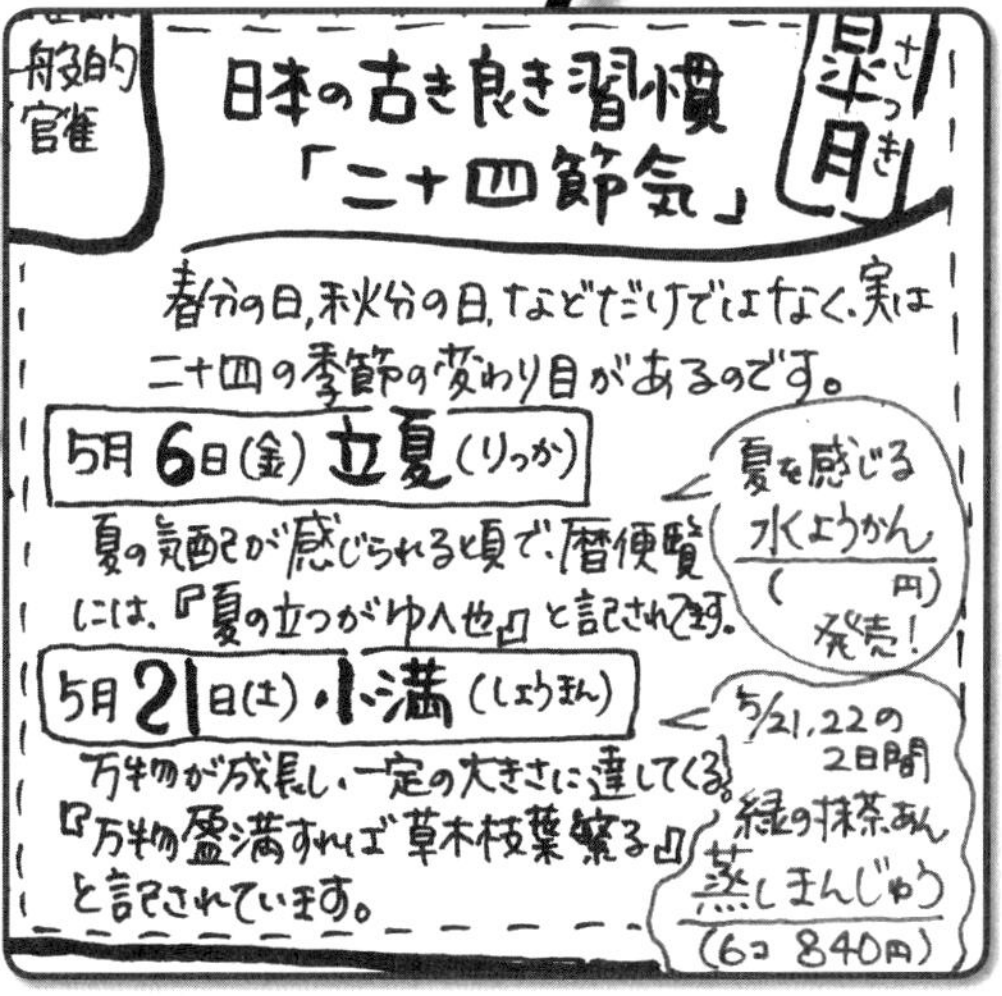
一般的 官雀
日本の古き良き習慣
「二十四節気」
皐月
春分の日、秋分の日、などだけではなく、実は二十四の季節の変わり目があるのです。
5月6日(金) 立夏(りっか)
夏の気配が感じられる頃で、暦便覧には、『夏の立つがゆへ也』と記されてます。
夏を感じる 水ようかん (円) 発売!
5月21日(土) 小満(しょうまん)
万物が成長し一定の大きさに達してくる。『万物盈満すれば草木枝葉繁る』と記されています。
5/21,22の2日間 緑の抹茶あん 蒸しまんじゅう (6コ 840円)

カレンダー形式のニュースレターは、お客様の手元に残りやすい。主婦に定期的に見てもらうためには「冷蔵庫に貼りたくなる」要素であるカレンダーが効果的です。

7 「ご挨拶」から始めよう

親近感を持たせる挨拶文

ニュースレターは、店からお客様へのお手紙です。誰がいつどんな思いで書いているのかをお知らせすることも重要です。そのため、ニュースレターの冒頭部分には必ず挨拶文を入れましょう。ニュースレター全体をパソコンで作成する際でも、挨拶文は手書きにすることをおすすめします。「挨拶文」の効果として、

① 親近感
② 安心感
③ 季節感

を与えるということがあります。

まず①の親近感ですが、ニュースレターは店頭で渡す場合も、送付する場合も自宅で読むお客様がほとんどです。店の雰囲気がなく、スタッフが近くにいない状態でも**店のことを思い出していただきながら読んでもらう**ためには、まずお客様との距離を縮める必要があります。通常の手紙でも、井戸端会議でも、挨拶から始まります。ニュースレターも例外ではないのです。これらは②の安心感にもつながるものです。どんなお客様でも、安心してサービスを受けられる店を利用したいはずです。親近感と安心感は切っても切れないものなのです。

③の季節感は、手紙や俳句にも「季語」があるように、現在の様子を最初に伝える風習が日本にはあります。「寒さもやわらぎ、当店の近くの桜はつぼみが膨らんでくるのがわかるようになりました」「私事ですが、小学校に通う長男の夏休みが始まりました。主婦としては毎日3食つくることを考えると学校のありがたみが日に日に増しています。みなさまはいかがでしょうか？」などでもよいでしょう。できれば、書いている**スタッフの人間性が垣間見えるようなプライベートの内容を含ませる**と、挨拶文としての効果がより大きくなってきます。

挨拶文の文章の長さは、特別なことがない限り、50文字から100文字程度と短めがよいでしょう。あくまでもニュースレターの本質は、会社や店の考えや新しい情報を伝えることにあります。挨拶文はその「取っ掛かり」の役割を果たせばよいのです。

新年のご挨拶で親近感を持たせる

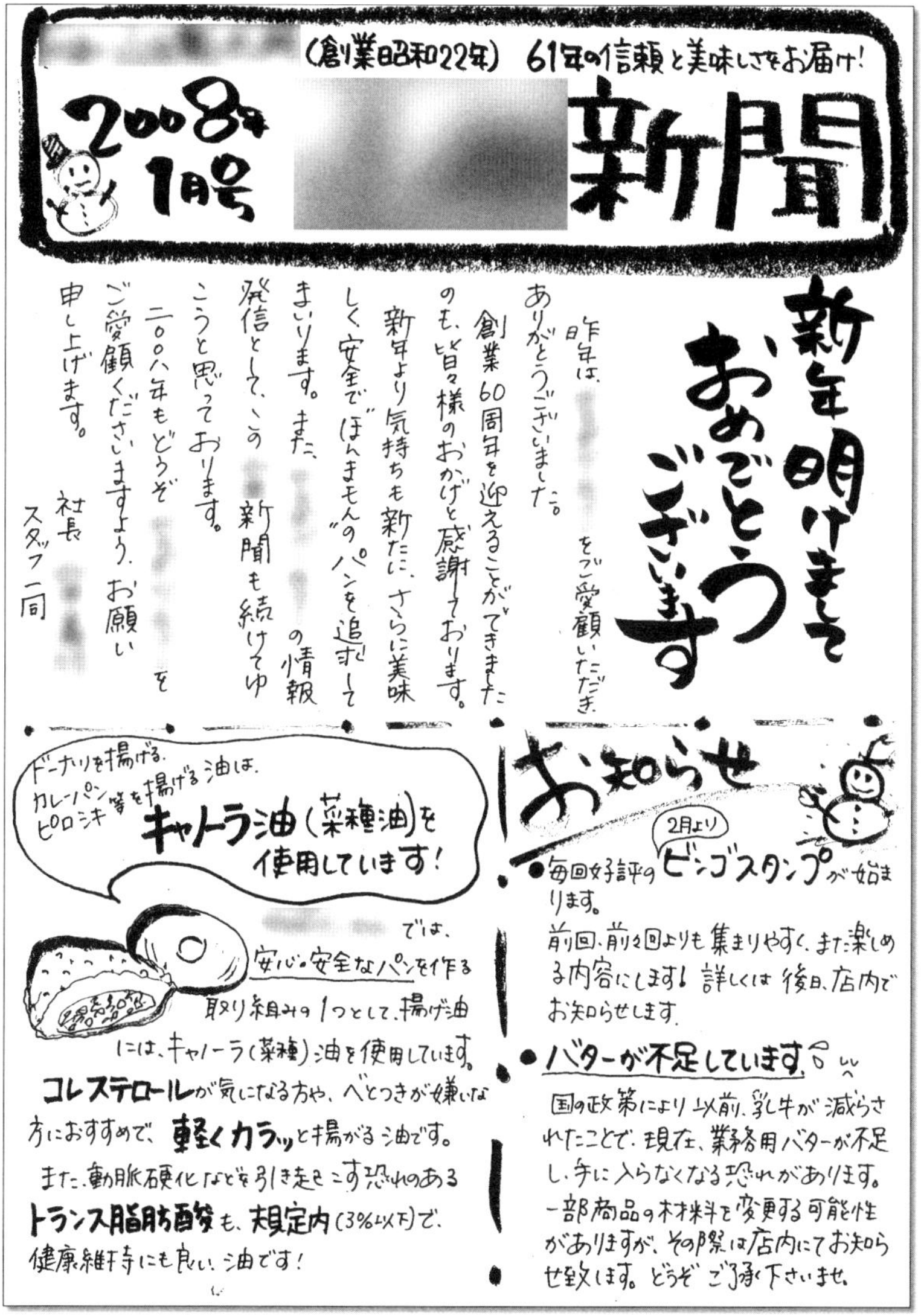

（創業昭和22年） 61年の信頼と美味しさをお届け!

2008年1月号 新聞

新年明けましておめでとうございます

昨年は、をご愛顧いただきありがとうございました。

創業60周年を迎えることができましたのも、皆々様のおかげと感謝しております。

新年より気持ちも新たに、さらに美味しく安全で"ほんまもん"のパンを追求してまいります。また、の情報発信として、この新聞も続けてゆこうと思っております。

二〇〇八年もどうぞをご愛顧くださいますよう、お願い申し上げます。

社長
スタッフ一同

ドーナツを揚げる、カレーパン ピロシキ等を揚げる油は、キャノーラ油（菜種油）を使用しています!

では、安心・安全なパンを作る取り組みの1つとして、揚げ油には、キャノーラ（菜種）油を使用しています。

コレステロールが気になる方や、べとつきが嫌いな方におすすめで、軽くカラッと揚がる油です。

また、動脈硬化などを引き起こす恐れのあるトランス脂肪酸も、規定内（3%以下）で、健康維持にも良い油です!

お知らせ

●毎回好評の（2月より）ビンゴスタンプが始まります。
前回、前々回よりも集まりやすく、また楽しめる内容にします! 詳しくは後日、店内でお知らせします。

●バターが不足しています。
国の政策により以前、乳牛が減らされたことで、現在、業務用バターが不足し、手に入らなくなる恐れがあります。一部商品の材料を変更する可能性がありますが、その際は店内にてお知らせ致します。どうぞご了承下さいませ。

ニュースレターは、来店客と店との心理的距離を縮めるツールのひとつであるため、挨拶文が重要。書いている従業員の写真やイラストを入れるとより効果的です。

8 ニュースレターで店の想いを紹介しよう

コンセプトと販促を合わせる

新規客に対しても固定客に対しても、店が常に発信しなければならないことがあります。それは、**店の理念や想い、創業のきっかけ、これから目指すことなど、経営の中核になっている「コンセプト」**です。今はさまざまな業種、店があり、モノを買うのに困ることはありません。だからこそ、消費者にとって「コンセプト」はその店の存在意義につながり、店にとっては差別化要素のひとつになるのです。しかし、店のコンセプトを表現するだけのためにチラシをつくるわけにはいきません。コンセプトだけでモノは売れないからです。しかし、常にお客様に発信してゆかなければ浸透しませんので、まずは店内・売場でPOPなどを掲示して訴求しながら、定期的に発行するニュースレターに掲載するのです。

また、新商品や季節商品のお知らせをする際にも**コンセプトに合ったストーリー**（商品ができるまでの経緯、どんな思いで開発したかなど）を紹介することで、お客様に対してのコンセプト訴求が可能になります。

一例をご紹介しましょう。

■天然酵母のパン店

「腹の底からおいしいといわれるパンをつくり続けることが私たちの使命です」

「腹の底から」という言葉には、「体が本当に求めている＝天然酵母による発酵、そして、味にも自信がある」ことを同時に伝えていることを解説します。そして、すべてのパンを天然酵母でつくっていることや、天然酵母の何がよいのかを説明することで、単なる機能の説明だけではなくコンセプトの訴求をしながら健康によいことも伝えることができるのです。

■150年続く日本酒蔵

「笑顔があふれる日本酒蔵」

これを表現するひとつの手段として、年に1度のイベント「蔵開き」では、お笑い芸人を呼んでイベントをやっています。どんな形であれ笑顔に包まれる会社は幸せです。「笑顔があふれる蔵」とお笑い芸人をつなげることもコンセプト訴求のひとつになっているのです。

「農家に焦点をあてる」コンセプトを伝える

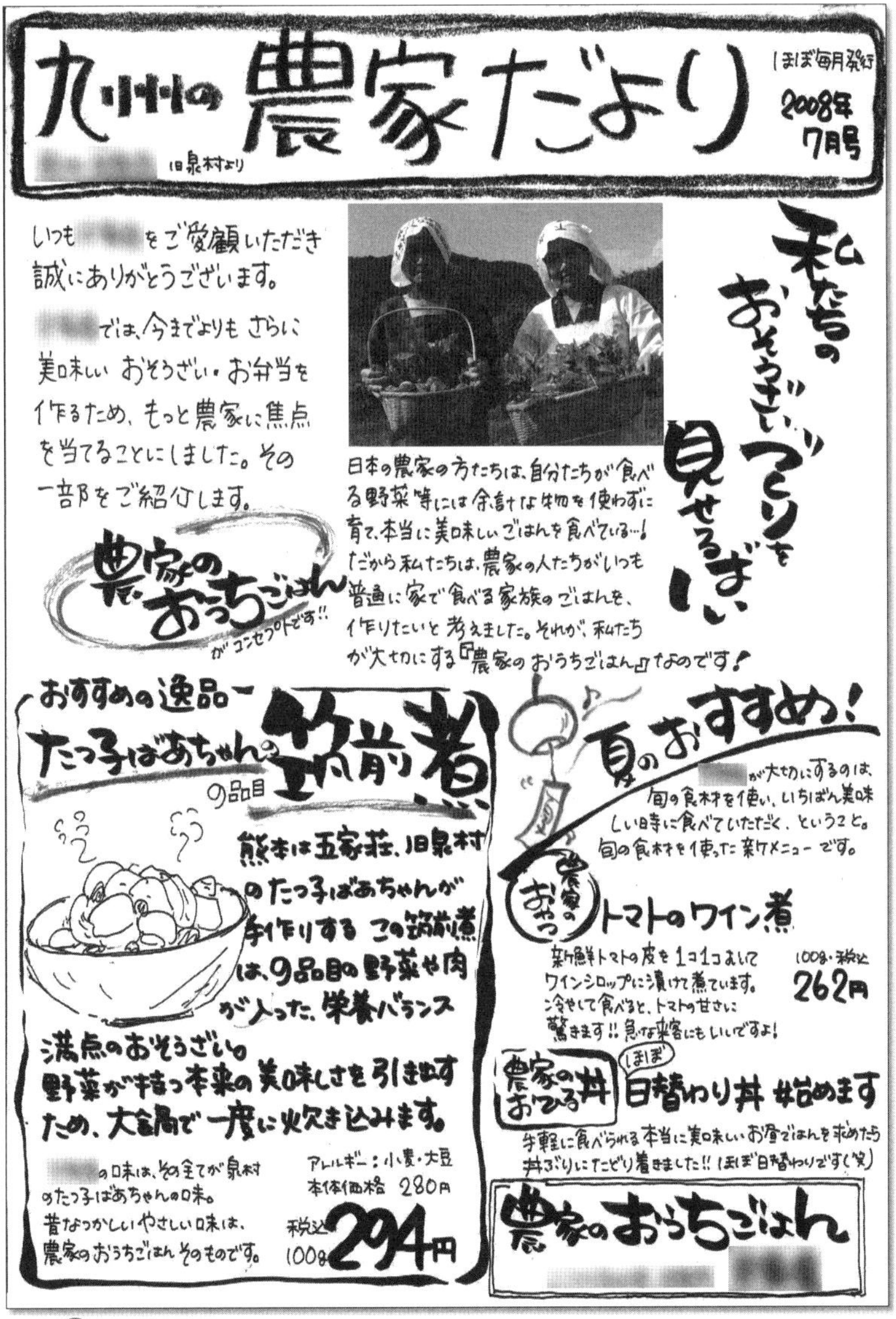

九州の農家だより

旧泉村より

ほぼ毎月発行 2008年7月号

いつも　　をご愛顧いただき誠にありがとうございます。

　　では、今までよりもさらに美味しいおそうざい・お弁当を作るため、もっと農家に焦点を当てることにしました。その一部をご紹介します。

農家のおうちごはん がコンセプトです!!

私たちのおそうざいづくりを見せるばい

日本の農家の方たちは、自分たちが食べる野菜等には余計な物を使わずに育て、本当に美味しいごはんを食べている…!
だから私たちは、農家の人たちがいつも普通に家で食べる家族のごはんを、作りたいと考えました。それが、私たちが大切にする『農家のおうちごはん』なのです!

おすすめの逸品ー たつ子ばあちゃんの9品目 筑前煮

熊本は五家荘、旧泉村のたつ子ばあちゃんが手作りするこの筑前煮は、9品目の野菜や肉が入った、栄養バランス満点のおそうざい。
野菜が持つ本来の美味しさを引き出すため、大鍋で一度に炊き込みます。

　　の味は、その全てが泉村のたつ子ばあちゃんの味。
昔なつかしいやさしい味は、農家のおうちごはんそのものです。

アレルギー：小麦・大豆
本体価格 280円
税込 100g 294円

夏のおすすめ!

　　が大切にするのは、旬の食材を使い、いちばん美味しい時に食べていただく、ということ。
旬の食材を使った新メニューです。

農家のおやつ トマトのワイン煮

新鮮トマトの皮を1コ1コむいてワインシロップに漬けて煮ています。
冷やして食べると、トマトの甘さに驚きます!! 急な来客にもいいですよ!

100g・税込 262円

農家のおひる丼 ほぼ日替わり丼始めます

手軽に食べられる本当に美味しいお昼ごはんを求めたら丼ぶりにたどり着きました!! (ほぼ日替わりです(笑))

農家のおうちごはん

どのような想いで惣菜をつくっているかを語った惣菜店のニュースレター。店内や商品、接客だけでは伝えきれない想いをニュースレターで伝えましょう。

9 ニュースレターで地域の魅力を紹介しよう

地元のネタで親近感を

最近では通販会社からの購入商品にもニュースレターが入っていることが多くなりました。人間と人間の直接的なかかわりが減る中で、ニュースレターなどのツールを利用して補っているのです。通販型の店舗でも地域密着型の店舗でも、店がどのような環境の元にあるのかを伝えることも重要です。

通信販売で使用する場合

お客様が買い物をされるのはホームページ上やカタログ上になるので、当然のことながら多くのお客様は実際の店舗の姿を知りません。**どのような地域、環境にあるのか、どのようなところで商品をつくっているのか**などわからない状態で買い物をしなければならないのです。

新規客に対する訴求は、通販ツール上で行なう必要がありますが、一度お買い求めいただいたお客様に対しては、定期的にニュースレターを送付するのが効果的です。

例えば、夏に買い物をされたお客様に対しては、「あっという間に寒さが増し、こちらの会社のまわりでは雪が積もるようになりました。（中略）雪降る寒い朝に搾る新酒を発売予定です」など、**地域の紹介をしながら新商品・季節商品の告知**をすると、再購買につながることが多いのです。

販売を目的にしたDMを送付するだけでなく、ニュースレターも添え、地域の紹介をすることが人間的なつながりのひとつになるのです。

地域密着型の店舗で使用する場合

お花見マップや夏祭りの告知、近隣で新しくオープンした店の紹介など、地域情報誌の役割を持たせることで、ニュースレターを読むお客様を増やすことができます。特に、地元情報に関心が高い**主婦層に向けた内容**がよいでしょう。

また、食に関する店舗の場合ならば、使用している地域の食材についての紹介もよいでしょう。地域紹介をしながら、自店の商品価値の高さを同時訴求できるのです。

これが、ニュースレターを上手に活用し、売上につなげるコツのひとつになるのです。

地元のネタを加えよう

お酒の通販案内に同封しているニュースレターの例。通販では店舗に来店する機会が少ないため、近隣の情報などを盛り込んでおくと、興味を持つお客様が来店することもしばしば。

＜チラシ作成者：渡辺酒造店　渡辺久憲さん・渡辺 隆さん＞

10 ニュースレターで新商品の予告をしよう

固定客にこそ伝えたい「新商品」「季節商品」

固定客になればなるほど知りたい情報のひとつに**「新商品の発売予定」**があります。店頭に立っているスタッフは、「あの商品はいつから出るの？」「去年のあの商品は今年もあるの？」というお声をよく聞いていると思います。その場で伝えることはもちろんのこと、自宅に持ち帰って確認できるツールを用意しておきましょう。

どんなレイアウトで書く場合にも、毎回のように新商品、新サービス内容は掲載しましょう。これを継続することで**「ニュースレターを見れば新商品の予定がわかる」**と認知していただくのです。

もちろんニュースレター以外のツール、例えば折込チラシやＤＭで新商品発売の告知をすることは可能です。しかし、「新商品」「季節商品」というキーワードで来店動機が高まるお客様の大半は固定客であり、店内および来店時の告知だけでも十分再来店促進ができるのです。

新商品や季節商品の発売告知を行なう際に盛り込みたい内容は次の7点です。

① 発売日
② 終売予定日
③ 商品開発に関わるストーリー
④ 使用素材
⑤ スタッフの直筆おすすめコメント
⑥ 商品イラストまたは写真
⑦ 商品の基本情報（商品名・価格など）

季節商品の場合は特に②の終売予定日は重要です。多くの店舗では終売日の予定が立たない、もしくは予定よりずれ込むことを懸念するためか、終売日を告知しません。しかし、**季節商品はその旬にあわせて販売するからこそ限定感があり、売れるのですから、販売終了の時期を明記しておく**必要があるのです。細かく設定できない場合は、「5月中旬頃まで」などの表記でも十分です。

新商品の場合は⑤スタッフの直筆おすすめコメントも重要です。または、スタッフではなく数名のお客様にモニターとして試食や体験をしていただき、その際に集めた感想の声などを掲載してもよいでしょう。

季節商品の「予約」を告知する

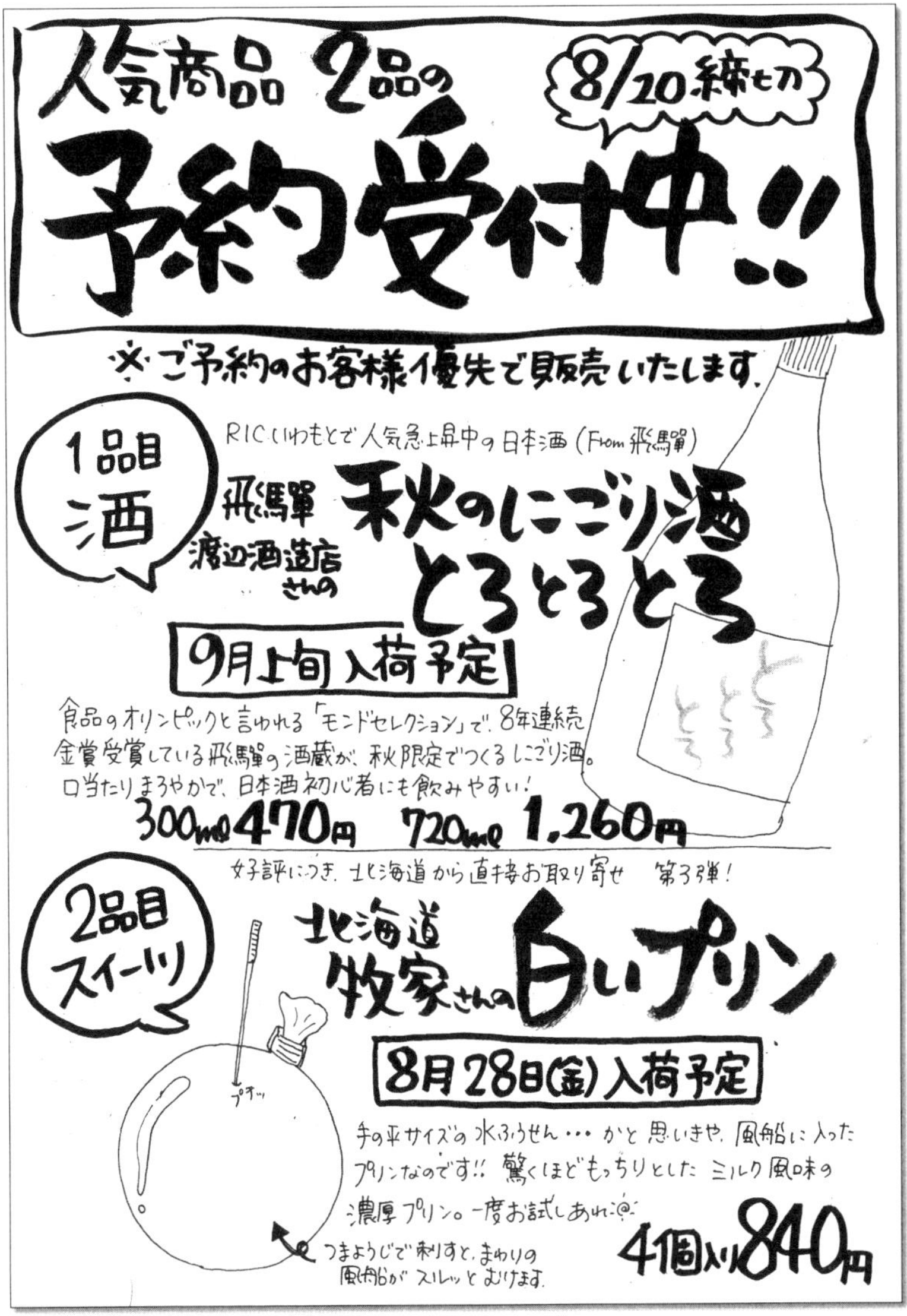
人気商品 2品の
8/20締め切り
予約受付中!!
※ご予約のお客様優先で販売いたします。
1品目 酒
RICいわもとで人気急上昇中の日本酒（From 飛騨）
飛騨 渡辺酒造店さんの
秋のにごり酒 とろとろとろ
9月上旬入荷予定
食品のオリンピックと言われる「モンドセレクション」で、8年連続
金賞受賞している飛騨の酒蔵が、秋限定でつくるにごり酒。
口当たりまろやかで、日本酒初心者にも飲みやすい！
300ml 470円 720ml 1,260円
とろとろとろ
好評につき、北海道から直接お取り寄せ 第3弾！
2品目 スイーツ
北海道 牧家さんの白いプリン
8月28日(金)入荷予定
手の平サイズの水ふうせん…かと思いきや、風船に入った
プリンなのです!! 驚くほどもっちりとしたミルク風味の
濃厚プリン。一度お試しあれ
プチッ
つまようじで刺すと、まわりの
風船がスルッとむけます。
4個入り840円

新商品の予告と予約受付を促すニュースレター。裏面を申し込み用紙にしておけば、お客様も予約しやすくなります。

11 リピート率がアップする！イベント予告ニュースレター

配布時期と内容が決め手となる

さまざまな業種で創業祭などの集客イベントを行なっていますが、その告知手段のほとんどが折込チラシやDM、HPなど大きな費用がかかる販促物です。新規客集客のためにこれらの販促ツールを使用することはもちろん必要ですが、固定客に対しては店内で確実に告知しておくことも必要です。

イベント予告などは「突発的」「限定感」がキーワードとなるため、通常の「定期的」なニュースレターの中に小さく掲載しただけでは目立ちません。「**特別号**」など称し、**イベント内容に限定したニュースレター**を発行することが最適です。

イベントなどの予告をニュースレターで行なう場合は配布時期が重要になります。開催日時が決まっているイベントでは、予告が早過ぎてもお客様は忘れてしまいます。**開催日の2週間前〜前日に告知**するとよいでしょう。ただし、イベント予告のニュースレターが通用するのは、お客様の平均来店頻度が1ヶ月以内の業種に限ります。

例えば、来店頻度が3ヶ月の店舗において来店されたお客様にイベント予告をすると、お客様は「イベントの日にまた来ればいいや」と思うため、イベント前の売上が下がる可能性があります。来店頻度が低い業種においては、イベント予告はチラシやDMのみで十分です。

ニュースレターでイベント予告を行なう場合に掲載すべき内容は次の3つです。

①イベント開催日時およびタイトル
②イベント時販売商品の予告
③ニュースレター客だけの特典

イベントの内容は、少なくとも「行ってみたくなる」ようにするには、セール商品や限定商品などの予告は必要です。ただし、セール価格を大々的に掲載することで日々の売上減少につながる可能性がありますので、詳細な内容まで掲載する必要はありません。

また、ニュースレターを読んでいるということは固定客である証拠ですから、ニュースレターの一部に特典引換券などをつけて優遇するのもよいでしょう。

タイミングよく「イベント告知」を出そう

にくにく通信
大正元年創業
2011年 冬号 12月発行
家族でワイワイ！ すき焼パーティ！
だんだん寒くなり、季節も冬ですね。みんなで集まれば心も温まる!!
すき焼用 モモ肉 通常 580円 380円
大人気 こんなおいしいのに、こんな安くていいの？
和牛ステーキ まぼ半額(1枚約200g) 1,000円→500円
他のは食べられない 一家族5個まで 11時午前中に完売する逸品です！
お母さんの手造りハンバーグ 300円→200円
家族だけでお店をやっておりますので、数に限りがございますが新鮮でおいしいお肉をご用意して
お待ちしております！
お得その1 ケータイメール会員さま限定！ ご入会の方においしいサービス！
あつあつ豚汁ふるまい
具だくさんゴロゴロ!! 無料です！
お得その2 1回3000円以上のお買物で
500円 割引！ 金券 プレゼント!!
お得その3 人気のお肉が 100円 均一
お得その4 ポイント2倍
2日間限定でポイント2倍！
2日間やります！
感謝祭開催
年末の感謝を込めて
12/2・3 (金)(土)
お待ちしております！
Merry Christmas
今年のクリスマスは家族で過ごそう！
今年のクリスマスは、なんと23～24,25日までの三連休!! そのうち、1日くらいは、家族そろっての楽しいお食事はいかがですか？ お家X'masですね！
では、手造りのオードブルをご用意してお待ちしております！
X'masの特製 オードブル 2,000円！ (2～3人前)
X'masを明るく楽しく!!
ご用意できる数に限りがありますので お早目のご予約をオススメいたします！
＜予約受付12月20日まで＞
これもオススメ 1羽3000円!
お世話になったあの方へ
おいしいお肉の贈り物は いかがですか？
贈りものの中で、実は贈られて嬉しいギフトに「お肉」がランクインしているのをご存知ですか？
ご高齢の方には脂肪の少ない上質な旨い赤身肉のすき焼き用 お子さまには霜降りの上質ステーキが人気ですよ!!
とても好評です!!
ご予算や贈り先に合わせて内容もご相談も承ります！
お歳暮
ご予約受付中！
TEL：
★営業時間：10：00～19：30 ★定休日：水曜日
ではまた次回!!

感謝祭を実施することを、来店客にだけ事前に告知しているニュースレター。内容を細かく掲載しなくても、日時を明記しておけば感謝祭での来店につながる可能性が高くなります。

＜チラシ作成者：船井総合研究所　金子友香さん＞

12 お客様との距離が縮まる「スタッフ紹介」

店のスタッフ全員を登場させよう

商品やサービスの提供以外に**お客様との距離を縮める役割を持つのがニュースレターですから、スタッフ紹介も積極的に行ないたい**ものです。もし、ニュースレターを順番に書くのであれば、担当スタッフの紹介を載せると、よりお客様にとって親しみのあるニュースレターになります。その他、新入社員や新しいパートアルバイト、製造現場（キッチンや工場）などで働いていて、**お客様との接点がなかなか持てないスタッフの紹介**にも適しています。

ニュースレター担当スタッフの紹介

毎回違うスタッフが書いていることが伝わるよう、「今回は私が書きました！」などのタイトルを冒頭につけましょう。1年に数回登場するスタッフもいるでしょうから、名前（ニックネーム）と共に「最近の面白かったこと」「今ハマッていること」など近況を書くと、内容の変化もつけやすくなります。

また、お客様に対してどのスタッフが書いているかのイメージを植えつけるためにも、必ず**担当スタッフの写真や似顔絵**をつけておくこともポイントです。

新入スタッフの紹介

冒頭には「新しい仲間が増えました」など、新しいメンバーの紹介である旨がわかるタイトルをつけます。スタッフの中では最もお客様の立場に近いところにいるのが新入スタッフですから、「この会社（店）のここが好きで入社しました」などがあると、お客様にも伝わりやすい内容になります。

いずれの場合においても、お客様と会社・店をつなぐのは、商品とスタッフがメインです。ニュースレターで商品紹介ばかりしていると、読む楽しさが徐々に薄れてきてしまうものです。

ですから、会社や店の信用性を高めるためにも、商品はもちろんのこと、つくっている人や売っている人、つまり**スタッフの信用を勝ち取ること**が、企業永続にもつながってゆくのです。

製造現場で働くスタッフを登場させよう

ありがとうございます。楽しいです。うれしいです。

蓬莱 飛騨の蔵便り

Vol.32 2010.9

TEL：0577(73)3311
FAX：0577(73)5959

この地にて

こんにちは。

渡辺酒造店蔵元の渡辺久憲です。いつもたいへんお世話になっております。いかがお過ごしでしょうか。

日本酒業界に身を置く事になって二〇年近くになります。この仕事をしていますと、全国のいろいろな場所にお邪魔することになります。そこで、その土地の文化や食や酒に触れることが多いのですが、やはりその土地ならではの良さに出逢った時に、気持ちが豊かになります。それと同時に、自分の生まれ育ったこの飛騨の地を、改めて外から見つめる良い時間になることが多々あります。

学生時代、初めて飛騨以外の土地で暮らしましたが、自分の生まれ育った故郷の認知度の低さに恥ずかしい思いを幾度となく経験し、どうしても故郷を誇りに思えなかった時期がありました。そして、僕に自分自身が井の中の蛙であった事を思い知らされます。

今になって、日本にはそれぞれの地域に素晴らしい文化や食や酒があることを認識することが少しは出来るようになりました。だからこそ、弊社が一四〇年以上の歴史を積み重ねられたこの飛騨の地を、誇りに思い、愛情を注げる気持ちになっております。

これからも、この地にこだわり続け歴史を積み重ねていくことで、飛騨の地酒としてのあるべき姿になれるのだと思っております。

先行き不透明な世の中ではありますが、毎日を楽しくする和のある生活も、皆様にお届けできるよう、がんばって参ります。

今後とも、どうぞよろしくお願いいたします。

平成二十二年 秋風たつ頃
有限会社 渡辺酒造店
荒城屋九代目 渡邉 久憲

速報

2010 スローフードジャパン 熱燗コンテスト

金賞受賞

純米吟醸 家伝手造り 蓬莱

蔵人紹介

お客様担当 中平 小百合

秋風が吹き始めて、朝晩が涼しくなり、秋を感じさせるこの頃です。

飛騨の山々も紅く色づく季節になり、日本酒が特においしい季節になりますね。

こんにちは。はじめまして。お客様担当の中平です。

電話を通してお客様とお話しさせていただく機会が多いのですが、お客様からはお礼や励ましのお言葉など嬉しいお言葉をたくさんいただき、いつも勇気と元気をいただいています。そんな時は、この仕事をしていて本当に良かった♪と心から感激します。

渡辺酒造店もこれから酒造りに忙しい時期を迎えますが、これからも皆様においしいお酒とハッピーがお届けできるように日々笑顔で頑張ります。

蔵人 矢嶋としひろの元気がでる料理！！

「酒粕入り美肌カレー」

と〜も〜♪渡辺酒造店の料理長ヤジーこと矢嶋としひろです！

ちょっとネタが古いのですが、3月2日に放送されていた日本テレビ「魔女たちの22時」で、美肌カレーで15歳も若返った60歳の魔女が紹介されていましたね。

牛すじ、玄米、酒粕を使ったカレーが美肌カレーなのだそうですが、その魔女はこれを食べ続けることでお肌がとってもキレイになったのだとか！ そのレシピ、作り方も簡単に紹介されていたのでメモしておきました。

牛すじをトロトロになるまで煮込み、カレー1箱に溶いた酒粕100gを入れ、完成したら玄米ご飯にかけて食べるというだけみたいです。 まあ、カレーなので作り方は特に難しいことはないようですね。

玄米にはビタミンB1などがたっぷり含まれ、牛すじ肉にはコラーゲン、酒粕には食物繊維やアミノ酸が含まれているので、新陳代謝を良くする効果や美白効果が期待できるのだとか！

実際に登場した魔女を見たら、本当に良いのかもしれないと思いました♪

とても60歳には見えないし、声も若々しくて今回は特に驚きました^^；

あんな風にキレイになりたい方は作って食べてみるのも良いかも！

（矢嶋としひろ）

ご近所様訪問 『信濃屋』

「凍るお酒があるよ！」という噂を聞きつけ、古川駅前にある信濃屋さんにご近所探訪です。

お店に入りメニューを見ると……ありました！

"新感覚！暑い夏に楽しむお酒！"の表示。4種類ほどお酒の種類がある中で迷わず『蓬莱』のフローズンドリンクを注文。

凍ったようなお酒といってよくあるのは氷とお酒をミキサーにかけシャーベット状にしたフローズンリキュール。

でも信濃屋さんの凍るお酒はかなり違います！

なんと！『過冷却』を利用し、グラスに注いだ瞬間にお酒自体がシャーベット状に凍ってゆく「凍るお酒」なのです。氷とお酒をミキサーにかける種のものとは違って一切加水されていないので、ピュアなお酒としても楽しめます。視覚でも、味覚でも、食感でも楽しめる斬新な過冷却ドリンク、おススメです！

※過冷却…凍結点を下回ってもなお、凍ることなく液体のまま存在する状態を可能にする冷却方法。信濃屋さんでは、この状態を作り出す特殊な冷凍庫（過冷庫）を導入され、『凍るお酒』を提供されています。

酒蔵で働くスタッフの紹介

一般客が通常は入ることができない酒蔵では、どのような従業員が働いているかも見えづらいもの。ニュースレターで蔵人の紹介をすることは、つくり手のよさ、会社のよさを訴求することにつながります。

＜チラシ作成者：渡辺酒造店　渡辺久憲さん・渡辺 隆さん＞

13 主婦が喜ぶ「お役立ち情報」

毎回入れてニュースレターの認知度を上げる

ニュースレターをお客様に継続的に読んでいただくには、毎回読みたくなるような内容にすることも大切です。中でも主婦層に好評いただける内容であれば、そのよさはクチコミで広がり、店内イベントの告知をした際には大きな反響を得ることができるようになります。

主婦層が好む内容としては以下のようなものがあげられます。

①おすすめレシピ
②家事でのお役立ち情報
③今月の占い
④近隣のおすすめ店舗
⑤近隣地域の行事

掲載レシピに関しては、自店の客層を踏まえた内容にすることをおすすめします。例えば、幼稚園児がいる家庭の主婦をメインターゲットに設定している場合は、「キャラクター弁当のつくり方」や「子供の健康に役立つお菓子のつくり方」などがよいでしょう。高齢のお客様をターゲットにしている場合は、「夕飯に3分でできるおかず」「食材の豆知識」などもよいでしょう。これらの情報を毎月ニュースレターに組み込んでいくことで、お客様が「自分に役立つ情報が載っているニュースレター」であることを認知するようになります。

ここで重要なのは、**毎回のニュースレターの同じ場所に掲載**することです。配置を変えてしまうと「今回はお役立ち情報がない」と認識され、最後まで読むお客様が減ってしまうのです。目立つ場所でなくても結構ですので、常に定位置に掲載することをおすすめします。

また、地域密着型の店舗で喜ばれるのが④⑤のような地域の情報です。地域密着型の店舗の役割として、少なからず「地域貢献」は必要ですから、行事や近隣店舗（同業者は除く）を紹介し、地域全体を活性化する手伝いをすることが求められます。取り組みやすい事例としては、「お花見マップ」「夏祭り情報」などです。微力ではあっても「継続は力なり」です。**地域内における自店舗の存在意義**を増やしていきましょう。

専門家だからこそ書ける「お役立ち情報」

ごあいさつ
ただ今畳屋修行中
おもしろイ草通信
これであなたも大丈夫!
畳屋のフリーペーパー
この夏にぴったりのプレゼント企画もご用意いたしました。
WELCOME!!
タバコを吸っている方の味方です!
この夏必須
わたしだけアイテムプレゼント
手づくりイ草のコースター
関川家の人々
イグサは食物センイがたっぷり!!
いぐさ青汁は手軽で簡単だから毎日のお食事やデザートにご利用いただけます。
編集長のページ
(株)関川畳・内装店
日曜日は定休日です。

「子育て」などは主婦が共通の悩みを持ちやすいもの。「そうそう、私も同じだわ！」とか「この人はこんな風にしているんだ」と思ってもらうことで、従業員との距離を縮める効果があります。

14 ニュースレターに「お客様の声」を定期的に載せよう

「お褒めの言葉」と「お叱りの言葉」

会社や店、そして商品の安心感、**信用性などの価値を高める要素のひとつに「お客様の声」があります。**商品の製造や販売にかかわっていない第三者、つまりお客様の評価は価値訴求の常套手段ともいえるでしょう。お客様の声を取り入れていること、また、それによってお客様にとって心理的に近い会社・店であることをアピールするためにも、ニュースレターではお客様の声を載せるとよいでしょう。

会社や店、商品に対してお客様が持っている意見は、よいものもあれば、悪いものもあって当然です。そのため、ニュースレターには**「お褒めの言葉」と「お叱りの言葉」の両方を掲載して然るべき**です。お叱りの言葉に対しては、ただ単に掲載するだけではなく具体的な改善策も同時に載せることで、お客様への誠意を表わすことができます。お叱りの言葉を掲載することで、お客様がクレームをいいやすくなることはもちろん考えられます。しかし、本当に恐れるべきことはクレームの発生ではなく、**クレームが表面化しないままお客様が離れていってしまう**ことなのです。「ひとつのクレームが発生したら、同じ意見を持つお客様は26人いる」という調査結果があるのは有名です。逆をいえば、クレームを伝えた1人を除く25人は、何もいわずに店を去っている可能性が高いのです。ですから、マイナスな意見をお客様にも見える形にし、その改善策も併記することで店としての努力を伝えることが望ましいのです。

お褒めの言葉に対しても、スタッフからのお礼の言葉を添えます。その場合、必ず回答したスタッフの名前も明記しておきましょう。

ニュースレターには、毎月2〜3件ずつお客様の声を載せることが望ましいですが、意見の収集と集計には労力が必要です。定期掲載が難しい場合は、3〜6ヶ月に1回程度でかまいませんから**「お客様の声特集号」**をつくりましょう。ランダムに掲載すると読みづらくなるため、「店について」「商品について」「接客について」などテーマで区切ることをおすすめします。

お客様の声こそ「宣伝」になる！

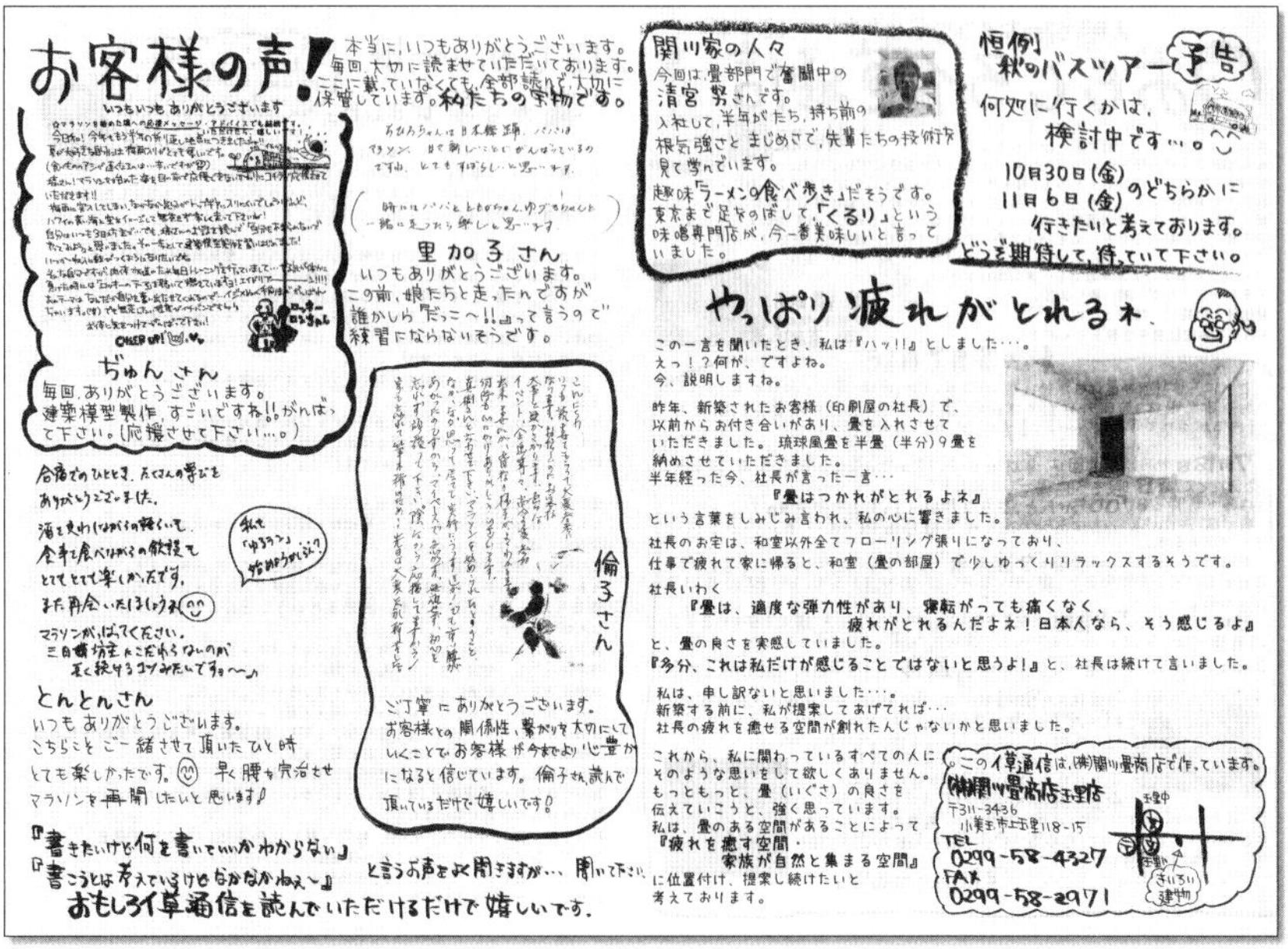

お客様の声！

いつもいつも ありがとうございます

ぢゅんさん
毎回、ありがとうございます。
建築模型製作、すごいですね!!がんばって下さい。（応援させて下さい…。）

本当に、いつもありがとうございます。
毎回、大切に読ませていただいております。
ここに載っていなくても、全部読んで大切に保管しています。私たちの宝物です。

里加子さん
いつもありがとうございます。
この前、娘たちと走ったんですが誰かしら『だっこ〜!!』って言うので練習にならないそうです。

合宿でのひととき、たくさんの学びをありがとうございました。
酒を交わしながらの語らいで、
食事を食べながらの歓談で
とてもとても楽しかったです。
また再会いたしましょうね
マラソンがんばって下さい。
三日坊主にこだわらないのが長く続けるコツみたいですよ〜♪

私も「ゆるラン」始めようかしら？

とんとんさん
いつもありがとうございます。
こちらこそご一緒させて頂いたひと時とても楽しかったです。早く腰を完治させマラソンを再開したいと思います♪

倫子さん
ご丁寧にありがとうございます。
お客様との関係性、繋がりを大切にしていくことでお客様が今までより心豊かになると信じています。倫子さん、読んで頂いているだけで嬉しいです♪

『書きたいけど何を書いていいかわからない』
『書こうとは考えているけどなかなかねえ〜』
と言うお声をよく聞きますが…、聞いて下さい。
おもしろイ草通信を読んでいただけるだけで嬉しいです。

関川家の人々
今回は畳部門で奮闘中の清宮努さんです。
入社して、半年がたち、持ち前の根気強さとまじめさで、先輩たちの技術を見て学んでいます。
趣味「ラーメンの食べ歩き」だそうです。東京まで足をのばして、「くるり」という味噌専門店が、今一番美味しいと言っていました。

恒例 秋のバスツアー予告
何処に行くかは、検討中です…。
10月30日（金）
11月6日（金）のどちらかに行きたいと考えております。
どうぞ期待して、待っていて下さい。

やっぱり疲れがとれるネ

この一言を聞いたとき、私は『ハッ!!』としました…。
えっ！？何が、ですよね。
今、説明しますね。

昨年、新築されたお客様（印刷屋の社長）で、以前からお付き合いがあり、畳を入れさせていただきました。琉球風畳を半畳（半分）9畳を納めさせていただきました。
半年経った今、社長が言った一言…
『畳はつかれがとれるよネ』
という言葉をしみじみ言われ、私の心に響きました。
社長のお宅は、和室以外全てフローリング張りになっており、
仕事で疲れて家に帰ると、和室（畳の部屋）で少しゆっくりリラックスするそうです。

社長いわく
『畳は、適度な弾力性があり、寝転がっても痛くなく、疲れがとれるんだよネ！日本人なら、そう感じるよ』
と、畳の良さを実感していました。
『多分、これは私だけが感じることではないと思うよ！』と、社長は続けて言いました。

私は、申し訳ないと思いました…。
新築する前に、私が提案してあげてれば…
社長の疲れを癒せる空間が創れたんじゃないかと思いました。

これから、私に関わっているすべての人にそのような思いをして欲しくありません。
もっともっと、畳（いぐさ）の良さを伝えていこうと、強く思っています。
私は、畳のある空間があることによって
『疲れを癒す空間・家族が自然と集まる空間』
に位置付け、提案し続けたいと考えております。

この イ草通信は、(株)関川畳商店で作っています。
(株)関川畳商店玉里店
〒311-3436
小美玉市上玉里1118-15
TEL 0299-58-4327
FAX 0299-58-2971

お客様の声は、お褒めの言葉もあればお叱りの言葉も定期的に集まるもの。これらをお礼や改善策と共に掲載することで、お客様の声に真摯に対応する真面目な会社であることが訴求できます。

15 ニュースレターを店内で掲示する

来店客全員に知らせる方法

ニュースレターは来店客や商品購入客に配布することがメインになります。しかし、ニュースレターの存在を知っているお客様は来店客の2〜3割程度しかいないのが現状です。ニュースレターの存在を告知し、定期的に読んでいただくためにも、**ニュースレターは拡大して店内の数箇所に掲示**しましょう。

ニュースレターを掲示するのに適している場所としては、例えば、**レジ付近や店内掲示板、そしてお手洗いの中（男女共に）など、多くのお客様が立ち止まる場所や滞在時間が比較的長くなる場所**がよいでしょう。手元に持って読む場合と異なり、字は大きめでなければ読みづらくなるため拡大コピーが必要になります。掲示物としての存在感を出すためにはB4またはA3サイズ以上の大きさが必要です。

繰り返しになりますが、ニュースレターは「定期的に」「継続的に」発行することが重要です。それをお客様に知らせる意味でも、店内に掲示する場合は**3回分を一緒に掲示**するとよいでしょう。直近のものをA3サイズで、過去の2回分をその半分のA4サイズで掲示することで直近の内容を目立たせることはできます。さらに、サービス期間が終了している告知内容などがあれば、記事の上から「本サービスは○月○日で終了しております」と書いておけば、お客様が間違えることもありません。

ニュースレターをモノクロで印刷している場合は、**店内に掲示するものに限り色づけをする**のもよいでしょう。店内には商品POPやプライスカードをはじめ、さまざまな販促物がありますから、モノクロのまま掲示しても訴求力に欠けることがあるのです。拡大コピーをした後に色鉛筆やマジックなどで色づけし、できればラミネート加工してから掲示しましょう。

さらに、ニュースレターを店内に掲示した場合には、手配り用のニュースレターも近くに設置し、**「ご自由にお持ちください」**と表記します。設置台がない場合は、ニュースレターの左上に穴を開けてヒモを通し、壁面から下げておけばお客様も取りやすくなります。

レジに掲示して、お客様すべてに知ってもらおう

ニュースレターは通常来店客に配布するものですが、客数が多い日などには渡しそびれることも……。まずはお客様にニュースレターの存在を知っていただくため、レジ付近に掲示しておくこともおすすめです。

10章

チラシ活用術②
手書きDMで
特別扱いしよう

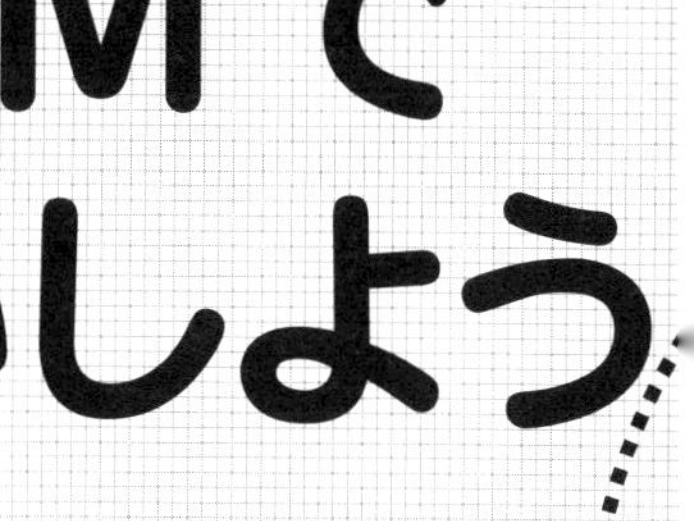

1 DMの種類をおさえよう

お客様に直接届くDM

DM（ダイレクトメール）とは、チラシや雑誌広告などの大衆向け販促とは異なり、**各お客様に直接届ける告知・販促のこと**を指します。

例えば、誕生日が近づくと届く「お誕生日おめでとうございます！　特別割引」などのハガキ、頻繁に買い物をする店から届く「会員様特別招待会（特招会）」のお知らせなどがこれにあたります。広告の役割はもちろんのこと、お客様に対するお手紙であり、私信であり、ラブレターにもなるのです。

DMにはいくつかの種類があります。アメリカのDM研究家ヘンリー・ホークが唱える4つのタイプをご紹介しておきましょう。

①情報DM

即座に注文がくることを想定せず、一方的に商品や店舗の情報を伝えるためのもの

②説得DM

注文・問い合わせといった行動を促すことを目的としたもの

③想起DM

特定の名称やイメージを定着させることを目的としたもの

④実用DM

郵便本来が持つ「連絡を取る」ことを目的としたもの

現在ではインターネットやテレビ広告の普及により、③想起DMや④実用DMとしての利用は少なくなっています。というのも、DMは制作や送付にコストがかかるため、費用対効果を検証すると割りに合わないのです。そのため、最近では「即時に注文を促す」または「即時に来店を促す」ことを重視したDMが多くなっているのです。

お客様の手元に確実に届けるには、お客様のお名前や住所などの顧客情報が必要になります。となると、来店時や商品購入時に何らかの形でお客様から情報をいただく必要があります。このお客様の個人情報をいただく手法については、次の項で説明しましょう。

お客様に直接届けるDM

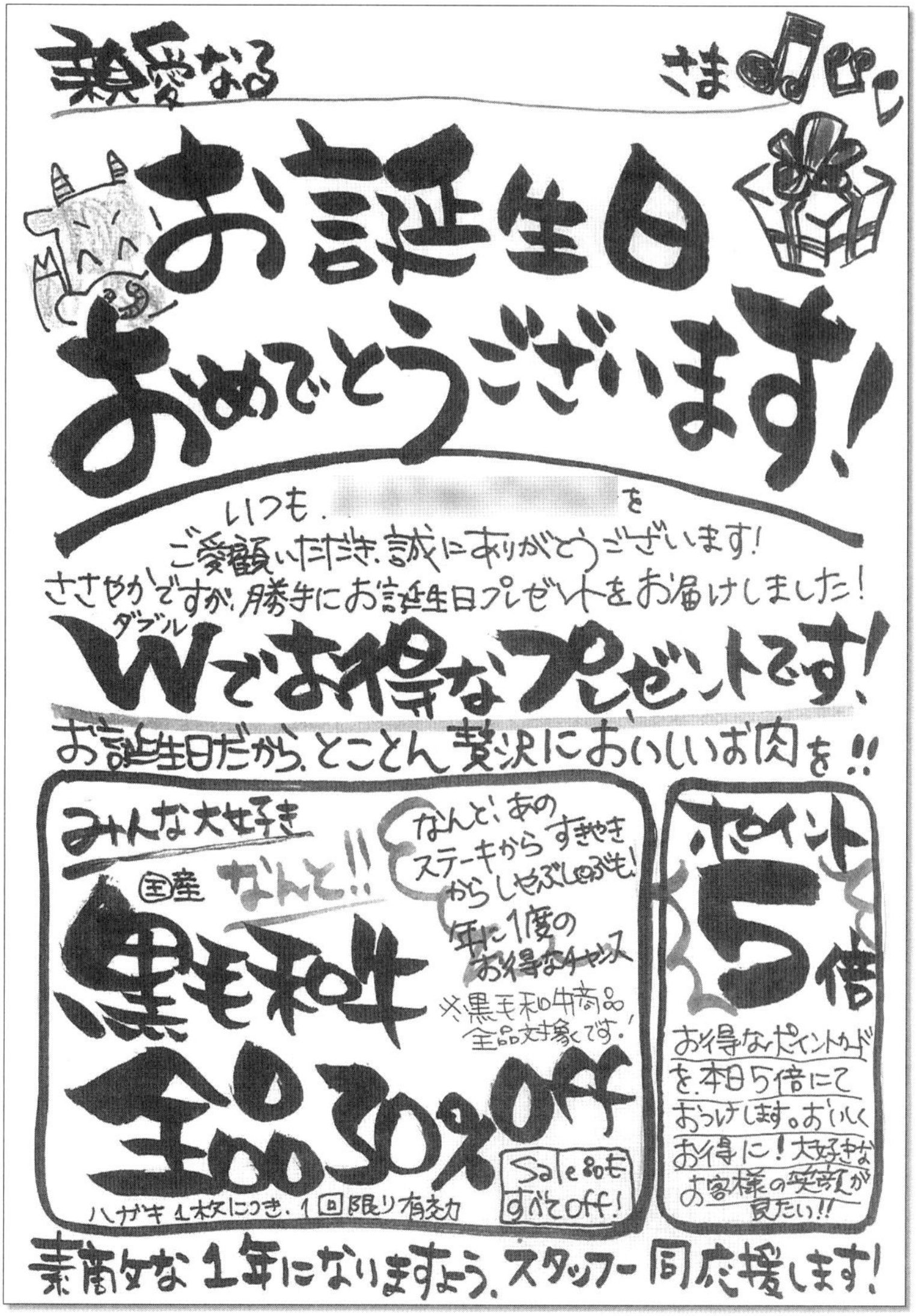
親愛なる
さま
お誕生日
おめでとうございます！
いつも　を
ご愛顧いただき誠にありがとうございます！
ささやかですが、勝手にお誕生日プレゼントをお届けしました！
W《ダブル》でお得なプレゼントです！
お誕生日だから、とことん贅沢においしいお肉を!!
みんな大好き
国産
なんと!!
黒毛和牛
全品30%OFF
ハガキ1枚につき、1回限り有効
なんと！あのステーキからすきやきからしゃぶしゃぶも！
年に1度のお得なチャンス
※黒毛和牛商品全品対象です！
Sale品もすべてOFF!
ポイント
5倍
お得なポイントがを本日5倍にておつけします。おいしくお得に！大好きなお客様の笑顔が見たい!!
素敵な1年になりますよう、スタッフ一同応援します！

最もよく目にするDMといえば、このような「お誕生日DM」でしょう。他店でも行なっているDMの場合は、まずは手書きで差をつけましょう！

＜チラシ作成者：船井総合研究所　金子友香さん＞

2 お客様情報を上手に集める方法

お客様に還元する旨を伝える

小売店でよく採用されているのがポイントカードやスタンプカードによる名簿取得でしょう。よく利用していただくお客様に還元する意味ではとてもよい手法だと思います。

しかし、近年問題になっている個人情報保護の観点から、名簿取得に苦労している店も多いようです。よく聞く意見は、「個人情報を書いてもらう欄はあるけれど、書くのを嫌がるお客様が多い」というものです。事情はよくわかりますが、お客様は本当に嫌がっているのでしょうか。

お客様が個人情報を書くのを嫌がる理由は、**「その情報をどのように使うのかが不明だから」**ということが多いようです。実際に、「お名前とご住所を書いてくださったお客様だけに、特別なご案内を8月頃お送りしています」というひと言があるだけで、お客様が喜んで情報を書いてくださるということが多いようです。「お客様が嫌がる」という発言が多い店ほど、過去に名簿は取得してきたものの、DM送付などでお客様にお返しをしていない可能性があります。

お客様は情報を書くこと自体が嫌なのではなく、目的なく収集されるのが嫌なだけなのです。顧客情報の使用目的とお客様への還元内容を明確にすれば解決します。

名簿の取得は、チラシなどの一部に「プレゼント引換券」の枠をつくり、お客様情報を書いてご持参いただければプレゼントと交換できるようにしておくと、比較的簡単に集めることができます。左ページ下の例では、約1万2000枚チラシを折り込んだ際、3日間開催のイベントで1000名の名簿が集まりました。ポイントカードでの名簿取得は、お客様がポイントを集めるのに一定の期間を必要とする分、名簿取得にも時間を要します。早急に名簿を集め、販促に活かしたい場合はこのような取得方法がおすすめです。

お客様に情報をいただくならばお客様に還元する。還元するDM販促などを行なわないのであれば情報を収集しない。このどちらかにするほうがよいでしょう。

お客様の情報を集めよう

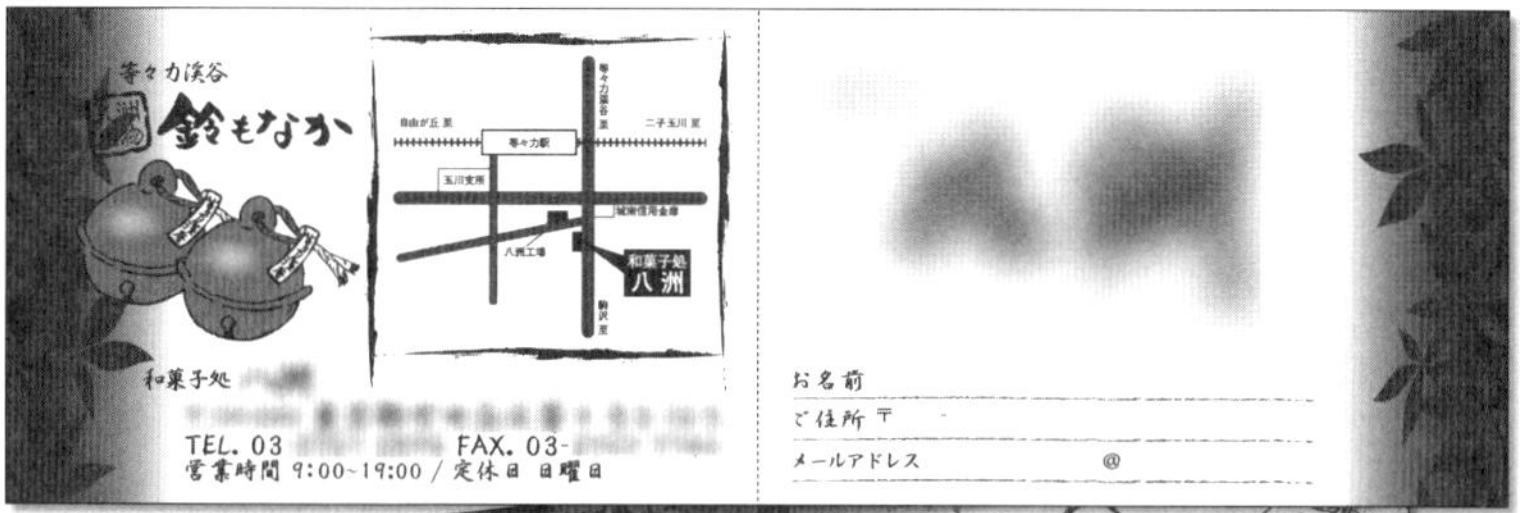
等々力渓谷
鈴もなか
和菓子処
TEL. 03
FAX. 03-
営業時間 9:00~19:00 / 定休日 日曜日
和菓子処 八洲
お名前
ご住所 〒
メールアドレス @

ポイントカード
・500円ご購入につき、1つスタンプを押印。
・他の特典等の併用はできません。
・20ポイントで次回のお買い物から5%OFF,40ポイントで10%OFFになります。
・50ポイントで次回以降のお買い物が500円割引になります。
・有効期限はありません。

松栄堂から日頃の感謝の気持ちを込めて
営業時間 9:30~18:00
大創業祭
松栄堂 お菓子の宝箱
ミルどら
コーヒーどら焼
味噌どら焼
松栄堂のどら焼

その場で当たってうれしい
松栄堂お楽しみ抽選会!!
大創業祭期間中のレシートと本券お持ちの方にその場で当たってうれしいお楽しみ抽選会を実施いたします。奮ってご参加ください!
お名前
生年月日
年 月 日
ご住所(〒 -)
※頂いた個人情報は、当社からのご案内以外には使用しません。
※ラピナ店では行っておりません。
切り取り線

ポイントが満杯になったポイントカードは、お客様のお名前や住所を書いていただき回収することで、次回のDM配布につなげることが可能。チラシに「抽選補助券」として、お客様情報を書いていただく手法も名簿取得につながりやすくなります。

3 DMを送るお客様と送らないお客様の決め方

反響率と経費から計算する

名前と住所がわかるお客様すべてにDMを送付するのもよいでしょう。しかし、ハガキでDMを発送したとしても1通あたり50円近い経費がかかります。ハガキを送付したお客様が必ず来店してくださるとも限りませんから、DMを送付する際には名簿の絞り込みをする必要があります。

業種によってDMの反響率はさまざまですが、誕生日関連DMの場合で20～30％、セールや特別招待会の告知で30～50％の反響が一般的です。これらの**反響率や必要経費を算出しながら、妥当な送付枚数を決める**とよいでしょう。

例えば、ポイントカード会員様限定の特別招待会を開催する告知をハガキDMで送付すると考えましょう。会員が全部で1万人いる場合、全員に送付した場合は約50万円の経費がかかります（ここではハガキ1通50円で計算。大量枚数の場合は日本郵政での割引制度もあるので、お調べください）。

この店のセール時の売上目標が100万円とすると、その経費に50万円使ってしまっては経費倒れになってしまいます。売上目標が100万円の場合、広告に要する経費を10％程度に留めておく必要がありますから、10万円までが妥当です。逆算すると、DMの配布数は2000枚になりますから、名簿の上位20％のお客様を選定しなければなりません。

名簿の選定方法は以下の3通りあります。

①直近で来店している顧客を選定
②過去来店回数が多い顧客を選定
③過去の累計購買金額が多い顧客を選定

いずれの方法でもよいのですが、ひとついえることは**「名簿は鮮度が命」**ということでしょう。引越しで移転しているお客様も多くいます。取得後2年以上経過している名簿は、DMの反響率も極端に低くなることが多いようです。これを考えると、①の手法で名簿選定することが最良といえます。

DMを送付するお客様を選ぼう

名簿の絞り込み ➡ **RFM分析**で優良顧客を見つけよう

Recency……　最新購買日 ⇒ できる限り直近に来店しているお客様のほうが、近々また来店しやすい

×

Frequency……購買頻度 ⇒ 頻度高く来店しているお客様のほうが、ＤＭを受け取った後すぐ来てくれる

×

Monetary……　購買金額 ⇒ 過去の累計購買金額が多いお客様のほうが、今後も購買見込みが高い

⬇

すべてにおいてポイントが高いお客様を選定しよう!

DMを発送する枚数（名簿数）は予算に合わせて決めましょう

4 DMの送付方法の選び方

送料と売上効果の関係

ひとくちにDMといっても、ハガキサイズのものやA4サイズのもの、ハガキ以外にも封書や透明封筒のものなど、さまざまな形態があります。どのような場面にどのようなDMを送付するのがよいのでしょうか。

形態によって大きく異なるのは費用です。DMの大きさが大きくなるほど制作費用も送付費用もかかります。そのため、**DM送付後にお客様が商品を購入する際の売上高や客単価で判断**する必要があります。

まず、ハガキサイズであれば送料は50円（大量送付による割引を除く）、制作費用（用紙代や印刷代など）に1枚あたり5～10円かかることを考えると、DM1通あたりのコストは60円。販促費用の目安として売上の5～10％に留めることを考えると、1通あたり600～1200円の売上が確保できなければ経費倒れになる可能性があります。

また、すべてのハガキが売上として戻ってくるわけではありませんから、反響率を50％と考えると、DMによる来店客1人あたりで1200～2400円の売上が必要です。1通のハガキをきっかけに数回来店していただくことを考えてもDMは経費比率が高くなりますから、客単価が2000円以下の業種ではハガキDMが妥当といえます。

封書の場合の計算

封書の場合、A4サイズの透明封筒を使用した場合、「ゆうメール」（日本郵便の冊子小包郵便）を利用することで1通あたりの送料は80～100円になります。また、**封筒を利用することで中には数枚の広告やレターを入れる**ことができますから、封筒を利用するDMはコストがかかる傾向にあります。客単価が3000円以上で、かつ、お客様からの注文が見込める業種では効果的なDMとなります。

いずれの場合でも、ひと言でも手書きの部分を添えておくと反響率が高くなります。封書の場合は、宛名面裏側に手書きの手紙が見えるように封入することで、開封率を高めることが可能になります。

費用やDMの内容に応じて送付方法を選ぼう

主な送付方法一覧	送付方法	送料	注意点
ハガキ（100ミリ×148ミリ）	普通郵便 ※割引制度あり	50円	・面積が小さいため掲載できる情報量が限られる
封書（長3封筒）	普通郵便	80円～ ※定型郵便物	・A4サイズのDMを3つ折りにする必要あり ・封筒に差し出し人を明記すること
A4封書（A4サイズ）	・ゆうメール ・メール便等（宅配便会社が行なっているもの）	80円～	・透明の封筒を使用 ・所定のマーク、シール等の使用が必要
	普通郵便	120円～ ※定型外郵便物	・封筒に差し出し人を明記すること

5 DM送付のタイミングはこう決める

DMの目的とタイミング

どのような業種の店でも、1年のうちに繁忙期と閑散期があります。この中でDMを配布するタイミングは以下のように決めることをおすすめします。

①通販DMの場合

通販カタログ類を配布する際は、お中元やお歳暮などの**需要期に合わせて送付する**必要があります。百貨店やスーパーマーケットなどの総合店では需要期ピークの約2ヶ月前、専門店では約1ヶ月前から送付を開始します。中小の専門店では、総合店に比べるとお客様の駆け込み需要が高いため、送付時期が早過ぎると反響が少なくなることがあるのです。

お中元やお歳暮などの大きなイベント以外では、DM送付ではなく店舗での設置やインターネット上での「カタログ請求」などに切り替えると、経費とのバランスがとりやすくなります。

②来店促進DMの場合

通常、チラシやDMなどの販促は「**売れるときに**」行なうことが原則です。しかし、店舗におけるDMについては、**店舗の閑散期に行なうことでよりリピート率アップ**につながっています。というのも、DMを送付する先は名前や住所がわかるお客様であることを考えると、店にとっては常連客であることがほとんどです。常連客になればなるほど、一般の新規客がたくさん集まるチラシの日には来店しなくなるのです。それよりも、通常日に「**上得意客のあなただけに内緒のセールです**」と案内をされるほうがうれしく、来店につながりやすいのです。

来店促進には、繁忙期には一般客向けのチラシを、閑散期には固定客向けのDMを行なうことがおすすめです。

③バースデーDM

お客様の誕生日に合わせて送るDMです。管理が難しくなるため、毎月20～25日に翌月誕生日を迎えるお客様宛てにDMを送付します。可能であれば、誕生日の1週間前など直前に届くようにし、DMの利用期間を誕生日から1ヶ月間にするとお客様への訴求力が増すため、より反響率が高まります。

DM送付のタイミング

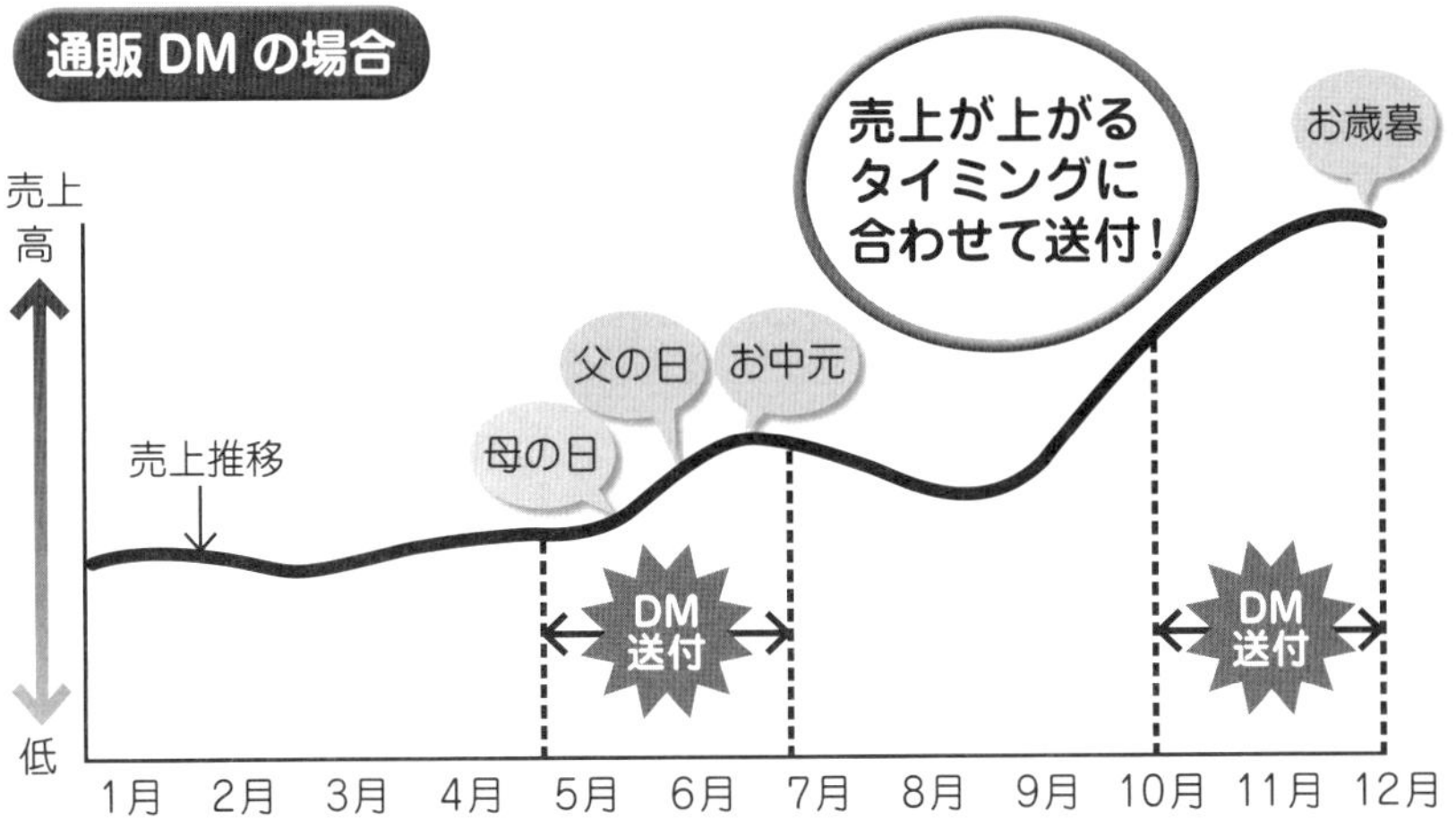
通販DMの場合
売上高
低
売上推移
母の日
父の日
お中元
売上が上がるタイミングに合わせて送付！
お歳暮
DM送付
DM送付
1月
2月
3月
4月
5月
6月
7月
8月
9月
10月
11月
12月

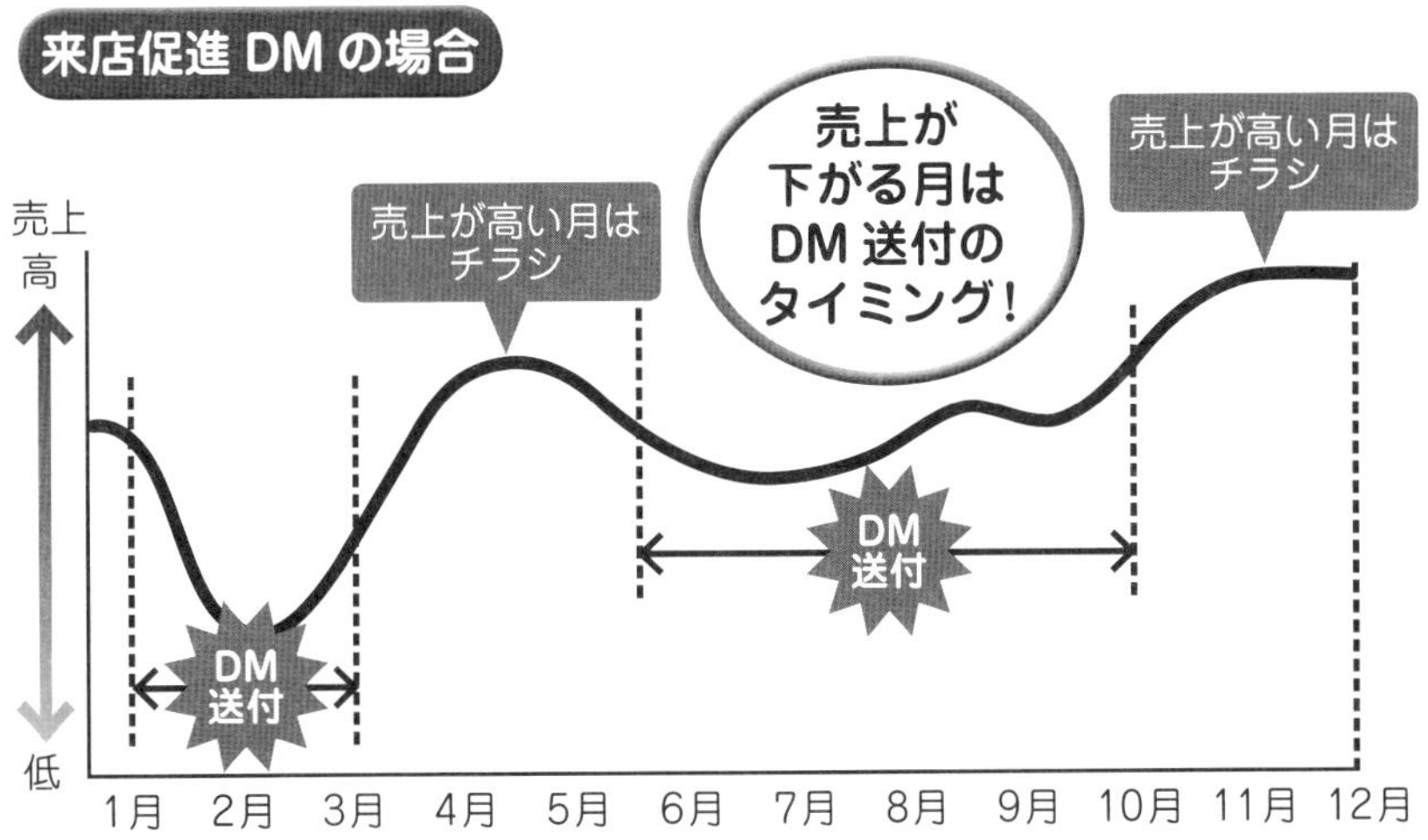
来店促進DMの場合
売上高
低
売上が高い月はチラシ
売上が下がる月はDM送付のタイミング！
売上が高い月はチラシ
DM送付
DM送付
1月
2月
3月
4月
5月
6月
7月
8月
9月
10月
11月
12月

6 1枚で3～5回来店させるハガキDM

送付コストを考える

ハガキDMを送付する場合は送料50円、特大ハガキ・ゆうメールでは80円、A4サイズの封書では120円の送料がかかります。さらに、DMの制作費用なども上乗せされますから、会社の規模に応じた様式を選ぶ必要があります。

最も安価で発送できるハガキDMでの郵送費用は50円。販促費用の割合は売上の5～10％が目安となりますから、**お客様1人にかけるコストが50円の場合、それに応じた売上を確保しようとするとDM1通あたりの売上は最低でも500円必要**です。

しかし、発送したすべてのDMが利用されることはまずありません。前項でも述べたとおり、**DMの反響率は30～50％程度**に留まります、すると、回収できる「有効DM」1通あたりの売上は1000～1500円必要になるのです。

来店延べ回数を増やす

そこで、1通のハガキで3～5回の来店特典を告知し、**1通のハガキで来店するお客様の「延べ回数」をアップさせる**ことで、費用対効果を少しでも高めるように工夫していきます。

例えば、ハガキがお手元に届いたお客様だけが使える「3回割引クーポン」をつけておくことで、2～3回利用するお客様が増えますし、2回目・3回目と回数を重ねるにつれ割引率をアップさせれば、多くのお客様が3回利用するようになります。

左ページの例では、「3回来店スタンプラリー」の欄を設け、1回の来店ごとにスタンプを押印し、スタンプが3個貯まったらプレゼントをするのもよいでしょう。

こうすることで、1枚のハガキで3回来店を促進できれば1回あたりのコストが3分の1になりますし、5回来店を促進できれば5分の1になります。

普段から来店してくださる顧客に還元するためのDMですが、できる限り1枚のDMで多くの来店を促進できるように工夫することが重要なのです。

3回来店していただくために、DMをスタンプカードにしよう

6/25(金)～7/11(月) 限定
官雀をご愛顧下さるお客様限定
シークレットセール
期間限定
「あんこおやじのびっくりどら焼」の新商品
白あんのびっくりどら焼
以前から『びっくりどら焼の白あんはないの?』というお客様の声が多く、ついに商品化！北海道十勝産の白いんげんを贅沢に使用！
1個 273円
お客様からの「また食べたい!」の声で…
復活しました!
あんこおやじ特製
麩まんじゅう
3年ぶりに復活!
京都宇治で260年以上続く老舗茶舗「京はやしや」さんの高級煎茶粉を使用。
笹の葉も香りの良い青森産にこだわります。
お試し価格 3個 399円
ちょっとしたお手土産に最適です。
官雀 夏の人気菓子5種セット
限定価格
・やぶ太鼓 ・雀もなか
・水ようかん ・ゼリー
・ぼうろ のセットです。
通常1,061円 → 980円
涼
夏の定番の菓子もお客様をお待ちしています!
若鮎
ファンの多い逸品です。315円
水ようかん&ゼリー
5個セット 980
(簡易包装)
6/25(金)～7/31(土) ご来店スタンプフェアー開催!!
期間中、東匠官雀にてお菓子をお買い上げいただくごとに、スタンプ1個捺印致します。3つたまると官雀の菓子に合うお茶を進呈致します。
1回目 → 2回目 → 3回目 →
官雀の菓子に合うお茶(450円相当)をプレゼント!!
※お引き換え期間 8/1(日)～8/31(火)
※各スタンプはお会計時に捺印いたします。

シークレットセール当日の来店が1回目、以降、3回の来店を促し4回目にプレゼントを用意することで、1枚のハガキで最低3回は来店してもらうDM。同じ経費をかけるならば多く来店してもらう仕掛けも必要です。

7 ハガキDMで新商品を告知しよう

常連客にとって魅力的な「新商品」

どのような業種でも、常連客になるほど「新商品」に魅力を感じます。何回も来店している店舗で毎回同じ商品を購入し続けると、単純に飽きてしまうためです。しかし、新規客にとっては「定番の人気商品」も「新商品」も同じ「一商品」として映ります。このことから、**新商品発売の告知は常連客に対して行なうことに意味がある**のです。

そこで、名簿を獲得できている顧客にはDMで新商品を告知することも効果的です。

左ページの例では、店で通常**一番人気の高い商品に季節限定バージョンが発売されることを告知**したDMです。普段はつぶあんが入った「びっくりどら焼」を販売していますが、このDMの期間のみ栗が入った「びっ栗どら焼」を販売しました。通常のつぶあんのどら焼は262円ですが、栗はその食材原価や国産栗の希少性から価格が上がるため、「びっ栗どら焼」は315円に設定しています。どら焼としては少々値段の張る商品ですが、お客様にとってはこの期間しか味わうことのできない商品ですから、**多少高くなっても購入したい商品**となるのです。

一般客向けに配布するチラシに掲載してももちろんかまいませんが、お客様の多くは**「特別扱い」**されることに好感を抱きます。そこで、「普段からご愛顧いただいているお客様に、他のお客様に先行してご案内を差し上げます！」という一文を入れることによって、DMの存在価値が高まるのです。**DM持参のお客様に対してのみ先行販売する**場合は、売場でも特別扱いすることが重要です。DMには「他のお客様にはご案内差し上げておりませんので、そ〜っとスタッフにお声がけくださいませ」と書いておくのもよいでしょう。

新商品の案内をするDMでは、商品の特徴を確実にお知らせするため写真を使用するのもよいでしょう。しかし、あくまでもDMは特別なお客様に対するお手紙と同じですから、必ずご挨拶文くらいは手書きにすることをおすすめします。

期間限定の新商品を DM でお知らせしよう

9/12(土) 発売
2009年春の販売以来、テレビ・雑誌・新聞の取材殺到
『あんこおやじのびっくりどら焼』秋限定バージョン。
びっ栗《くり》どら焼
日本一、栗を生産している茨城県より、中でも高級な栗のみを扱う「小田喜さん」おすすめの丹沢栗をまるまる1粒使用しています！
通常350円(税抜)を 17%OFF
300円 (税込315円)
あんこおやじの
びっくりどら焼と同じ、100gものあんこ入り
薄皮あんぱん
『本当はあんこだけ食べてほしい!!』という、あんこおやじシリーズ第2弾。スタッフのおやつにと作ってたけどあんぱんが、あまりに大好評で、数は限定ですが発売することに!!
189円
9/23(水)迄 人気5品詰合せ
消費税5%分サービス!!
官雀の人気のお菓子がバラエティーセットになりました。人気のびっくりどら焼も入っています!!
★2,340円のセット
★3,160円のセット
いずれのセットも、やぶ太鼓、雀もなか、岩かまど、あか松の月、びっくりどら焼 入り。
9/12(土)～10/12(月) 3回ご来店スタンプフェアー開催
期間中、菓匠官雀にご来店いただくごとに、スタンプ1個を捺印いたします。3つたまりましたら、官雀の菓子に合うお茶をプレゼントします。
1回目
2回目
3回目
官雀の菓子に合う お茶 (450円相当) プレゼント!!
※お引き換え期間 9/20(月)～10/20(火)
※各スタンプはお会計時に捺印いたします。

特別発売の「びっ栗どら焼」を掲載し、普段の来店客に新商品（かつ期間限定商品）を訴求したハガキ DM。DM での新商品訴求は「私にだけの案内」という感覚があるため、来店促進につながりやすくなります。

8 ハガキDMでイベントの案内をしよう

イベントで常連客を優遇する

イベントを実施する際、できる限り多くのお客様を集めるため、大衆的販促（例えばチラシや地域情報誌への広告など）を実施することが多いと思います。本来、イベント開催の意味は「新規客を集めること」にあるため、チラシだけでの告知でもかまいません。しかし、普段ご利用いただいている常連の固定客にも還元の気持ちを表わしたいものです。そこで、イベント開催のご案内もDMとして送付するのです。

この場合、ハガキDMを作成して配布するのもよいですが、もしチラシを作成しているのであればチラシを封書にして送ることもおすすめです。しかし、**チラシだけを折って封入したのでは「特別感」がありませんから、必ずひと言お手紙を添える**ようにします。

文面の例としては、「従来より当店をご愛顧いただき本当にありがとうございます。○月○日に、同封のチラシにありますイベントを開催いたします。ぜひご来店いただきたくご案内させていただきました」など、簡単な文面でよいでしょう。

ハガキで告知する場合は紙面が限られますから、目玉商品や特典を選別して記載する必要があります。宛名面の下部に店舗情報を入れ、裏面はイベントの告知だけを行なうようにすれば紙面を有効に使用できるでしょう。

ただし、イベントのように多くのお客様が集まる日は混雑するため、常連のお客様にとっては買い物が不便な日として認識されてしまいがちです。そこで、ハガキの場合はハガキ本体を、封書の場合は封筒を持参された場合に、プレゼントを準備したり、特典をつけるとよいでしょう。ハガキ本体や封筒などには宛名が書いてありますから、それらを回収することで反響率がわかるだけでなく、**どのお客様がどのイベントに来店されたかの記録をとる**ことができます。そして、この来店記録を基に本章3項で紹介した「名簿の精査」を行なうのです。これを繰り返すことによって名簿の鮮度を保つことができ、より反響の高いお客様だけを選別することによって経費削減にもつながるのです。

DMにはお客様にお名前を書いてもらうスペースをつくろう

圧着ハガキ外面

圧着ハガキ中面

新しく店舗を出す際に、既存店舗のお客様に出したハガキDM。多少遠い場所にあっても新店には行きたくなるもの。新店オープンに合わせたキャンペーンも好評でした。

9 上得意客だけのシークレットセールDM

特別感が最も高いセール

購入の決定者となることが多い女性客が、特に喜ぶ販促のキーワードに、

①今だけ（時間的な限定感）
②これだけ（数量的な限定感）
③ここだけ（場所的な限定感）

この3つがありますが、その他にもうひとつ**「あなただけ」**という、特別限定感があります。この「あなただけ」のキーワードを含んだDMは、手書きDMの中でも特に反響が高いもののひとつです。

左ページの例は、来店頻度の高い上位1000名の顧客に送ったハガキサイズのDMです。ハガキの上部に「ポイントカード会員様だけ」に送っている特別なご案内であることを書くことで、受け取ったお客様は「他の人は知らないんだ！　私だけの特別な案内なんだ！」と喜んでくださるのです。そして、DMのメイン部分に**「シークレットセール」「一般のお客様には秘密のセールです」**と書いておくことで、さらに特別感が増すのです。

「シークレット」を英語で「Secret」と読めないお客様もいるため、読み仮名や「秘密のセール」という補足説明を入れておくとよりよいでしょう。

このシークレットセールのDMでは、**反響率が50～70％**になることもしばしばです。通常のDMが30～50％の反響率であることを考えると、「あなただけ」という特別限定感が、いかに訴求力が強いかを実感できます。

ハガキを持っていないお客様に対応する

このハガキDMを行なうときに起こる問題に「DMを持っていないお客様が、ハガキを出したお客様を見て問い合わせてきた場合にどうするか？」ということがあります。

その場合は、「お名前とご住所をいただければ次回からご案内をお送りします」と伝えれば済みますし、そこでお客様が浮かない顔をされていた場合は、「今ここでお名前とご住所をいただければ、この場でこのハガキをお渡しします」と伝え、次回のお買い物に利用していただくようにしましょう。

「私だけ」の特別なシークレットセール

御池台の　より、ポイントカード会員様の
限定
※必ず本状をお出しください!!
本日より8/16まで
20%OFF!!
SAKAGUCHI
シークレット
Secret
セール
Sale!
ナイショですよ
※一般のお客様にはヒミツのセールです。
御池台
いつも　をご愛顧くださいまして、
誠にありがとうございます。本状は、ポイントカードが1度でも満杯になったお客様だけにお送りしております。
本状と引き換えで、パンや焼菓子類が
全品20%OFFとなります!!
※必ず本状をレジにてご提出くださいませ。

「シークレットセール」という表現により、一般客は知らない特別なセールであることが訴求できます。来店頻度の高いパン店では、このDMの回収率が70%を超えることも。

10 予約注文率がアップする単品ＤＭ

季節限定商品や、数量限定で予約のみの販売にしたい場合にもＤＭが活用できます。この場合、チラシやホームページでも告知が可能であることを考えると、**ＤＭでわざわざ告知している理由**が必要になります。

そこで効果的な手法として以下のようなものがあげられます。

上得意のお客様限定・先行販売のご案内

一般のお客様でも購入可能な商品であっても**数量が限定されている場合**には、このような企画が効果的です。名簿客に対してわざわざＤＭで案内している理由もつきます。

先行販売ということは、いずれは一般のお客様にも販売するわけですから、先行販売の期間を明確にしておく必要があります。先行予約特典として多少の割引やプレゼントなどを用意し、ＤＭで訴求するのもよいでしょう。

上得意のお客様限定商品のご案内

商品そのものが名簿客しか購入できないという場合に有効です。前項で紹介した「シークレットセール」に近い企画ですが、**割引ではなく正規料金（プロパー）であってもＤＭを持っているお客様しか購入できないようにする**のです。

この場合、店内に該当商品を陳列せず、ＤＭに「店頭には並んでおりませんので、事前にご予約の上、ご来店時にスタッフにお声がけください」と書いておくとよいでしょう。または、店頭に該当商品を陳列する場合は、「こちらの商品はＤＭをお持ちのお客様のみご購入いただけます」とＰＯＰに書き、特別感を訴求します。このようにしておけば、商品を購入したい新しい顧客の名簿も取得しやすくなります。

いずれの場合も、封書ではなくハガキを利用したＤＭで十分です。しかし、**告知面（宛名裏面）に掲載する商品はひとつに絞り**ましょう。上部４分の３で商品の告知を、下部４分の１で予約方法を明記します。告知面の上部、および、宛名面の一部で「ＤＭのお客様限定・先行販売のご案内」など、ＤＭを送付した理由を明確にしておきましょう。

期間限定商品の予約 DM を得意客に送ろう

お待たせしました！しぼりたて！

今年はマジ雪に入った日本酒で感動させよう!!

大雪渓
年末限定「　雪詰め」しぼりたて生原酒
いつも　の酒蔵、　をご愛顧くださいまして、ありがとうございます。

年末限定のしぼりたて生原酒を、今年はナント、天然の雪に詰めてお送りします！

年々、　の近辺も暖かくなっていて、雪が希少なものになりつつありますが、今回は、　ならではの北アルプスの雪を利用した、超限定酒のご紹介です。

今年仕込んだお酒を、3週直後、生々のまま瓶につめた、できたて新鮮な生酒で、フレッシュな香りと濃醇な味わいが楽しめます。冷やして飲むのが最も美味しいのですが、雪の多い長野では雪の中で冷やすこともしばしば。長野流ギフトをお歳暮で贈り、感動させてみませんか？

贈り先のお子様たちも喜ぶことでしょう！

わーい ゆきだるま！

に雪が降り次第、発送させていただきます。
※雪がない場合、発送ができなくなる場合がございます。
冬季限定『　雪詰め』しぼりたて生原酒
720mℓ 1本 2,700円（送料込）
1.8ℓ 1本 5,000円（送料込）
<ご注文方法> ※下記いずれかでご注文くださいませ
①FAXによるご注文：注文用紙にご記入後、FAXにて送信してください
②封書によるご注文：注文用紙にご記入後、返信封筒でお送りください
③電話によるご注文：　（TEL:　）にお電話ください
ご注文締切日
2009年12月30日までです

これまでに購買履歴のあるお客様は、今後出る新商品も購入する可能性が高いです。新商品告知を DM にして送付すれば、予約注文を受け付けることも可能。

11 反響率50%超！ お子様向けクーポン付DM

たくさんのDMの中から特別感を出す

お客様には1年に何通ものDMが届きます。特に、誕生日月には大きな特典のあるDMが集中しますが、覚えのない店から届くことも多いため、DMに対してよい印象を持っている方は少ないのが現状です。

しかし、そのような中でほぼすべてのお客様から本当に喜ばれるDMがあります。それが、**お子様に向けた手書きDM**なのです。

あくまでもお子様へのお手紙ですから、宛名面も「こんのりょうかちゃんへ」などと**平仮名表記**にします。お子様にも読みやすいように大きめの文字にします。宛名面も手書きにできることが理想ですが、難しい場合は手書き風のフォントを使用するとよいでしょう。

宛名裏面の告知スペースも、大半は平仮名表記にします。「おたんじょうびおめでとう」や「メリークリスマス！サンタさんがおみせでまっているよ！」などと書けば、10歳以下のお子様宛ての手紙として通用します。

子供も母親も来店したくなる工夫

とはいっても店が送るものですから、そのDMで来店をしていただく工夫をしなければなりません。そこで、**「お子様専用通貨」**としてお子様限定で使用できる商品引き換え金券をつけるのです。

例えば、左ページの例、パン店のベルドールでは、お子様専用のクーポンとして「150ベル」とし、注意書き欄には「本券で150円までのお好きな商品と引き換えが可能です」「お子様のみ使用できます」と表記しています。

DMの一部には保護者向けに、**「お子様のお買い物体験にぜひご活用ください」**と書いておけば、母親の通常の買い物とは別に、お子様が自分の意志で商品を選び、買い物体験させることができるという教育的意義も加わることから、保護者にも喜んでいただけるのです。

喜ばれるDMのポイントは、**「私だけに送られてきた」感**を出すことです。対象者を明確に絞り、相手の年齢や好みに合った内容にすることが重要なのです。

お子様向けのクリスマスカードを送って「行きたい店」になろう

Merry Christmas!
めりーくりすます！
サンタさんがプレゼントをよういして
おみせでまっているよ！
おかいものけん
150ベルー
150円までのお好きなパンと交換できます。なお、おつりはでません。
ご使用時に切り取らせていただきます
★お父さま、お母さまへ★
本ハガキをお持ちいただくと、150円までのお好きなパンと交換いただけます。（お子様ご本人がご利用の場合のみ、1回限り有効）是非、「お買い物体験」用としてご利用くださいませ。【2011年12月25日まで有効】

宛名面も告知面も、そのほとんどを平仮名で書いた、子供向けのクリスマスカードDM。例えば「こんのりょうかちゃんへ」と差し出せば、受け取った母親もお子様に渡し、喜ぶはず！

12 年賀状ではなく年末状を！

他のハガキに埋もれないDM

毎年、お客様に対して年賀状を出している店を多く見かけます。年賀状はいつにも増してお客様がじっくり見るものですから、年賀状を送るのも悪くはありません。しかし、たくさんの店舗から送られてくる年賀状DMに埋もれてしまうこと、そして、年始の休みにぶつかってしまうことで来店できず、DMの存在を忘れられてしまい、なかなか反響率が上がらないことも多いのです。

そのため、私がおすすめしているのは年賀状ならぬ**「年末状」**です。年賀状は、「昨年はありがとうございました。今年もよろしくお願いいたします」ですが、年末状は**「今年もありがとうございました。来年もどうぞよろしくお願いいたします」**という、これだけの違いです。

しかし、**年末にDMを送付する店は少ないため目につきやすくなります。**年末年始の商品の告知、営業のお知らせなどを兼ねて送ることで、その時期の売上アップにもつながりやすくなります。

年末状が効果的な日付

年末状は、12月25日頃に届くように送付します。お客様の多くは、クリスマスが終わってから年末の感覚を持ち始めます。告知面が年末年始商品の案内のみになる場合は、クリスマスを過ぎた頃に到着することが望ましいといえます。

そのためには**投函を22日～24日**にします。なお、25日を過ぎると年賀状の仕分けや配達の影響で、DMなどの普通郵便物の到着が大幅に遅れる場合があるため、注意しましょう。

ハガキ裏面の面積を商品告知にたっぷり使うためには、**年末年始の営業日の案内や挨拶文は宛名面**に入れておきます。宛名面の下部3分の1程度に、店舗情報（店名・住所・電話番号など）を含め記載します。また、何のDMかがひと目でわかるように、宛名面には必ず「〇〇（店名）より1年の感謝を贈ります！」「来年もよろしくお願いいたします！」など、年末状である旨を記載しておきましょう。

年末にDMを送って、他店と差をつけよう

圧着ハガキ外面

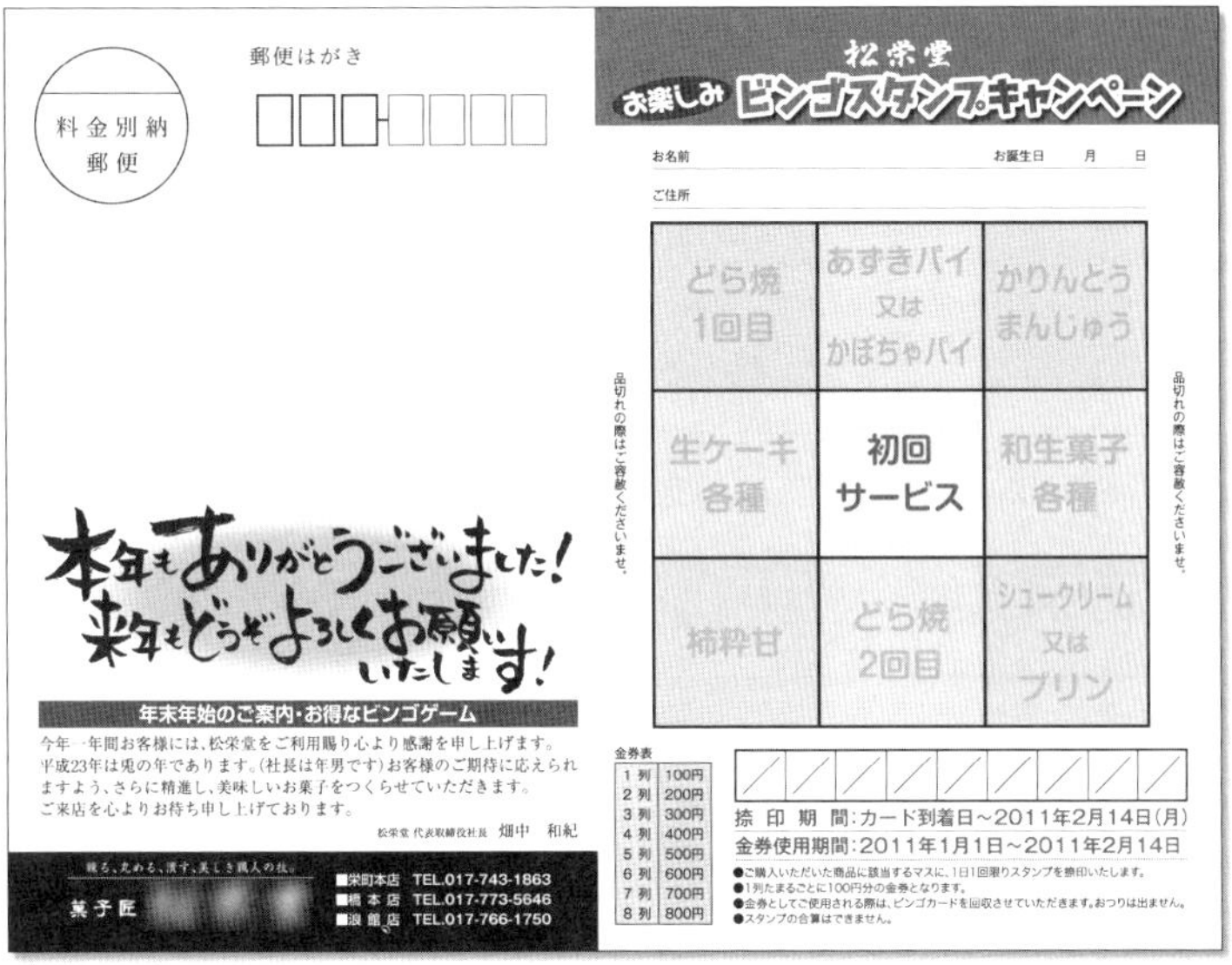
郵便はがき
料金別納
郵便
松栄堂
お楽しみ ビンゴスタンプキャンペーン
お名前
お誕生日 月 日
ご住所
どら焼 1回目
あずきパイ 又は かぼちゃパイ
かりんとうまんじゅう
生ケーキ 各種
初回 サービス
和生菓子 各種
柿粋甘
どら焼 2回目
シュークリーム 又は プリン
品切れの際はご容赦くださいませ。
本年もありがとうございました! 来年もどうぞよろしくお願いいたします!
年末年始のご案内・お得なビンゴゲーム
今年一年間お客様には、松栄堂をご利用賜り心より感謝を申し上げます。
平成23年は兎の年であります。(社長は年男です)お客様のご期待に応えられますよう、さらに精進し、美味しいお菓子をつくらせていただきます。
ご来店を心よりお待ち申し上げております。
松栄堂 代表取締役社長 畑中 和紀
菓子匠
■栄町本店 TEL.017-743-1863
■橋本店 TEL.017-773-5646
■浪館店 TEL.017-766-1750
金券表
1列 100円
2列 200円
3列 300円
4列 400円
5列 500円
6列 600円
7列 700円
8列 800円
捺印期間:カード到着日～2011年2月14日(月)
金券使用期間:2011年1月1日～2011年2月14日
●ご購入いただいた商品に該当するマスに、1日1回限りスタンプを捺印いたします。
●1列たまるごとに100円分の金券となります。
●金券としてご使用される際は、ビンゴカードを回収させていただきます。おつりは出ません。
●スタンプの合算はできません。

圧着ハガキ中面

こちらからおめくり下さい
季節限定 冬季、松栄堂で一番人気の商品です。
柿粋甘《かきすいかん》
四国産の完熟した干柿の中にお餅とつぶ餡を入れ、全体に羊羹をかけ、餅粉を表面につけた上品な逸品です。
12個入り 3,990円
6個入り 2,115円
9個入り 3,060円
青森・蓬田村にある坂本養鶏さんの「もっこりたまご」を使用したどら焼きが全部で6種類! しっとりふんわり生地が自慢です。
●20個入り 3,220円
●15個入り 2,365円
●12個入り 1,995円
どら焼 各種 140円
粒餡
胡麻
コーヒー
黒糖
りんご
味噌
松栄堂のどら焼
年末年始限定商品
12/27より
花びら餅
元旦の「お歯め」は宮中の重要な儀式。その中に菱葩があり、明治の初期菓子化され、茶道の初釜に使用されるようになりました。
白い餅の中にうっすらと紅色をひそめ、白みそ餡とゴボウを入れております。
240円
口取(くちとり)
12/28より
1,750円
人気の詰合せ
八角詰合せ
2,000円
人気詰合せ
2,700円
※店舗により詰合せの内容が異なる場合があります。
かりんとうまんじゅう
時間が経ってもカリッとした食感は、松栄堂のかりんとうまんじゅうだけ! 黒糖のコクと甘さひかえめあんこの味をお楽しみください。
100円

年賀状は多くの店も出すため、埋もれて見つけられにくいもの。年末状として今年一年の感謝を込めたハガキにすれば、競合も少なく目立ちやすくなります。

13 休眠客を掘り起こす宅配商品DM

宅配便の需要を探る

みな様のお店には、5年以上前に取得したお客様名簿が存在するのではないでしょうか。基本的に、来店や購買を促すためのDMの場合は、送り先となる名簿の鮮度が命です。しかし、高齢化が進んできた近年では、5年以上前のお客様に対し「当店の商品を宅配します」という内容のDMを送付すると、反響がよいことがあります。

昔はよく来店していたのに最近になって来店がないお客様のうち、約半数は何らかの理由で来店が困難になった方です。店舗や商品に不満があるわけではありません。つまり、**宅配をしてくれるならば商品を購入したいというお客様も少なからずいる**のです。

自社での配達でも宅配便を使用した配達でもかまいませんが、いずれにせよ送料がかかりますので、客単価が500円未満の店や、賞味期限が短くてまとめ買いができない商品を扱う店では難しいでしょう。配送機能を整えるか、1500円以上の商品（単品でもセット商品でも）をつくることから始めましょう。

宅配商品の告知を行なうDMでは、お客様からの注文が以下の4つに分かれます。

① 返信用ハガキでの注文
② 電話での注文
③ FAXでの注文
④ WEBサイトでの注文

往復ハガキを利用し、返信用ハガキの裏面に注文票をつけておけば、返信用としてもFAX用としても対応できます。注文票部分だけはお客様が記入しやすいようパソコンで作成し、その他の部分は手書きで商品紹介を行ないます。

宅配は通販とは異なりますので、いくつもの商品を訴求しても効果がありません。多くのお客様が購入したいであろう商品を数種類詰め合わせにした2～3アイテムに絞って訴求するとよいでしょう。訴求方法はチラシや他のDMと同じように、商品名や価格の他、イラストや写真を掲載しましょう。

記入欄は書き込みやすさを優先しよう

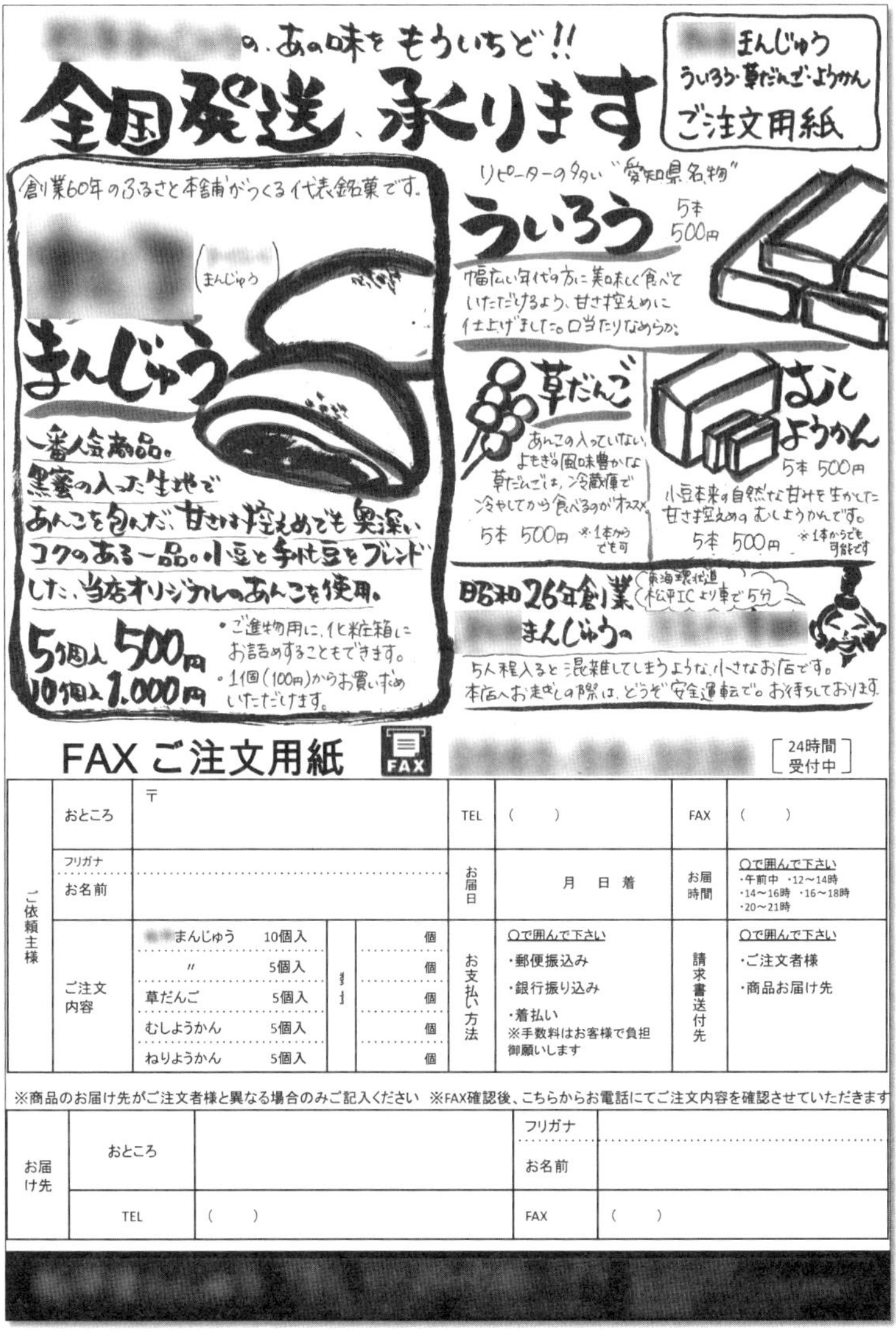
の、あの味をもういちど!!
全国発送、承ります
まんじゅう
ういろう・草だんご・ようかん
ご注文用紙
創業60年のふるさと本舗がつくる代表銘菓です。
(まんじゅう)
まんじゅう
一番人気商品。
黒蜜の入った生地で
あんこを包んだ、甘さは控えめでも奥深い
コクのある一品。小豆と手亡豆をブレンド
した、当店オリジナルのあんこを使用。
5個入 500円
10個入 1,000円
・ご進物用に、化粧箱に
お詰めすることもできます。
・1個(100円)からお買い求め
いただけます。
リピーターの多い"愛知県名物"
ういろう
5本
500円
幅広い年代の方に美味しく食べて
いただけるよう、甘さ控えめに
仕上げました。口当たりなめらか。
草だんご
あんこの入っていない、
よもぎの風味豊かな
草だんごは、冷蔵庫で
冷やしてから食べるのがオススメ。
5本 500円
※1本からでも可
むしようかん
5本 500円
小豆本来の自然な甘みを生かした
甘さ控えめのむしようかんです。
5本 500円
※1本からでも可能です
昭和26年創業
東海環状道
松平ICより車で5分
まんじゅうの
5人程入ると混雑してしまうような、小さなお店です。
本店へお越しの際は、どうぞ安全運転で。お待ちしております。

FAX ご注文用紙 FAX [24時間 受付中]

ご依頼主様	おところ	〒	TEL	( )	FAX	( )
	フリガナ お名前		お届日	月 日 着	お届時間	○で囲んで下さい ・午前中 ・12～14時 ・14～16時 ・16～18時 ・20～21時
	ご注文内容	まんじゅう 10個入 個 〃 5個入 個 草だんご 5個入 個 むしようかん 5個入 個 ねりようかん 5個入 個	お支払い方法	○で囲んで下さい ・郵便振込み ・銀行振り込み ・着払い ※手数料はお客様で負担御願いします	請求書送付先	○で囲んで下さい ・ご注文者様 ・商品お届け先

※商品のお届け先がご注文者様と異なる場合のみご記入ください ※FAX確認後、こちらからお電話にてご注文内容を確認させていただきます

お届け先	おところ		フリガナ お名前	
	TEL	( )	FAX	( )

これまで来店していたお客様が急に来店しなくなる理由は、その半数が「高齢化や引越しなどで行けなくなった」というもの。店を嫌いになっていない分、商品を引き続き購入したいお客様も多いため、宅配や通販を促進しやすいものです。

14 チラシは手紙と一緒に送ろう

チラシを直接送ってお知らせしよう

本章8項でも先述したとおり、あらかじめ制作してあるチラシを封書で送るDMも有効です。この場合は必ず**手書きで書いた手紙を同封**しましょう。DMはそもそも、お客様にダイレクトに告知するためのツールですから、チラシを同封しただけでは「特定のお客様にあてたダイレクトな告知」にはならないのです。手紙などでチラシ送付の説明などがないと、気分を悪くされるお客様もいるほどです。

同封する手紙には、

①いつも当店をご利用いただいている感謝の気持ち
②なぜ封書で案内を送ったかの説明（イベントのお誘いなど）
③手紙を書いた担当者名

この3つは最低限記載するようにしましょう。封筒の形態に合わせたサイズ・封入方法は次のとおりです。

紙の封筒（長3タイプ）を使用する場合

中身が見えない封筒を使用する場合、必ず封筒に店名を掲載しておく必要があります。その他、可能であれば「イベント開催のお知らせをお届けします」など、中身の概要を書いておくとよいでしょう。中に入れる手紙のサイズはA4サイズ程度の便箋を使用し、チラシと一緒に折り曲げて封入しましょう。

透明封筒を使用する場合

中身が見える封筒を使用する場合、宛名面には店名が見えるものを、そして裏面には手紙の全文が読めるよう封入することが望ましいといえます。そのため、封筒の形状に合わせておく必要があります。左ページの例では、A4サイズの透明封筒に全面が見えるように封入しています。こうすることで、お客様が封を開けるときに必ず読んでくださるのです。

または、宛名面に店名・内容概要・簡易的な挨拶を書いた紙を見えるように入れてもよいでしょう。いずれにせよ、どの店から何のお知らせがきたのかを封筒でアナウンスすることが必要です。

手書きの手紙を同封すれば、温かみが増す

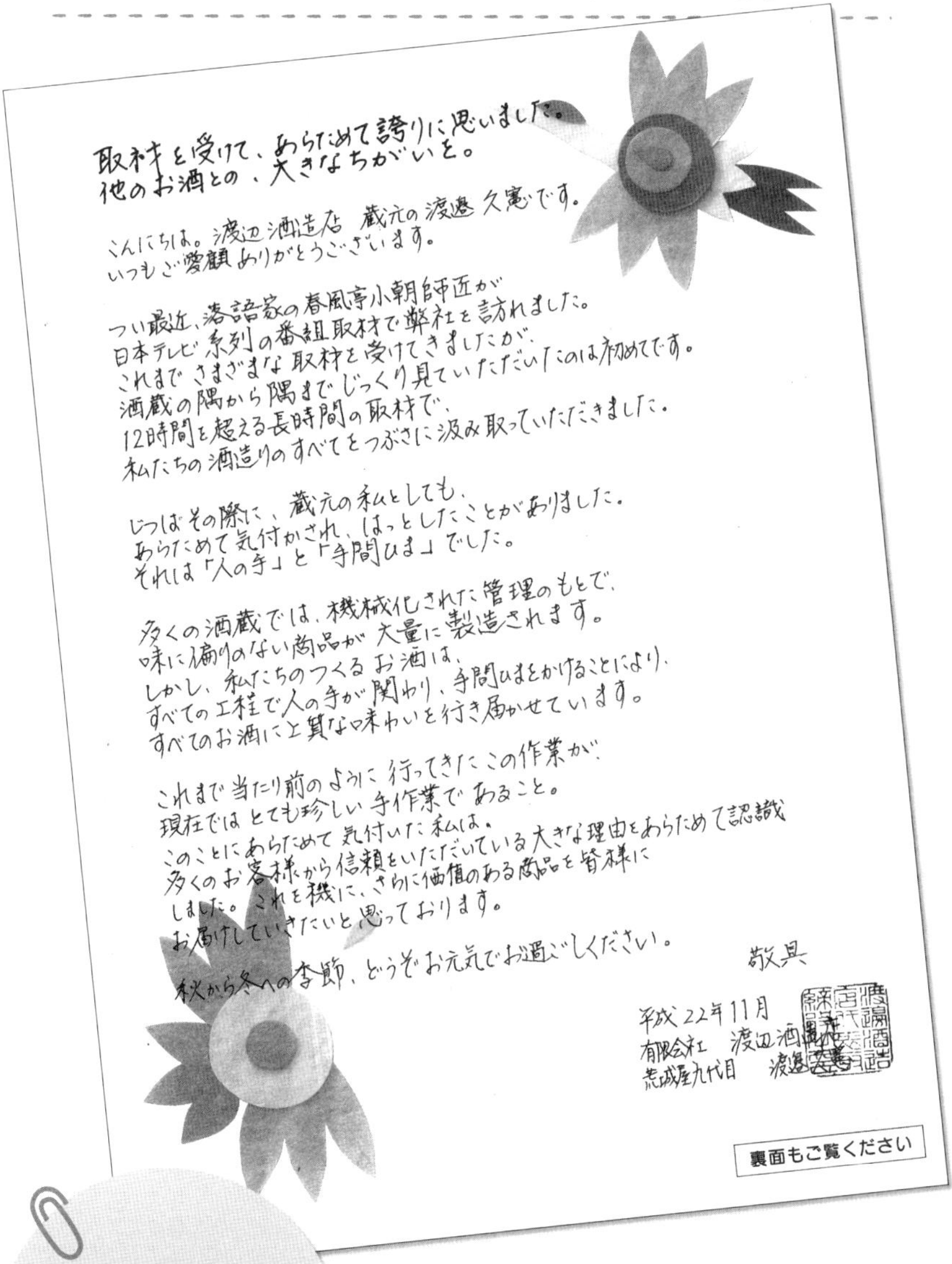
取材を受けて、あらためて誇りに思いました。
他のお酒との、大きなちがいを。

こんにちは。渡辺酒造店 蔵元の渡邉久憲です。
いつもご愛顧ありがとうございます。

つい最近、落語家の春風亭小朝師匠が
日本テレビ系列の番組取材で弊社を訪れました。
これまでさまざまな取材を受けてきましたが、
酒蔵の隅から隅までじっくり見ていただいたのは初めてです。
12時間を超える長時間の取材で、
私たちの酒造りのすべてをつぶさに汲み取っていただきました。

じつはその際に、蔵元の私としても、
あらためて気付かされ、はっとしたことがありました。
それは「人の手」と「手間ひま」でした。

多くの酒蔵では、機械化された管理のもとで、
味に偏りのない商品が大量に製造されます。
しかし、私たちのつくるお酒は、
すべての工程で人の手が関わり、手間ひまをかけることにより、
すべてのお酒に上質な味わいを行き届かせています。

これまで当たり前のように行ってきたこの作業が、
現在ではとても珍しい手作業であること。
このことにあらためて気付いた私は、
多くのお客様から信頼をいただいている大きな理由をあらためて認識
しました。これを機に、さらに価値のある商品を皆様に
お届けしていきたいと思っております。

秋から冬への季節、どうぞお元気でお過ごしください。
敬具

平成22年11月
有限会社 渡辺酒
荒城屋九代目 渡邉

裏面もご覧ください

チラシを同封するDMの場合、透明封筒の外側からこのような手紙を見えるようにしておきましょう。手書きの手紙が入っていることで開封率が高くなります。

＜チラシ作成者：渡辺酒造店 渡辺久憲さん＞

15 DMに封入したいニュースレター

通販購入者にこそ送りたいニュースレター

ＤＭを送る場合、特に通販用のＤＭの場合には、必ずニュースレターを同封します。ニュースレターには、会社や店の近況をお知らせしたり、商品に関する情報や豆知識などを提供して、**売る側の「顔」を見せる効果**があります。

ニュースレターはＡ４サイズ以上で両面使用します。フルカラーである必要はありませんので、まずはモノクロの手書きチラシのつもりで書いてみるとよいでしょう。

まず、表面の上半分を使って社長や店長、通販担当者からの挨拶や近況を書きます。必ず本人の直筆にします。そして、下半分では同封ＤＭにも掲載されている商品の中でも**おすすめの3～5品の紹介や、人気のランキングを掲載**します。これは、ＤＭに商品が多く載っている場合には特に有効です。

商品情報以外を載せるのがポイント

裏面の上部には、商品とはまったく関係がなくてもよいので**「豆知識」**を掲載します。特に主婦が喜ぶ料理のレシピや健康情報、子育てに関わる情報などがおすすめです。

ニュースレターはあくまでもＤＭの補助であり、売る側の顔を見せて接客の役割をするためのツールですから、商品の売り込みばかりをしてはお客様に飽きられたり、目に留められなかったりする場合があります。実店舗での接客も、商品の売り込みばかりでなく、お客様と天気の話、近所の話など直接の会話をすればするほど固定客化を図れるのと同じことです。

裏面の下部には、次回のＤＭに関する情報や商品発売のお知らせなどの「予告」に使用したり、スタッフの紹介や会社としての取り組みなどの**「会社や店の価値アップ」**に使用したりするとよいでしょう。

再度の説明になりますが、ＤＭに同封するニュースレターは、お客様と店の人間的なつながりを示すツールのひとつになります。必ず手書きで作成し、親しみ感を演出しましょう。

DMにもニュースレターを同封しよう

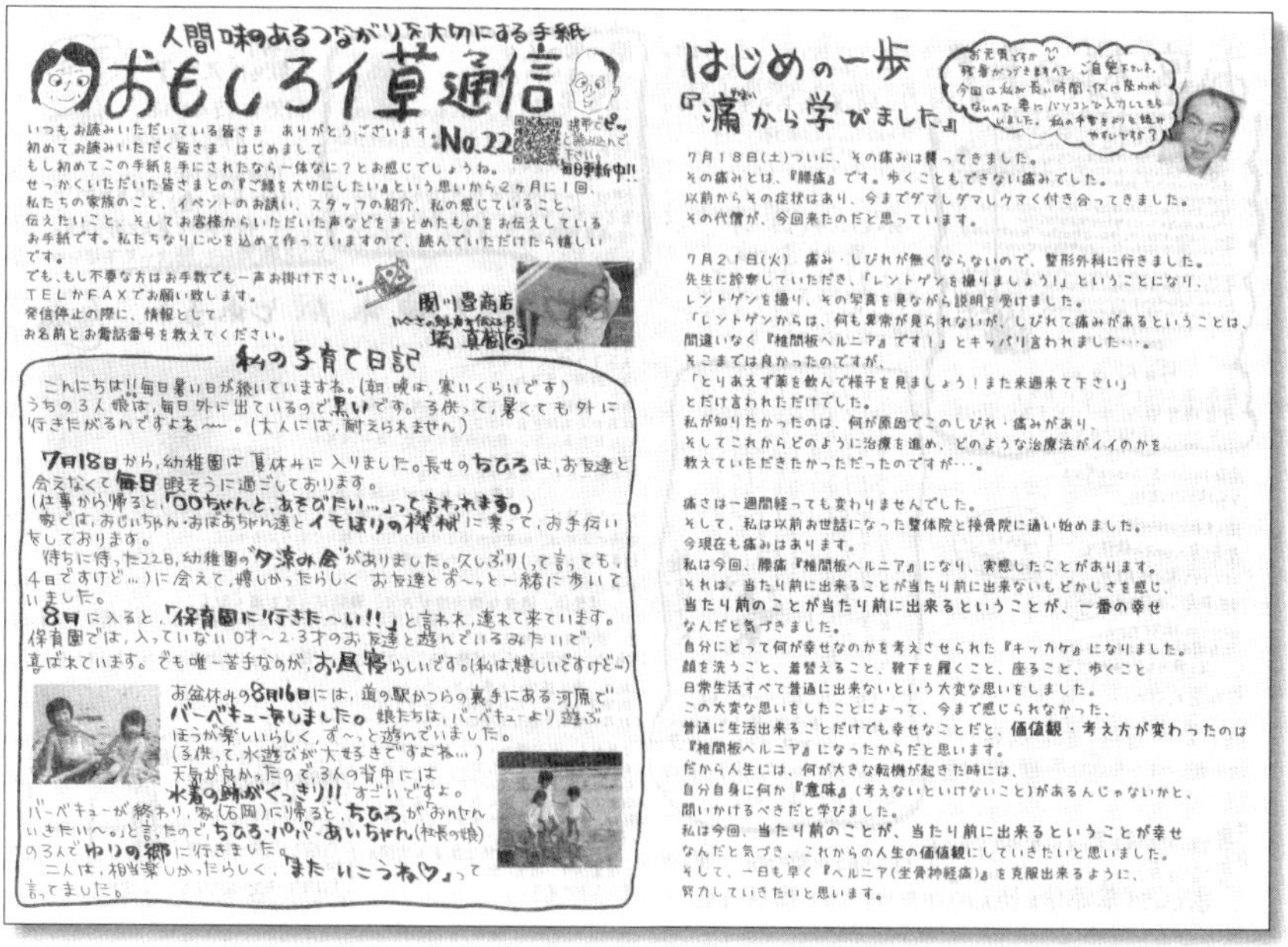

人間味のあるつながりを大切にする手紙

おもしろイ草通信

No.22

携帯でピッと読み込んで下さい。毎日更新中!!

いつもお読みいただいている皆さま ありがとうございます。
初めてお読みいただく皆さま はじめまして
もし初めてこの手紙を手にされたなら一体なに？とお感じでしょうね。
せっかくいただいた皆さまとの『ご縁を大切にしたい』という思いから2ヶ月に1回、
私たちの家族のこと、イベントのお誘い、スタッフの紹介、私の感じていること、
伝えたいこと、そしてお客様からいただいた声などをまとめたものをお伝えしている
お手紙です。私たちなりに心を込めて作っていますので、読んでいただけたら嬉しいです。
でも、もし不要な方はお手数でも一声お掛け下さい。
TELかFAXでお願い致します。
発信停止の際に、情報として
お名前とお電話番号を教えてください。

関川畳商店

私の子育て日記

こんにちは!!毎日暑い日が続いていますね。(朝晩は、寒いくらいです)
うちの3人娘は、毎日外に出ているので黒いです。子供って、暑くても外に行きたがるんですよね～～。(大人には、耐えられません)

7月18日から、幼稚園は夏休みに入りました。長女のちひろは、お友達と会えなくて毎日暇そうに過ごしております。

(仕事から帰ると、「○○ちゃんと、あそびたい…」って言われます。)

家では、おじいちゃん・おばあちゃん達とイモほりの機械に乗って、お手伝いをしております。

待ちに待った22日、幼稚園の"夕涼み会"がありました。久しぶり(って言っても、4日ですけど…)に会えて、嬉しかったらしく お友達とず～っと一緒に歩いていました。

8月に入ると、「保育園に行きた～い!!」と言われ、連れて来ています。

保育園では、入っていない0才～2・3才のお友達と遊んでいるみたいで、喜ばれています。でも唯一苦手なのが、お昼寝らしいです。(私は嬉しいですけど…)

お盆休みの8月16日には、道の駅かつらの裏手にある河原でバーベキューをしました。娘たちは、バーベキューより遊ぶほうが楽しいらしく、ず～っと遊んでいました。

(子供って、水遊びが大好きですよね…)

天気が良かったので、3人の背中には水着の跡がくっきり!! すごいですよ。

バーベキューが終わり、家(石岡)に帰ると、ちひろが「おんせんいきたい～。」と言ったので、ちひろ・パパ・あいちゃん(社長の娘)の3人でゆりの郷に行きました。

二人は、相当楽しかったらしく、「またいこうね♡」って言ってました。

はじめの一歩
『病《やまい》から学びました』

お元気ですか
残暑がつづきますので ご自愛下さいませ。
今回は私が長い時間、仕事は座われないので妻にパソコンで入力してもらいました。私の手書きより読みやすいですか？

7月18日(土)ついに、その痛みは襲ってきました。

その痛みとは、『腰痛』です。歩くこともできない痛みでした。

以前からその症状はあり、今までダマしダマしウマく付き合ってきました。

その代償が、今回来たのだと思っています。

7月21日(火) 痛み・しびれが無くならないので、整形外科に行きました。
先生に診察していただき、「レントゲンを撮りましょう!」ということになり、
レントゲンを撮り、その写真を見ながら説明を受けました。
「レントゲンからは、何も異常が見られないが、しびれて痛みがあるということは、間違いなく『椎間板ヘルニア』です！」とキッパリ言われました…。
そこまでは良かったのですが、
「とりあえず薬を飲んで様子を見ましょう！また来週来て下さい」
とだけ言われただけでした。
私が知りたかったのは、何が原因でこのしびれ・痛みがあり、
そしてこれからどのように治療を進め、どのような治療法がイイのかを
教えていただきたかっただったのですが…。

痛さは一週間経っても変わりませんでした。
そして、私は以前お世話になった整体院と接骨院に通い始めました。
今現在も痛みはあります。
私は今回、腰痛『椎間板ヘルニア』になり、実感したことがあります。
それは、当たり前に出来ることが当たり前に出来ないもどかしさを感じ、
当たり前のことが当たり前に出来るということが、一番の幸せなんだと気づきました。
自分にとって何が幸せなのかを考えさせられた『キッカケ』になりました。
顔を洗うこと、着替えること、靴下を履くこと、座ること、歩くこと
日常生活すべて普通に出来ないという大変な思いをしました。
この大変な思いをしたことによって、今まで感じられなかった、
普通に生活出来ることだけでも幸せなことだと、価値観・考え方が変わったのは
『椎間板ヘルニア』になったからだと思います。
だから人生には、何が大きな転機が起きた時には、
自分自身に何か『意味』(考えないといけないこと)があるんじゃないかと、
問いかけるべきだと学びました。
私は今回、当たり前のことが、当たり前に出来るということが幸せなんだと気づき、これからの人生の価値観にしていきたいと思いました。
そして、一日も早く『ヘルニア(坐骨神経痛)』を克服出来るように、
努力していきたいと思います。

封書のDMにチラシだけが入っていては、何だかそっけない感じがしてしまうもの。手紙のほか、手書きのニュースレターを同封し、店や従業員の近況を伝えることも重要です。

1 ● まだまだ手堅い新聞折込チラシ
2 ● 多店舗なら地域情報誌への掲載も
3 ● 地域情報誌への折り込みで若年層を取り込もう
4 ● スタッフのポスティングで地域密着化を図る
5 ● 近隣店舗にも置いてもらう
6 ● 効果測定1：反響率から分析する
7 ● 効果測定2：CPOを算出する
8 ● 効果測定3：CPRを算出しよう

11章

チラシの配布方法の選び方と効果測定

1 まだまだ手堅い新聞折込チラシ

新聞折込チラシの知識

インターネットが普及したことにより新聞購読数は減少傾向にありますが、それでもまだ新聞折込チラシは効果が高いのが現状です。**家庭の財布を握る主婦層は、当日の朝にお得な情報を折込チラシで入手します。**

新聞折込を採用する前に調べたいのが、**地域の新聞購読率**です。新聞販売店では、なかなか教えてくれない場合があります。そこで、役所に出向き、地域の世帯数を町丁別に調べます。これは問い合わせればすぐに調べることができます。同時に、地域の「折込センター」に問い合わせ、商圏内の「折込部数表と折込エリアマップ」をもらいます。地域の区切り方は新聞社ごとに異なりますが、該当する地域の世帯数と比較すれば購読率を算出することができます。この際の注意点として、折込部数表の数値が多めに見積もられていることです。**実際の折込部数はその数値の9掛けともいわれています。**各販売店に届けられたチラシが各家庭に配布されますが、余ったチラシは廃棄処分されてしまいます。チラシの印刷にも費用がかかっていますので、経費を無駄にしないためにも90％〜95％で見ておくとよいでしょう。

新聞折込チラシはどの業種でも反響が見込めます。チラシの内容にもよりますが、**チラシ有効期間の初日当日の朝刊に折り込むのが最も反響が見込める**ためよいでしょう。考え方にもよりますが、私の場合は**あえて他チラシが多い曜日**を選びます。**他社のチラシと同化させないことが条件**で、それにより多くの中から目を留めてもらうのです。**目立たせるために「手書きチラシ」は有効**です。特にマンション販売・車販売・パチンコのチラシ枚数が多いため、それらと明確に差別化できれば目立つのです。チラシのサイズは必ずB４サイズ以上にします。そして、折込センターには申し込み時に「帯にしてください」（チラシを束ねる役割）のひと言を加えることで、上部に折り込まれる確率も高くなります。

新聞折込チラシは、知識があるほうが反響を上げることができる媒体です。最低限の知識を得た上で利用するとさらによいでしょう。

たくさんのチラシの中で「手書きチラシ」で目をひこう

から日頃の感謝の気持ちを込めて
11 12金 13土 14日
3日間限定
栄町本店・浪館店 橋本店同時開催
営業時間 9:30～18:00
秋の感謝祭
ケータイメール 会員様募集中!
週に1回程度、松栄堂からお得なメールや新商品情報が届きます!!登録はもちろん無料!!
●登録方法● 1.QRコードを読み込む
①携帯の「バーコードリーダー」を起動する。
②カメラを「マクロモード」にし、QRコードを撮影。
③出てきたメールアドレスに空メールを送る。
2.アドレスを入力する
awkt9598reg@mr.cbz.jp
に空メールを送る。
あおもり菓子職人兄弟の
なが～い30cmのロールケーキ!!
各日計100本限定
和三盆長手巻《わさんぼんながてまき》 新発売
和菓子の美味しさを、食べやすい形で伝えたい…。
そう思って立ち上がったのは2人の兄弟の菓子職人。
裕(ゆたか)と崇(たかし)が作り上げた、和菓子屋のロールケーキです。
なが～い30cm!!
1日計100本だけの 限定販売
1回目 10時より 50本 ※先着順となります。
2回目 14時より 50本 ※先着順となります。
通常1本1,300円のところ
3割引 1本 910円
感謝還元企画
1,500円のお買い物につき
300円券進呈
感謝祭期間中に1,500円以上お買い上げのお客様に松栄堂で使える300円券をプレゼントさせて頂きます。
※詳しい使用方法は金券をご覧下さい。
ごあいさつ
昭和39年にこの地に店を構え、今年で46年目を迎えることができました。これもひとえに皆様のご愛顧のたまものでございます。
日ごろの感謝の気持ちを皆様にお伝えしたく感謝祭を開催させて頂くこととなりました。
ご来店、心よりお待ち申し上げております。
各日50セット限定 昔からの人気商品
柿粋甘
2個入袋
通常600円のところ 480円
(1個あたり240円)
各日50セット限定 新しい食感!!
かりんとうまんじゅう
5個入パック
通常500円のところ 350円
限定復活!! 7月の創業祭で大人気だった2品が3日間限定で復活です!!
ミルどら 各日50個限定 180円
秋栗の どらぷりん 各日50個限定 200円
スタッフ絶賛の新作登場!!
松栄堂のどら焼
コーヒーどら焼
コーヒーの町弘前で人気を誇る成田専蔵珈琲店から特別に細かく挽いてもらった粉を使用!口に入れるとフワっと香りが広がります♪
味噌どら焼
青森・蓬田村にある坂本養鶏さんの「もっこりたまご」を使用したどら焼きが全部で7種類!しっとりふんわり生地が自慢です。
粒餡 黒糖 栗 かぼちゃ りんご
通常140円のところ………
秋の感謝祭限定価格 各100円
栗どらのみ通常160円を120円でご奉仕
日替わり 【お菓子の宝箱】が登場!!
11/12金 純和風な宝箱 通常810円のところ 秋の感謝祭限定価格 580円
●あづきパイ ●津軽公 ●あおもり浪漫 ●大栗饅頭 ●梅の里
100箱限定
11/13土 人気者な宝箱 通常825円のところ 秋の感謝祭限定価格 580円
●柿粋日 ●かぼちゃパイ ●津軽通信 ●どら焼 ●志功館通り
100箱限定
11/14日 洋菓子な宝箱 通常810円のところ 秋の感謝祭限定価格 580円
●りんごらっせら ●ゆきの華 ●あおもりブッセ ●ブリアン ●ダックワーズ ●フルーツケーキ
100箱限定
練る、丸める、潰す、美しき職人の技。
菓子匠
〒030-0903 青森市栄町1丁目5-4
TEL.
創業祭営業時間／AM9:30～PM6:00
〒030-0823 青森市橋本2丁目7-18
TEL.
創業祭営業時間／AM9:30～PM6:00
〒038-0024 青森市浪館前田3丁目21-16
TEL.
創業祭営業時間／AM9:30～PM6:00

商圏内に一軒家が多い地域は、まだまだ新聞折込チラシの効果が高いので活用しましょう。チラシを折り込む新聞社も絞り込むことが可能です。

2 多店舗なら地域情報誌への掲載も

地域情報誌を活用する

複数の店舗を持つ場合、折込チラシの他に検討したいのが「地域情報誌」への広告です。地域情報誌は、一定エリアの全戸に投入されるため、**新聞を購読していない家にも情報が行き届く**という長所があります。チラシとは異なり「読み物」との認識が強いため、配布した3～10日後くらいに反響が上がってくるのも特徴です。

地域情報誌の場合、情報誌自体に広告を掲載するのはもちろん、地域情報誌にチラシを折り込むことができることがあります。次項で地域情報誌への折り込みについて記述しますので、あわせて検討してみてください。

地域情報誌への広告で気をつけたい点は5つです。

①掲載するページ
②ページ内での場所（情報誌の上部か下部か）
③広告枠の大きさ
④広告の内容
⑤配布日と期間

地域情報誌広告の場合、ひとつの紙面に他社の情報も多く掲載されます。そのため、①～③の要素だけで反響は大きく変わるのです。最も効果的なのは表紙か裏表紙への掲載で、広告枠は紙面の半分以上、ページのできるだけ上部を確保するようにします。この条件以外で反響を上げるためには「クーポン券」の付加が必須です。

次に、一般のチラシのような広告にするのか、それとも「記事型」にするのかなどを検討します。**「記事型」とは、店舗やある商品に対して、読者リポーターなどが取材をし、ブランド価値の高さを文章で伝える手法**です。記事型広告の場合は反響率が高くなるのでおすすめですが、広告枠が「全面」必要なことがほとんどです。地域情報誌を制作する会社に問い合わせてみましょう。

地域情報誌の場合でも、手書きの原稿をそのまま掲載してもらえることが増えてきました。私の場合、筆で書いた商品名などの文言と黒の線画のみの商品イラストを製作会社さんに渡し、色づけなどはお任せするようにしています。雑誌によっては紙面に一定の条件があるので、まずは問い合わせてみることをおすすめします。

地域情報誌には「記事型広告」が効く！

地域新聞の〝美味しい千葉探検隊〟
地元で見つけた美味しい食べ物最新情報をレポートします
テレビ・雑誌など多くのメディアで取り上げられた話題品を取材しました!!
テレビ 9月9日放送
読売テレビより
楽花生パイ
雑誌 10月7日発売号
ESSE に登場!!
ラジオ オランダ家が FMラジオ bayfm78 と共同開発した「新千葉銘菓」
楽花生ダクワーズ
ウチくる!?
楽花生最中
千葉ミルフィーユ
千葉のお菓子といえばオランダ家。テレビ・雑誌などで多く取り上げられています。
10月22日(金)・23(土)・24(日) 蘇我店で得創業祭を開催!!
私が取材してきました!! 千葉で生まれ千葉で育った私は小さい頃からオランダ家さんのお菓子で育ったと言っても過言ではありません！そんな大好きなオランダ家さんの取材とあって今回の取材を楽しみにしてました♪
読者レポーター 今野さん
千葉でお菓子と言えばオランダ家さん。そのオランダ家さんがお得なイベントをするという情報をキャッチ!!何でもお買い得商品だけでなく、今は販売していない幻の商品も期間限定で販売するとか!?早速その内容をご紹介します。
話題の定番お菓子がおトクに買える!!幻のお菓子も3品限定で復活!!
千葉なのにオランダ家!?
千葉県民ならオランダ家さんの事は知っているけど、何故オランダ家という店名なのかと聞かれると…。確かに！と思い副店長さんに聞いてみたところ、「うちの社長が何十年も前に洋菓子を手がけようと思った時に、洋菓子のイメージは何故かオランダだと思ったそうなんです(笑)。それでわざわざ当時のオランダ大使館に出向き、使用の許可をもらって「オランダ家」となったんです」とのこと。こんなエピソード知ってました？
落花生なのに、なぜ「楽」花生？
お店を拝見していると、また疑問が…。オランダ家さんには千葉県が生産量日本一の落花生を使った商品がたくさんあります。「あれ？落花生なのに「楽」花生??」。不思議に思い、副店長さんに聞いてみると…。「そうなんです。お客様でも気がつかない方が多いのですが、うちのお菓子は全部落花生ではなく「楽」花生と表示しています。これはせっかくのお菓子を少しでも楽しく食べて頂きたいという社長の想いから「楽」という字を使用しています」とのこと。確かにお菓子を食べるときは笑顔になるし、楽しいですもんね。商品名ひとつにもオランダ家さんのこだわりが見えますね♪
テレビ・雑誌に多数登場しているオランダ家
先月読売テレビ放送の「秘密のケンミンSHOW」や今月号の「ESSE」にも登場しているオランダ家さん。実はもっとたくさんのテレビや雑誌に登場しているんです。そういえば、以前森田知事が出ていた番組でもオランダ家さんのお菓子を見た気がする…。千葉にこんなに美味しいお菓子があるんだよ！をもっと全国に発信してもらいたいですね。千葉県民の一人として私も応援しています。
蘇我店にて16周年の創業祭実施!! 気になる中身は？
そんなオランダ家さんが、10月22日～24日の3日間、蘇我店にて創業16周年を記念した創業祭を実施。テレビなどで頻繁に登場している楽花生パイや楽花生最中が日替わりで5個入サンキュー価格(笑)の5個390円で販売される。また長さ約10.5センチのジャンボ苺ショートケーキ、千葉県産千葉栗を使った創業祭限定ロールケーキなどがお得に買えるとのこと。これは是非行かないと!!更に…
オランダ家の幻スイーツも復活!!
現在オランダ家さんでは販売していない、知る人ぞ知る幻のお菓子もこの創業祭期間限定で復活！昔懐かしいカスタードクリームたっぷりのオランダカスターが限定復活！また今年ブームとなっている半熟カステラ。半熟カステラの元祖は「パンテロー」と呼ばれるポルトガルのお菓子で、実は！オランダ家が今から10年近くも前に、恐らく日本で初めて販売したそうです。そのパンテローが創業祭限定で復活♪但し生産量に限りがあるため数量限定とのこと。これは見逃せません！その他3日間限定の直径21センチの超ジャンボどら焼なども販売します。
私たちも大好き!! オランダ家お菓子!!
県外への贈り物に利用しています
サクッふわっの食感が大好きです
楽花生最中が一番好き♪
多くのテレビ・雑誌で取り上げられています
取材にご協力頂いた、蘇我店 副店長 福田さん
話題の半熟カステラの元祖「パンテロー」が復活♪1日30個限定なので お早めに♪
創業祭！限定商品!!
オランダカスター 1個 100円
千葉栗ロール 1本 1,100円
佐倉味噌シフォン 500円
ジャンボショート 390円
オランダ家 おかげさまで16周年 蘇我店
10/ あさ9:00スタート!
22 FRI 23 SAT 24 SUN
大創業祭
感謝申し上げます！これからも宜しくお願いします
皆様にご愛顧頂き、おかげ様で16周年を迎える事ができました。感謝の気持ちを込めて大創業祭を開催します。3日間限定の幻の商品も復活します!!皆様のご来店、スタッフ一同心よりお待ちしております。 蘇我店 店長 荘司
テレビ・ラジオ・雑誌などで取材いただいた商品を
日替わりで サンキュー価格 390円でご奉仕いたします!!
22 FRI 限定 千葉ミルフィーユ 5個入り 750円を 390円
楽菓ちゃん's 5個入り 678円を 390円
23 SAT 限定 楽花生パイ 5個入り 750円を 390円
楽花生最中 5個入り 750円を 390円
24 SUN 限定 楽花生ダクワーズ 5個入り 630円を 390円
楽菓ちゃん's 5個入り 678円を 390円
大創業祭限定商品
千葉栗ロール 1本 1,100円
大創業祭限定商品
佐倉味噌シフォン 500円
びっくり！うれしい！ BIGスイーツ!! ジャンボショート 390円
お客様のお声で10年越の復活です！
オランダカスター
ふんわり軽～いスポンジの中にはとろけるカスタードクリーム。なつかしい味にほっぺが落ちそう！
復刻 1コ 100円
私たちがお待ちしています!!
Pâtisserie à CHIBA オランダ家 蘇我店
TEL.043-226-7211
営業時間 9:00～20:30 P有り
今井2丁目
蘇我駅
千葉→
東口
ホテルソガ
千葉銀行
川鉄千葉病院

同地域内に数店舗ある場合は、折込チラシを作成するよりも地域情報誌への掲載のほうが、費用対効果が高くなることが多いです。ただし、地域情報誌の投入日を事前に確認する必要あり。

3 地域情報誌への折り込みで若年層を取り込もう

時間をかけて訴求するチラシ

前項のように、地域情報誌の場合は広告掲載だけでなく、地域情報誌の間にチラシを挟んでもらい、一緒に折り込んでもらうことができます。この場合、チラシは自社で用意し、地域情報誌の会社に納品しますので、新聞折込チラシと変わりはありません。新聞折込と異なる点を以下にあげておきましょう。

- **決められた地域の全戸に投入される**
- **一緒に折り込まれるチラシ枚数が少ない**
- **折込日時を指定できない**

地域情報誌の多くは、新聞購読の有無にかかわらず、折込範囲内の地域の全戸に投入されます。また、新聞に比べて一緒に折り込まれるチラシの枚数が圧倒的に少ないため、目につきやすい利点があります。

注意しなければならないのは、地域情報誌の折り込み日に合わせる必要があるため、チラシの企画内容と合致するかどうかを検討する必要がある点です。地域情報誌は、発行日を含め2～3日かけて配布されます。つまり、折込日に若干のタイムラグが発生するのです。さらに、新聞は「今日その日の情報」であるのに対し、**地域情報誌は「1週間程度かけて読むもの」**であるため、配布されたその日に隅々まで読む消費者が少ないのです。

ここまでの内容を踏まえると、地域情報誌に折り込む場合は、**チラシの有効期間は7～10日程度必要**です。一般的なチラシは「配布してすぐに見るもの」という前提でつくるため、地域情報誌に折り込む場合は企画そのものを検討しなければならないのです。

チラシを制作する場合の注意点としては、必ず地域情報誌片面ページ以上の大きさにすることです。例えば、地域情報誌がB3サイズの2つ折りであれば、片面ページサイズはB4サイズになります。この場合、チラシはB4サイズ以上にすべきです。特殊サイズとしてB4サイズよりも1センチ程度大きくA3サイズよりはひとまわり小さい「D4」サイズのチラシ制作を検討してみましょう。誌面よりも少し大きいチラシを挟むことで、より手にとってもらいやすくなります。

地域情報誌への折込は、チラシの有効期間を考えよう

★クーポン券★
使用期間 2004年12月2日(木)～12月7日(火)
ランチタイム クリスマス 限定!!
ランチパーティーメニュー ¥300引き
ご予約下さい
¥3,500→¥3,200
★クーポン券★
使用期間 2004年12月9日(木)～12月14日(火)
ランチタイム クリスマス 限定!!
ランチパーティーメニュー ¥300引き
ご予約下さい
¥3,500→¥3,200
★クーポン券★
使用期間 2004年12月16日(木)～12月20日(月)
ディナータイム 12月のコース
いたれりつくせりコース ¥300引き
¥3,800→¥3,000
手作りと旬お届けします!
クリスマスパーティーをしよう!
手作りデザートの店
営業時間
ランチ/11:30～14:00
ディナー/17:30～22:00
定休日:水曜日
泉北高速鉄道
和泉中央
エコール和泉
和泉局
阪和自動車道
石尾中
桃山学院大学
駐車場7台
ご予約 早割サービスいたします!!
★ピーノ クリスマス期間 12/23(木)・24(金)・25(土)
12/10(金)までに ハッピークリスマスコース ご予約のお客様には、
クリスマスパーティー当日 お一人様¥500値引き いたします。
チラシ上部の★クーポン券★をお持ちになってぜひ、
にお越しください!
クリスマスメニューのご紹介
ランチタイム 要予約!
第1部 11:30～13:00 第2部 13:00～14:30 お時間の目安は90分です。
期間限定
ランチパーティーメニュー ¥3,500 (お一人様)(税込)
■前菜:•生ハム・グリル野菜サラダ •エビとホタテのマリネ •ブルスケッタ
■ピッツァ:トマトソースとバジルソースの2色のピッツァ
■パスタ:海の幸いっぱいのトマトソース リングイネペスカトーレ!
■肉料理:宮崎産和牛フィレステーキ
■デザート:クリスマススペシャル デザート3種盛り コーヒーまたは紅茶
いたれりつくせりコースチョイスメニュー
■生ハム・グリル野菜サラダ・盛り合わせ
■カルボナーラ
■宮崎産牛フィレステーキ
■イタリア鍋
12月限定 おすすめ
パスタ
•高野山のマツタケとエビの和風スープスパゲッティ
•生ウニとフレッシュトマトのスパゲッティ
•水牛のモッツァレラトマトソーススパゲッティ
•たっぷりニンニクとタカの爪のスパゲッティペペロンチーノ
•アサリの白ワイン風味ボンゴレ・ビアンコ
ピッツァ
•モッツァレラチーズとバジリコのトマトソースピッツァマルゲリータ
•生ハムとバジリコソースのピッツァジェノベーゼ
ディナータイム 要予約!
第1部 17:30～19:30 第2部 20:00～22:00 お時間の目安は120分です。
全2回の入れ替え制をとらせていただきます。
12/23(木)・24(金)・25(土) 3日間限定!
ハッピークリスマスコース ¥5,500(税込)
■付き出し:フォアグラ、キャビア、トリュフの付き出し
■前菜:マグロで巻いたボタンエビ、ズワイガニ、ホタテのタルタル仕立て
■パスタ:七面鳥とポルチーニ(西洋マツタケ) ルッコラのスパゲッティ
■メイン:右写真の3つのメニューからお選び下さい
•アンコウのソテー 生ウニのソース 季節野菜添え
•カナダ産オマールエビのロースト リゾット添え
•和牛フィレ肉のステーキ 2色のマッシュポテト添え
■デザート:スプマンテのジェラート マロンケーキのもみの木風
■パン ■コーヒーor紅茶
アンコウのソテー 生ウニのソース 季節野菜添え
カナダ産オマールエビのロースト リゾット添え
和牛フィレ肉のステーキ 2色のマッシュポテト添え
特別おまかせコース(¥10,000)も承ります。ご予約下さい!
クリスマスミニコンサート
「 で
クリスマスパーティーをしよう!」
ということで、コンサートを開きます!
当日はピアノの生演奏をBGMに
のお食事をお楽しみ下さい!
12/23(木)24(金)25(土)の3日間限定
第1部 17:30～ 第2部 20:00～
※1部ごとに2回演奏いたします。
お時間の目安は120分です。
ご予約下さい!!
忘年会・新年会の
ご予約を承ります
ご予算は相談に応じます。貸し切りも
できますので、まずはお電話下さい!

地域情報誌内に広告を掲載するには費用がかかるため、地域情報誌の中にチラシを折り込むことも考えましょう。新聞折込チラシと同じ作成方法でOK。

4 スタッフのポスティングで地域密着化を図る

ポスティングで店の意識を高める

最近増えているのが、**スタッフ自身でチラシをポスティング**する方法です。地理感覚をつかめるだけでなく、近隣といえども「わざわざ来店していただいている」という実感を持てるようになり、店が**地域密着化を図る**上で効果的です。さらに、自分たちが配布したチラシを持ってお客様が来店していただいたときはやはりうれしいものので、スタッフの参画意識の向上にもつながります。

自店を中心として、距離が遠くなるほど顧客数は減ります。逆にいえば、自分の足でチラシを配布できるくらい近隣の地域（足元商圏）では顧客数も多いため、チラシで優遇するには最適な地域になります。

ポスティングチラシとして最適な企画は、「**○○地域にお住まいのみな様への還元祭**」です。そのチラシ自体が限定地域にしか配布されていないことを明記した上で、「**近隣のみな様に支えられている**」ことを感謝し、還元する内容にします。もちろん、チラシが配布されていない地域のお客様であっても、来店していただいた場合には同じようにサービスします。このような地域限定チラシを上手に利用している店では、地元商圏に住む世帯数の半分以上を名簿化することに成功しています。

自社スタッフに配布してもらう際には、**スタッフ別に配布地域を割り振り、配布枚数と期間を決めます**。通常業務もありますから、**3日～5日程度を配布期間**とします。配布に要する時間は時給をつけることにより、店全体の企画への参画意識を高めます。

さらに、効果測定するためにチラシ下部に配布スタッフがわかるような印を書いておきます。そして、当日お客様には「チラシ持参で○○プレゼント」などの条件をつけておけば、ある程度の反響率を出すことができます。

より配布しやすくするためには、チラシのサイズをA4以下にしておくとよいでしょう。A4サイズ以上にすると、ポストに投函する際に数回折り曲げる作業が発生するため、余計に時間をとってしまいます。

最も大切なのは、スタッフの賛同を得ることです。ポスティングの意図を的確に説明する必要があります。

スタッフのポスティングで親近感を持たせる

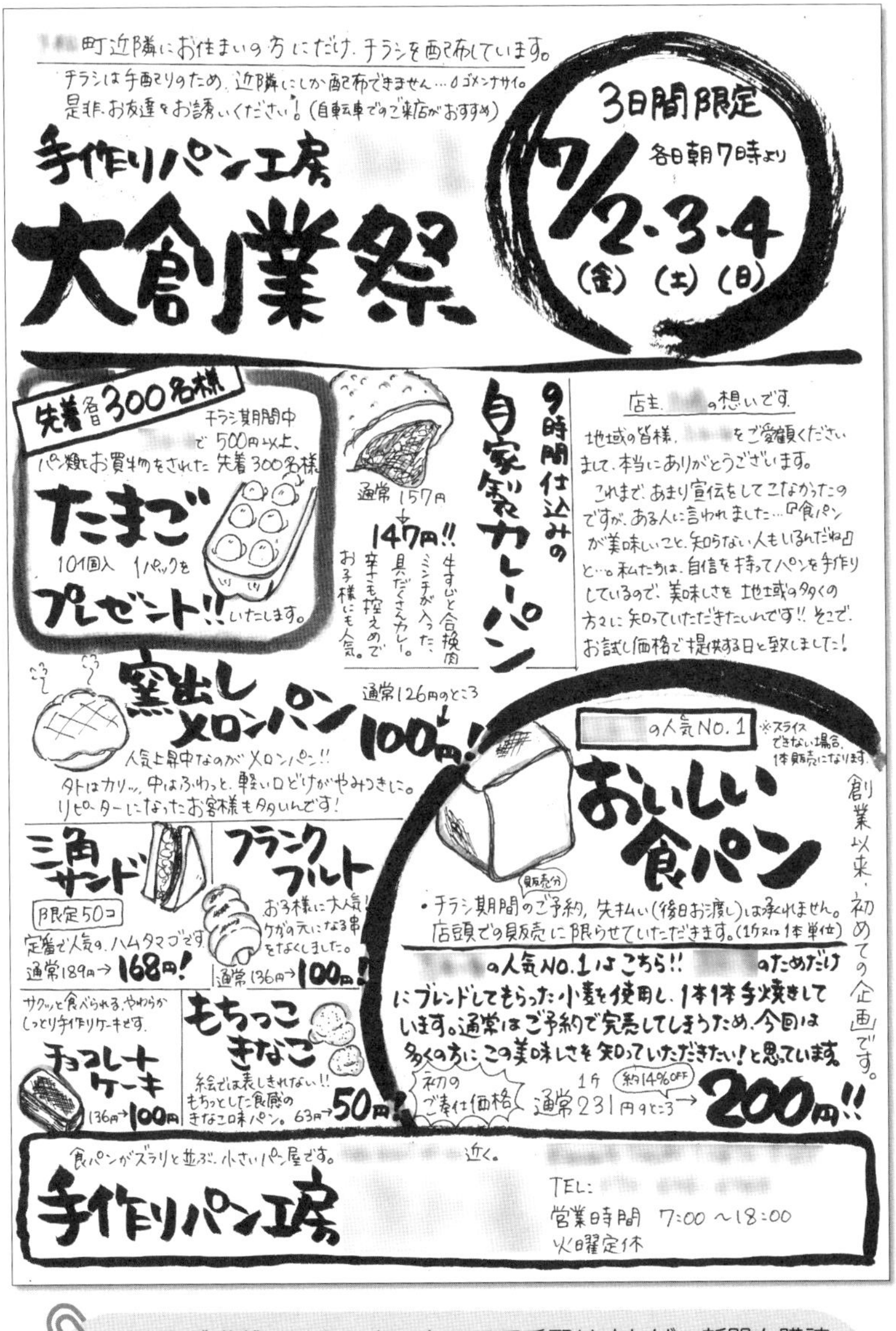
町近隣にお住まいの方にだけ、チラシを配布しています。
チラシは手配りのため、近隣にしか配布できません…ゴメンナサイ。
是非、お友達をお誘いください！（自転車でのご来店がおすすめ）
手作りパン工房
大創業祭
3日間限定
7/2・3・4
（金）（土）（日）
各日朝7時より
先着各日300名様
チラシ期間中
で500円以上、
パン類お買物をされた先着300名様
たまご
10個入 1パックを
プレゼント!! いたします。
9時間仕込みの
自家製カレーパン
通常157円
147円!!
牛すじと合挽肉
ミンチが入った
具だくさんカレー。
辛さも控えめで
お子様にも人気。
店主 の想いです。
地域の皆様、をご愛顧くださいまして、本当にありがとうございます。
これまで、あまり宣伝をしてこなかったのですが、ある人に言われました…『食パンが美味しいこと、知らない人もいるんだね』と…。私たちは、自信を持ってパンを手作りしているので、美味しさを地域の多くの方々に知っていただきたいんです!! そこで、お試し価格で提供する日と致しました！
窯出しメロンパン
通常126円のところ
100円!
人気上昇中なのがメロンパン!!
外はカリッ、中はふわっと、軽い口どけがやみつきに。
リピーターになったお客様も多いんです！
の人気NO.1
※スライスできない場合、販売になります。
おいしい食パン
創業以来、初めての企画です。
三角サンド
限定50コ
定番で人気の、ハムタマゴです
通常189円→168円!
フランクフルト
お子様に大人気！
ケガの元になる串をなくしました。
通常136円→100円!
サクッと食べられる、やわらかしっとり手作りケーキです。
チョコレートケーキ
136円→100円
もちっこきなこ
絵では表しきれない!!
もちっとした食感のきなこ味パン。
63円→50円!
・チラシ期間のご予約、先払い（後日お渡し）は承れません。
店頭での販売に限らせていただきます。（1斤又は1本単位）
の人気NO.1はこちら!! のためだけにブレンドしてもらった小麦を使用し、1本1本手焼きしています。通常はご予約で完売してしまうため、今回は多くの方にこの美味しさを知っていただきたい！と思っています。
初のご奉仕価格
1斤
約14%OFF
通常231円のところ→200円!!
食パンがズラリと並ぶ、小さいパン屋です。 近く。
手作りパン工房
TEL:
営業時間 7:00～18:00
火曜定休

手書き感満載のチラシをスタッフで手配りすれば、新聞を購読していない家庭にも配布が可能になります。手配りの場合は、チラシ上部にその旨を明記しておくとよいでしょう。

5 近隣店舗にも置いてもらう

コンセプトを理解した店同士で協力する

個人店であればすぐに実践できるのがこの手法です。手書きのチラシを作成し、近隣店舗（他業種）に置いてもらう（お互いに置く）ことも有効的な手段なのです。

この場合に最も大切なことは、**「お互いの店のコンセプトを理解した上で、お互いに有益な場合のみチラシを設置する」**ということでしょう。例えば、自分の店は顧客を大切にすることが方針なのに、チラシを置いてもらおうとしている店が利益重視だと、「うちは何人ものお客さんを紹介しているのに、あなたの店からは紹介がこない」など、トラブルが発生しかねません。この食い違いをなくすためには、近隣店舗とよくコミュニケーションをとり、オーナーや店長などの人間性を理解することが必要になります。他店に設置してもらうチラシには、以下の内容を盛り込みます。

- **店情報（店名・住所・電話・地図など）**
- **何屋さんかがわかること**
- **名物商品がわかること**
- **商品名ラインナップがわかること**
- **来店を促すクーポンなどをつけること**

特に、クーポン券などは、どの店に設置したチラシから来ているかがわかるよう、文言やマークで区別しておきましょう。そして、チラシを手にとったお客様が「どこのチラシなのか？」がわかるように、住所や地図などは大きめに記載します。名物商品は紙面の3分の1程度を使い、最後に残った面積を使ってメニュー内容などを文字で書けば、商品ラインナップの表現ができます。

チラシの大きさにも注意しなければなりません。**相手に場所を確保してもらうので、最大でもA4サイズを半分に折ったサイズ**が無難です。また、チラシだけでは手に取ってもらいにくいため、名刺サイズのカードに「近隣の○○屋◇◇（店名）です。このチラシ持参で10％OFF」というPOPを用意しておくのもよいでしょう。

費用や時間をかけなくてもすぐに取り組める配布方法はたくさんあります、積極的に取り入れてみてはいかがでしょうか。

「何の店か」がわかるチラシをつくろう

保存版
具いっぱいパスタと手作りデザートの店
10月20日(木)〜11月15日(火)の期間限定企画!!
イタリア4都市グルメツアー
★ミラノ ★フィレンツェ ★ローマ ★シチリア
1週1都市、計4都市の旅
10/20〜10/25 → 10/27〜11/1 → 11/3〜11/8 → 11/10〜11/15
いつも、をご愛顧いただき、誠にありがとうございます。
では皆様にイタリア本場の味を、イタリア本場で食べる雰囲気で楽しんでいただきたいと思い、期間限定で『イタリア4都市グルメツアー』を企画いたしました。是非、毎週違う都市の味をお楽しみください。
10/20〜10/25 ミラノ 6日間の旅
マツタケ入りミラノ風リゾット ¥1,600
仔牛のカツレツ ミラノ風 ¥1,500
木の実のタルト (ワゴン中にあります)
10/27〜11/1 フィレンツェ 6日間の旅
ホウレン草と卵のラザニア ¥1,400
トリッパとひよこ豆のトマト煮込み ¥1,300
ズッパ・イングレーゼ (スポンジとカスタードのケーキ) ワゴンの中にご用意しております!
10/27〜11/1 ローマ 6日間の旅
オニオンとベーコンのスパゲッティ アマトリチャーナ ¥1,200
牛テールとセロリの煮込み ¥1,800
リコッタチーズのムース (ワゴンの中にご用意しております)
11/10〜11/15 シチリア島 6日間
イワシとういきょうのスパゲッティ ¥1,400
マグロのシチリア風トマト煮込み ¥950
ブラッドオレンジのジェラート ワゴンの中にあります!
イタリアにご旅行の際にはぜひ、お持ち下さい!
〜具いっぱいパスタと手作りデザートの店〜
〒591-1105
TEL:
ご予約も承ります

商店街などの場合、競合しない異業種の店と協力してお互いの店舗を紹介することも効果的。邪魔にならないようA4サイズ以下で作成するとよいでしょう。

6 効果測定1：反響率から分析する

クーポン券を活用する

チラシでもDMでも、店側が発信した販促物では必ず**反響率**を算出するようにすると、その後の販促媒体の選定、内容の企画立案に役立てることができます。

しかし、チラシの反響率を正確に算出することは困難です。それは、来店したお客様すべてがチラシを見ているとはいい切れないためです。そのため、チラシに**クーポン券や抽選引き換え券などをつけておき、それを回収した数で算出**します。

このとき意外に多いのが、「チラシは見たけれど、クーポン券を持ってくるのを忘れてしまった」というお客様です。その場合は、その場でストックのチラシをお渡しし、記入箇所があれば、記入していただいて、回収するとよいでしょう。

反響率の算出は、来店人数またはクーポン類の回収枚数を、チラシ配布枚数で割り算することで出ます。

チラシ反響率の目安

業種やチラシ配布のタイミングにもよりますが、チラシの反響率は食品関連業種で3～5%、住宅や理美容などのサービス業界で0・5～2%あれば費用対効果は合うようになっています。

業種による反響率の差は、およそ客単価の差と考えてよいでしょう。住宅業界などは1件の受注が数百万円になることもしばしばです。このような業種では、たとえチラシを5万枚程度配布して1件しか反響がなくても、費用対効果としては合うのです。それに対して、パン店などの客単価が500～1000円程度の店では来店客数が多くないと費用がかかり過ぎてしまうため、5万枚配布した場合は2000人程度の集客が必要になるのです。

反響率をできる限り正しく算出し、チラシを配布するごとに必ず記録をつけておきましょう。その積み重ねで、チラシの企画内容や配布手法、配布時期が適正かどうかを判断することができるようになるのです。チラシに掲載した商品の販売数や金額も一緒に記録しておくことをおすすめします。

反響率を算出しよう！

チラシ掲載クーポン等の回収枚数
（ない場合は期間中来店人数）

÷

チラシ配布枚数

×

100

＝

反響率（％）

来店客数から見た反響率の目安

- 食品小売店 ➡ 3～5％
- 飲食サービス店 ➡ 3～5％
- 住宅・美容などのサービス店 ➡ 0.5～2％

反響率が高ければ高いほど、
チラシの効果が高い！

7 効果測定2：ＣＰＯを算出する

販促ツールごとのＣＰＯを算出する

ＣＰＯとは、Ｃｏｓｔ Ｐｅｒ Ｏｒｄｅｒの略で、**販売目的のチラシやＤＭで1件の注文（1人の顧客）を獲得するのにかかった費用**のことをいいます。

例えば、1枚5円（印刷代・配布代）で制作したイベント告知用のチラシを1万枚配布したことで1０００人の購入客があったとき、1人のお客様を獲得するのにかかった費用、つまりＣＰＯは、5円×1万枚÷1０００人＝50円となります。この**ＣＰＯを算出することにより、チラシやＤＭ、その他販促手法をバランスよく実施することが可能**になります。

ここで、チラシとＤＭのＣＰＯについて比較してみましょう。

チラシの場合はＤＭと比較すると必要枚数が多くなりますから、印刷費用や配布費用で数十万円かかることは珍しくありません。制作・配布にかかる金額面だけを比較すると、ＤＭのほうが配布枚数が少ないために安いかもしれません。しかし、チラシの場合は不特定多数の中から多くの来店客数が見込めるためにＣＰＯは低くなるのです。

それに対して、ＤＭの場合は制作枚数が少ないため制作にかかった費用だけを見ると安く済んでいるように感じるかもしれません。反響率もチラシより高いために効果的な販促とも思えるでしょう。しかし、ＤＭの場合は送付費用が1枚あたり約50円かかりますから、反響率が20％（5人に1人の割合）と高かったとしても、1人のお客様を獲得するのに5人分の配布料金２５０円分が少なくともかかってくる計算になります。となると、制作費用や配布費用、反響率などを各々の販促手法だけで算出していては、1人のお客様に多大な費用をかけてしまっている可能性があるのです。

ＤＭやホームページ上だけで商品を販売する通販業界は特別ＣＰＯが高くなりますが、それ以外の業種ではチラシやＤＭ、ホームページなど販促媒体別にＣＰＯを算出し、ＣＰＯの高い販促と低い販促をバランスよく実施していくことが必要なのです。

1件の注文を得るのにかかった費用を算出しよう！

CPO
（1件の注文を得るのにかかった費用）

＝

チラシ制作費用
＋
チラシ配布費用
＋
その他かかった販促費（割引額など）

÷

購入客数

↓

制作費用や配布費用などが安くても
購入客数につながらなければ
無駄が多いということ

↓

CPOを
販促手法別に算出し、
検証しよう！

8 効果測定3：CPRを算出しよう

見込み客を集める販促活動

CPRとは、Cost Per Responseの略で、**見込み客の発掘を目的としたチラシやDMにおいて1人の見込み客を獲得するのにかかった費用**のことをいいます。

前項のCPOは主に小売店・サービス自体を販売する業種で用いられますが、**来店客が必ずしもすぐに購買活動をするとは限らない業界**、例えば、冠婚葬祭業・住宅関連業・宝石業界などでは、チラシやDMなどで来店を促せたとしても購買までに時間がかかることから、CPOは算出しづらくなります。そこで、これらの業界では、CPRを算出することをおすすめします。

算出方法はCPOとほとんど同じです。例えば、1枚あたり制作や送付に65円かかったDMを1000枚配布し、それによる来店客数が200人だった場合のCPRは、65円×1000枚÷200人＝325円になります。CPRの場合は、200人の来店客が何も購入していなくてもかまいません。あくまでも、来店することが次の受注活動のきっかけとなり、購入見込みの高いお客様を獲得できたということに重きを置くのです。

例えば、宝石業界において「展示会&即売会」のDMを配布し、このDMを持参するとプチアクセサリーがプレゼントされるという特典があったとしましょう。プレゼントがあるのでDMの反響率は30％以上と高くなります。しかし、来店客数は多くとも、プレゼント引き換えだけでなく実際に商品を購入するお客様は、来店客数の10％程度としましょう。すると、CPRとCPOの値は大きく異なってきます。

CPRの算出が必要な業界は、そのほとんどが**高単価商品を扱う店**でしょう。高単価になるほど商品購入までのプロセスが長くなりますから、その前段階の「見込み客集め」が重要になってきます。

チラシやホームページなどの大衆的販促から見込み客を集める重要性を今一度理解し、CPRを算出しておくことをおすすめします。

1人の見込み客を得るのにかかった費用を算出しよう！

チラシのCPR（1人の見込み客を得るのにかかった費用） ＝ （チラシ制作費用 ＋ チラシ配布費用 ＋ その他かかった販促費（割引額など）） ÷ 獲得見込み客数

来店客が、すぐに購入客にはなりにくい業界向け（冠婚葬祭、住宅不動産、宝石、呉服など）

高単価な業種では
見込み客を
集めることも重要！

1● まずは揃えよう！
手書き達人になる7つ道具

2● うまく文字が書けない
そんなときは……

3● とにかくイラストが苦手
そんなときは……

4● 紙面が「のっぺらぼう」で見づらい
そんなときは……

5● 書いた文字が読みづらい
そんなときは……

12章

もっと手書き力をアップしよう！

1 まずは揃えよう！　手書き達人になる7つ道具

字が下手でも大丈夫！

パソコンで作成するよりも手軽で簡単な手書きチラシを書くために必要な道具を紹介します。

【手書きチラシに必要な7つ道具】

①筆ペン（黒色・太文字）
②筆ペン（黒色・極細）
③水性サインペン（黒）
④水性ボールペン（黒）
⑤スクリーントーン
⑥定規
⑦コピー用紙（B4サイズ）

「字や絵が下手だから」といって、手書きに苦手意識を持っている人が多いのですが、どんな字もある程度ごまかすことができる「筆文字」を私はおすすめしています。

私がおすすめしている筆文字は、書道のような整った文字ではなく、**わざと崩したやわらかい雰囲気の文字**です。この字体で書くと、字の上手下手がほとんど気になりません。

用意する道具が多いと感じるかもしれません。しかし、用途によって使い分けると、初級者でも上手にチラシが書けるのです。

筆ペンの種類と使い方

筆ペンは書道用の筆とは使い方が異なります。

まず、**筆ペンは鉛筆と同じように持つ**ようにしましょう。また、書道のように筆を立てて使うのではなく、鉛筆と同じように少し寝かせた状態で書くほうが、筆ペン本来の「味」が出やすくなります。

筆ペンには、太さや色にたくさんの種類があります。左ページに、必須の筆ペン5種類を紹介しますので、ぜひ揃えてください。**用途によって道具を使い分けることにより、テクニックがなくてもさまざまな大きさの文字を書くことが可能**になります。

私がおすすめしている筆文字は習字ではなく、あくまでも「へたうまな味のある字」です。筆の先だけではなく、押しつぶすように使っていくと、筆の毛もやわらかくなり、使いやすくなってきます。

道具を揃えれば、やる気が出てくる！

手書きの7つ道具を揃えて、楽しく作成しましょう！

必須で揃えたい筆ペン5種類

❶ **太字　黒色筆ペン** ▶ チラシのメインタイトル・日付を書くのに適している。細い文字を書けないことはないが、にじみやすいので注意を。

❷ **中字　黒色筆ペン** ▶ チラシ内では線を引くのに適している。
商品名や価格を書く場合には、筆を立てて先のほうで書くとよい。

❸ **極細　黒色筆ペン** ▶ チラシ内の商品名や価格を書くのに適している。
境界線を引くのにもよい。

❹ **中字　うす墨筆ペン** ▶ イラストや文字に影をつける場合に使用。影をつけると浮き上がっているように見えるので、タイトルや主力商品名などの目立たせたい文字につけると効果的。
印刷時に薄くなることがあるため、要注意。

❺ **カラー筆ペン** ▶ カラーのチラシを書く場合に使用。私が愛用している「ぺんてる·カラーブラッシュ」は18色もあり、便利。特に、橙・ピンク・赤・黄緑・青・茶の使用頻度が高い。

2 うまく文字が書けない そんなときは……

やわらかい筆文字を書いてみよう

チラシでお客様の心をひきつけるには、どこの店にもあるようなものでは、興味を持ってはもらえません。パソコンでつくられたチラシや、写真が多く掲載されたチラシはよく見かけるようになりました。その反面、昔ながらの手書きチラシは少なくなってしまいました。だからこそ、今、手書きチラシを投入すると反響率が高くなるのです。

ただし、誤解していただきたくないのは、**手書きにすればすべてのチラシが当たるようになるわけではありません。これまでに説明した「当たるチラシのルール」に基づいた内容で、かつ、手書きにすると「より目立つ」**ようになるのです。

ここでは、書道のような文字ではなく、少しくだけた、やわらかい雰囲気を出す筆文字の書き方を説明します。

まず、左ページのように一辺が5センチ程度の正三角形を下向きに書きます。その三角形の中に平仮名を五十音順に書きましょう。

「味」のある筆文字を書くためには、まず**「頭でっかち」**の文字に慣れることが一番です。あくまでも「頭でっかち」の練習のためですから、今後すべての文字を逆三角形に書かなければならないわけではありません。

ここでのポイントは、**正三角形の枠内いっぱいに文字を書く**ということです。一角目を太く、二角目以降を細く書くとより味が出るでしょう。こうすることで、三角形でつくった「頭でっかち」の形をより強調することができるのです。

書き方のコツがつかめた後は、練習すればするほど上達します。また、筆ペンに慣れてくれれば、「頭でっかち」以外の書き方も、自己流で開発していくことができるでしょう。まずは筆ペンに慣れることから始めましょう。

他にも、**さまざまな線を書く**練習もおすすめです。細い直線、太い直線、徐々に太く徐々に細くなる直線、細い曲線、徐々に細くなる曲線など、サラサラと描けるよう何度も繰り返し書いてみましょう。

「頭でっかち」の文字が個性的

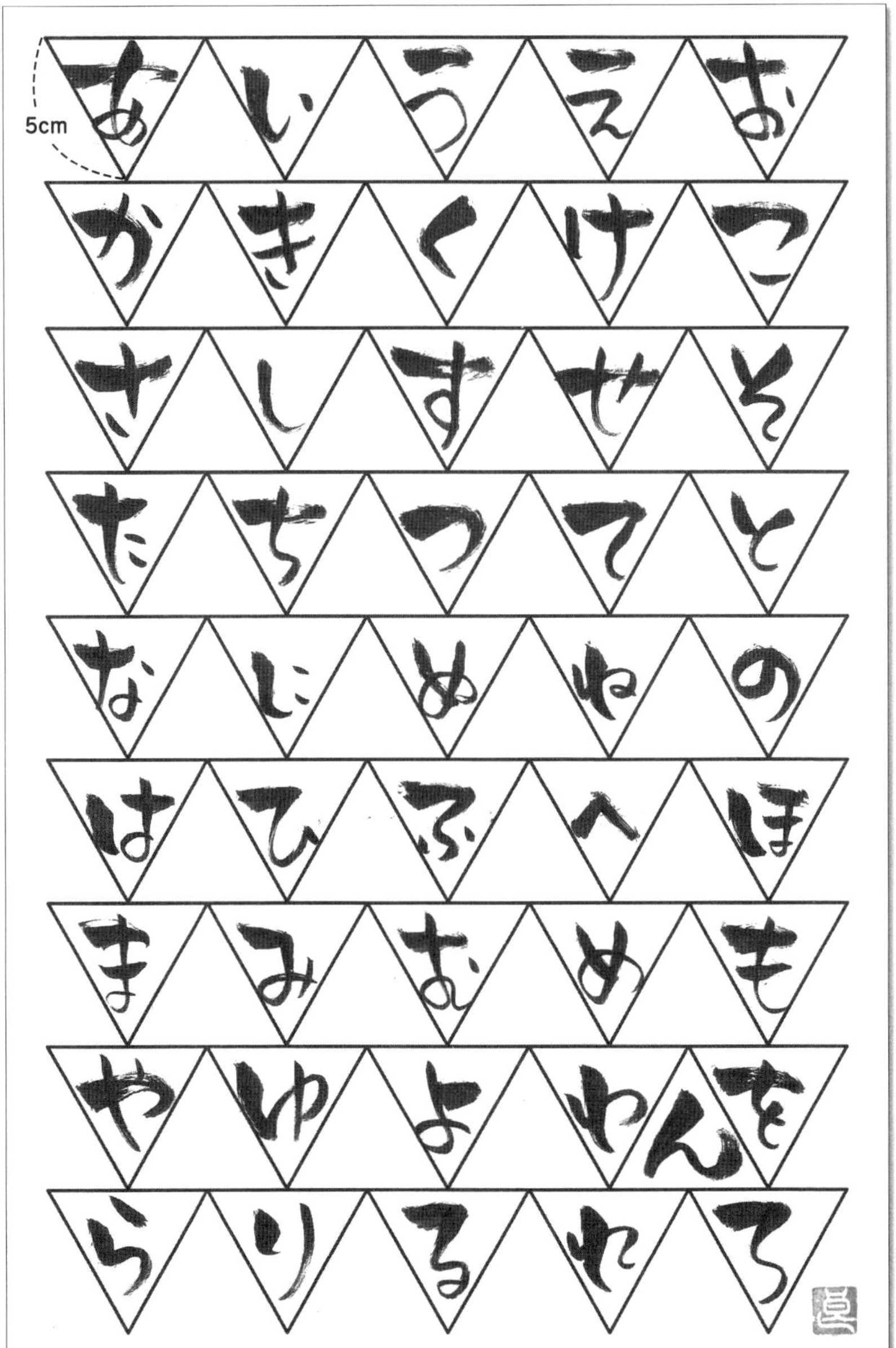
5cm
あいうえお
かきくけこ
さしすせそ
たちつてと
なにぬねの
はひふへほ
まみむめも
やゆよわんを
らりるれろ

3 とにかくイラストが苦手 そんなときは……

イラストへの苦手意識を克服する2つの方法

チラシは書きたいし、文章はなんとか書けるけれどもイラストがどうしても苦手……、そういう方は少なくないと思います。現に私もイラストは大の苦手、現在のように描けるまでにはだいぶ苦労しました。元々苦手だった私だからこそイラストが少しでも上手に描けるようになるコツをお伝えしたいと思います。

その方法は主に2つあります。

まずは**「誰かが描いた絵を参考にする」**ことです。商品の実物を見ながら絵にすることは、とても難しい作業です。しかし、誰かが一度「線」で描いたイラストを参考にすると、線の長さや位置関係をつかみやすくなるため、幾分簡単に描けるのです。

このイラストを探すには、インターネットの**画像検索機能**を使用します。例えば、食パンのイラストを探したい場合は「食パン　イラスト」と記入し、画像検索ボタンを押すだけです。この場合、探したイラストをそのまま使うことは著作権問題になることがありますので、くれぐれも参考程度にしておきましょう。

イラストを描く方法の2つ目は、**「対象物を○・△・□に分解する」**ことです。この方法は筆ペンでイラストを一筆書き風にする際に適しています。

どのようなイラストでも、○と△と□の組み合わせでできていることが多くあります。例えばお酒の瓶のイラストを描く場合は、お酒が入っている筒状の部分が長方形、注ぎ口に向かって細くなる部分が三角、注ぎ口付近は細めの長方形、そして口の部分は楕円形というように、イラストを分解することができるのです。分解した形のまわりをなぞるとイラストになります。

ここまで挑戦してみても難しかった方は、写真で対応しましょう。その場合は、先に用紙に写真を印刷または貼りつけて、その後に文字を書くことをおすすめします。パソコン上での画像処理には専門知識を要するため、プリントアウトした写真をはさみで切り、のりで貼りつけるとよいでしょう。原始的な手法になりますが、初心者でも取り組みやすい方法です。

イラストを分解しよう

例 お酒の瓶を描く場合

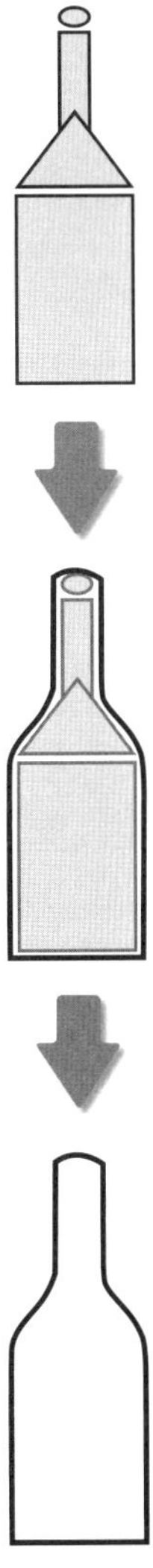

○と△と□に分解して考えます

まわりをなぞってから、
中の○と△と□を消すと……

瓶の形の出来上がり!!

4 紙面が「のっぺらぼう」で見づらい そんなときは……

文字にメリハリをつける方法

手書きでチラシを書いてみたものの、どこに何が書いてあるのがわかりにくい、文字を3色程度で書いていても見づらい……、そのような場合の原因は2つあります。

原因のひとつは、文字の大きさにメリハリがないこと、2つ目は、カテゴリーごとに色を分けていないことです。

チラシの中には、チラシタイトル、掲載している商品の名前、価格、説明文など、さまざまな要素が入り組んでいます。多くの要素があるにもかかわらず、すべてを同じ大きさの文字で書いていたらどうなるでしょうか。メリハリがなく、どこを見てよいのかわかりづらいチラシになってしまうのです。

まずは、カテゴリーごとに使用する筆ペンを変え、文字の大きさにメリハリをつけましょう。

- チラシタイトル↓太字の筆ペン
- 商品名・価格↓中字の筆ペン
- キャッチコピー↓極細の筆ペン
- 商品説明文↓水性ボールペン

このように、使い分けるだけでもメリハリをつけることができるため、道具を変えてみましょう。

次に、**チラシやDMのタイトルなど最も大きい文字には影をつけて**みましょう。その際に使用するのはうす墨の筆ペンです。文字の右側と下側のすぐ脇をなぞるように書くのです。すると、文字が浮き上がっているように見えるため他の文字と比較しても、より目立つようになります。

最後に活用したいのは**「境界線」**です。チラシともなると1枚の用紙の面積に多くの情報があります。例えば、新聞を思い浮かべてみてください。ひとつの紙面にさまざまな情報が細かく載っていますが、境界線があるために読みやすくなっていると思います。チラシも同じです。**境界線は筆ペンではなく、ボールペンを使用する**としっかり情報を整理できます。

以上のような手法を使い、より読みやすいチラシやニュースレター、DMをつくってみましょう！

文字の太さでメリハリをつける

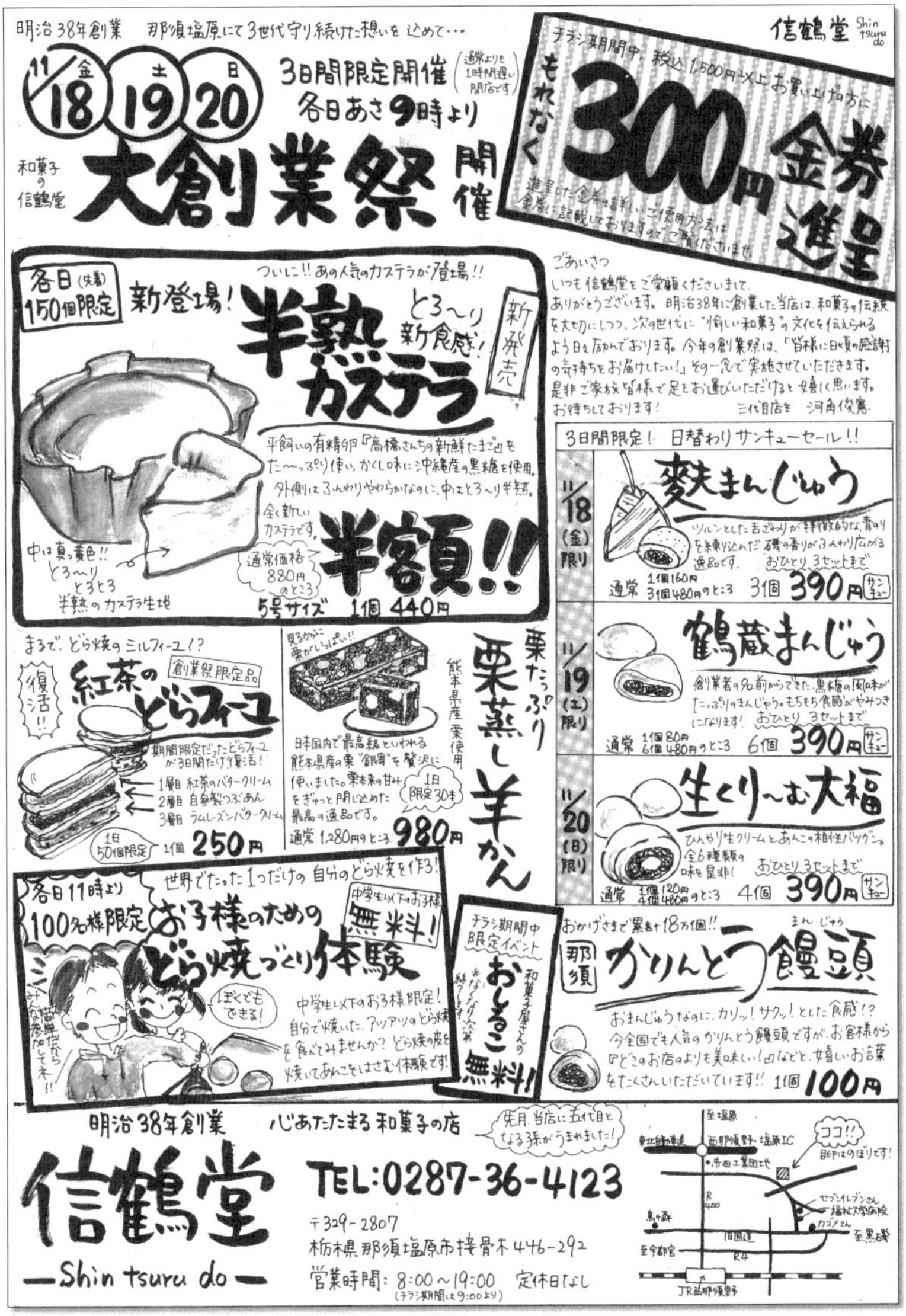
明治38年創業　那須塩原にて3世代守り続けた想いを込めて…
信鶴堂 Shin tsuru do
11/18(金) 19(土) 20(日)
3日間限定開催
通常よりも1時間早い開店です
各日あさ9時より
和菓子の信鶴堂
大創業祭 開催
チラシ期間中、税込1,500円以上お買い上げの方に
もれなく
300円 金券 進呈
進呈した金券の詳しいご使用方法は金券に記載しておりますのでご覧ください。
ごあいさつ
いつも信鶴堂をご愛顧くださいまして、ありがとうございます。明治38年に創業した当店は、和菓子の伝統を大切にしつつ、次の世代に"愉しい和菓子"の文化を伝えられるよう日々励んでおります。今年の創業祭は、「皆様に日頃の感謝の気持ちをお届けしたい！」その一念で実施させていただきます。是非ご家族皆様で足をお運びいただけると嬉しく思います。お待ちしております！　三代目店主　河角俊寛
各日(先着)150個限定
新登場！
ついに!!あの人気のカステラが登場!!
半熟カステラ
とろ～り新食感！
新発売
平飼いの有精卵『高橋さんちの新鮮たまご』をた～っぷり使い、かくし味に沖縄産の黒糖を使用。
外側はふんわりやわらかなのに、中はとろ～り半熟。
全く新しいカステラです。
半額!!
通常価格880円のところ
5号サイズ　1個 440円
中は真っ黄色!! とろ～り とろとろ 半熟のカステラ生地
3日間限定！　日替わりサンキューセール!!
11/18(金)限り
麩まんじゅう
ツルンとした舌ざわりが特徴的な、青のりを練り込んだ磯の香りがふんわり広がる逸品です。
おひとり3セットまで
通常 1個160円 3個480円のところ　3個 390円 サンキュー
11/19(土)限り
鶴蔵まんじゅう
創業者の名前からできた、黒糖の風味がたっぷりのまんじゅう。もちもち食感がやみつきになります！
おひとり3セットまで
通常 1個80円 6個480円のところ　6個 390円 サンキュー
11/20(日)限り
生くり～む大福
ひんやり生クリームとあんこの相性バツグン。
全6種類の味を是非！
おひとり3セットまで
通常 1個120円 4個480円のところ　4個 390円 サンキュー
まるで、どら焼のミルフィーユ!?
復活!!
創業祭限定品。
紅茶のどらフィーユ
期間限定だったどらフィーユが3日間だけ復活！
1層目 紅茶のバタークリーム
2層目 自家製つぶあん
3層目 ラムレーズンバタークリーム
1日50個限定　1個 250円
見るからに栗がいっぱい!!
熊本県産栗使用
栗たっぷり
栗蒸し羊かん
日本国内で最高級といわれる熊本県産の栗"銀寄"を贅沢に使いました。栗本来の甘みをぎゅっと閉じ込めた最高の逸品です。
1日限定30本
通常1,280円のところ 980円
各日11時より
100名様限定
世界でたった1つだけの自分のどら焼を作ろ!
中学生以下のお子様
無料！
お子様のためのどら焼づくり体験
中学生以下のお子様限定！自分で焼いた、アツアツのどら焼を食べてみませんか？どら焼の皮を焼いてあんこをはさむ体験です！
ぼくでもできる！
簡単だからみんな参加してネ!!
チラシ期間中限定イベント
和菓子屋さんのおしるこ無料!!
おかげさまで累計18万個!!
那須
かりんとう饅頭《まんじゅう》
おまんじゅうなのに、カリッ！サクッ！とした食感!?
今全国でも人気のかりんとう饅頭ですが、お客様から『どこのお店のよりも美味しい！』などと、嬉しいお言葉をたくさんいただいています!!　1個 100円
明治38年創業　心あたたまる和菓子の店
先月、当店に五代目となる孫が生まれました！
信鶴堂
—Shin tsuru do—
TEL：0287-36-4123
〒329-2807
栃木県那須塩原市接骨木446-292
営業時間：8:00～19:00（チラシ期間は9:00より）　定休日なし
至塩原
東北縦貫道
西那須野塩原IC
ココ!! 目印はのぼりです！
赤田工業団地
R400
セブンイレブンさん
国際医療福祉大学病院
カゴメさん
至黒磯
旧国道
R4
至宇都宮
JR西那須野

イラストや文字には、うす墨の筆ペンや灰色のペンなどで影をつけたり、スクリーントーンを貼って模様をつけ足したりすれば、メリハリがついて見やすくなります。

5 書いた文字が読みづらい　そんなときは……

文字にメリハリをつける

手書き文字には人それぞれのクセがあります。クセがあることで文字の大きさや高さがバラバラになるために文章が読みづらくなってしまうことがあります。

このようなときに活用したいのが、**「下線」です。下線を一本引くことで、文字の高さを統一してみせることができる**ため、読みやすくなります。

チラシのタイトルなどの大きい文字には、文字と同じ太さの筆でゆるやかなカーブのついた線を1本つけるとよいでしょう。しかし、大切なのはメリハリです。すべての文字に下線を筆でひいてしまうと逆に見づらくなってしまいます。商品名や説明文に下線を引きたい場合は、色鉛筆の薄い色を使用すると、メリハリがつくのでよいでしょう。また、筆ペンには色の種類もたくさん出ています。うす墨やパステル系の筆ペンで下線を引くのもおすすめです。

下線を引いても文字が読みづらいときは、小さい文字だけパソコンで出力してもかまいません。お客様にとって読みやすいことが最も重要ですから、無理してすべてを手書きにする必要はないのです。

どうしても手書きで統一したい場合は、小さめの文字には筆を使わずにサインペンやボールペンを使うとよいでしょう。細い筆記用具のために小さい文字が上手に書けるために読みやすくなるのはもちろん、筆とペンとで文字の感じがまったく異なるためにメリハリがつくのもよい点です。

1枚のチラシやDMの中にもメリハリは重要です。技術に頼るのではなく、まずは道具を揃えることで多くの手段を持つことを第一歩としましょう。**道具を変えれば表現できる文字もバリエーションが出る**のです。

先述しましたが、網掛けなどをしたい場合は、漫画を描く道具のひとつ「スクリーントーン」という模様シートが便利です。色鉛筆などで色を塗ると、印刷時に色ムラができてしまいますが、トーンを使うと、均一な色や模様をつけることができます。画材屋さんなどで手に入るのでぜひ探してみてください。

下線を引いてメリハリをつける

スイーツで地元の皆様を笑顔にしたい!!
お菓子のリーフ
Leaf
スマイルカレンダー11月号
2011年
月 火 水 木 金 土 日
1 新作ケーキ!!
3(祝)
八幡起業祭!! in大谷体育館
8 リーフの日
11 いいことしっぱい
秋のスイーツフェア
15 お菓子の日
23(祝)
コレット井筒屋 スイーツフェスティバル
12/1 新作ケーキ!
定休日
11/18(金)〜20(日)は半額金券返し!!
日に日に気温が下がり、冬の訪れを感じるまでになりましたね。1年は早い。
今月はイベント目白押しです。特に、11/18〜20は、半額金券返しのスイーツフェア開催!!
是非ご来店くださいませ。
11/4(金)〜6(日) 八幡起業祭に出店します!
こちらにも是非お越し下さい!!
11/23(祝)〜27(日) コレット井筒屋のスイーツフェスティバル出ます!
お店外でもイベントあります
ご注目!!
11/18(金) 19(土) 20(日)
3日間開催
各日朝9時より
秋のスイーツフェア開催!
お菓子のリーフが贈る、秋の一大イベントです!
今回はナントナント! お買い上げ500円ごとに
半額分を金券でお返し プレゼント!!
しかもその金券は、クリスマスケーキのご予約(12/10まで)にも使えちゃうんです!
その他限定で生ティラミスサンドも発売!
この機会を是非お見逃しなく! お待ちしております
11/11(金)
毎月11日は、いいことしっぱいの日!!
くじ引き抽選会
1,000円以上のお買い上げで抽選ができます!
8日・18日・28日はリーフの日
毎月8の付く日は、リーフの日で、ポイント2倍
いつもと同じお買い物で、2倍得しちゃいましょう!
11/15
毎月15日はお菓子の日。今月は…
今月は…
なんじゃこりゃモンブラン
中身にびっくり
この1日だけ限定
見た目は普通のモンブラン。ちょっぴり大きめ。
だけど中身は…びっくり!!「なんじゃこりゃ!」と思わずにはいられない限定スイーツです。

細かい文章が多くなる場合には、ポイントに下線を引く、または文字を囲むと読みやすくなります。下線は文字よりも細い線、または薄い色の線にしましょう。

FAX 06-6232-0274 今野宛

『当たる「手書きチラシ」のルール』
チラシづくり・コミュニケーションシート

本書に掲載されている

チラシ事例写真をカラーで
無料プレゼント

プラス「著者・今野が書いた筆文字見本帳」

メールで送付します

本書をお買い上げいただきまして、ありがとうございました。
本書に掲載されている主なチラシ事例写真をモノクロよりもイメージがしやすいカラー写真でプレゼントいたします。著者・今野良香が書いた筆文字見本帳もおつけしています。お気軽にお申し込みください。

【ご注意】
・プレゼント事例の郵送は受け付けておりません。
・下記メールアドレスのご記入が不明確な場合、送信できない恐れがあります。
・プレゼント事例には著作権がございます。取り扱いにはご注意ください。

御社名：	業種：
お名前：	お役職：
E-mail：　　　　　　@	
ご住所：〒	
TEL：	FAX：
●ご感想をご記入ください	

この用紙をコピーしてご利用ください

著者略歴

今野良香（こんの りょうか）

1981年、千葉県生まれ。成蹊大学経済学部卒業後、株式会社船井総合研究所に入社。ベーカリー業・菓子業・酒業界を中心に、食品製造小売業のコンサルティングに従事。同社でも数少ない女性コンサルタント兼主婦。今ある商品を変えることなく、「手書きPOP」と「売場づくり」による短期間・ローコストリニューアルを行なうことで、業績アップを実現する。日々のコンサルティング業務を凝縮しルール化した「当たる手書きチラシ」のコツを本書にまとめるかたわら、講演活動も行なっている。
著書に『売れる「手書きPOP」のルール』（同文舘出版）がある。

ブログ「パン店・菓子店の売上アップ！」　http://blog.goo.ne.jp/ryoka0727

ニュースレター・DMもつくれる！
当たる「手書きチラシ」のルール

平成24年5月11日　初版発行

著　者 —— 今野良香

発行者 —— 中島治久

発行所 —— 同文舘出版株式会社
東京都千代田区神田神保町1-41　〒101-0051
電話　営業03(3294)1801　編集03(3294)1802
振替00100-8-42935
http://www.dobunkan.co.jp

ISBN978-4-495-59781-8
印刷／製本：シナノ
Printed in Japan 2012